ANÁLISIS ORGANIZACIONAL EN PYMES Y EMPRESAS DE FAMILIA

Diseño de tapa:
DCM DESIGN

ALDO SCHLEMENSON

ANÁLISIS ORGANIZACIONAL EN PYMES Y EMPRESAS DE FAMILIA

GRANICA

BUENOS AIRES - BARCELONA - MÉXICO - SANTIAGO - MONTEVIDEO

© 2013 *by* Ediciones Granica S.A.

ARGENTINA
Ediciones Granica S.A.
Lavalle 1634 3° G / C1048AAN Buenos Aires, Argentina
Tel.: +54 (11) 4374-1456 Fax: +54 (11) 4373-0669
granica.ar@granicaeditor.com
atencionaempresas@granicaeditor.com

MÉXICO
Ediciones Granica México S.A. de C.V.
Valle de Bravo N° 21 El Mirador Naucalpan Edo. de Méx.
53050 Estado de México - México
Tel.: +52 (55) 5360-1010 Fax: +52 (55) 5360-1100
granica.mx@granicaeditor.com

URUGUAY
Ediciones Granica S.A.
Scoseria 2639 Bis
11300 Montevideo, Uruguay
Tel.: +59 (82) 712 4857 / +59 (82) 712 4858
granica.uy@granicaeditor.com

CHILE
granica.cl@granicaeditor.com
Tel.: +56 2 8107455

ESPAÑA
granica.es@granicaeditor.com
Tel.: +34 (93) 635 4120

www.granicaeditor.com

Schlemenson, Aldo
  Análisis organizacional en PyMEs y empresas de
    familia . - 1a ed. - Buenos Aires : Granica, 2013.
  284 p. ; 22x15 cm.

  ISBN 978-950-641-779-6

  1. Administración de Empresas. I. Título.
  CDD 650

ÍNDICE

RECONOCIMIENTOS

Mis primeros reconocimientos van para mis maestros Elliott Jaques, Ida Butelman, José Bleger y Fernando Ulloa, quienes me señalaron el camino y dejaron huella en mi enfoque sobre el tema. Las numerosas menciones y citas que hago dan cuenta de ello.

Muchas otras personas –imposible mencionarlas a todas– me han acompañado en este desarrollo. En esta obra se incorpora la experiencia recogida en la discusión de la tesis que le dio origen y que contó con los aportes del director de la misma, el ya mencionado Dr. Elliott Jaques, el Dr. Robert N. Rapoport, en su carácter de profesor examinador externo, y el Dr. Salvador Giner, entonces jefe del Departamento de Sociología y del Programa para Graduados de la Brunell University de Londres. La Dra. Gillian Stamp, chairman entonces del Brunell Institute of Organization and Social Studies, leyó la versión original y realizó valiosos aportes. Quiero agradecer a Juan Granica y a Ariel Granica por el interés y el estímulo y por la edición de esta segunda obra con ellos. Hago extensivo este reconocimiento a otros colaboradores de la editorial por la ayuda brindada y la cordialidad, en particular, a Débora Feely y a la pericia profesional de Adriana Roldán, quien realizó la corrección de estilo en forma prolija tanto en los aspectos puramente literarios como en la selección y la síntesis de contenidos.

Deseo realizar una mención especial a mis clientes, que me han permitido desarrollar en el transcurso de todos estos años, a través de un trabajo de colaboración, la investigación que da sustento a este libro. No menciono sus nombres para preservar el anonimato.

INTRODUCCIÓN

Este libro tiene su origen en la tesis doctoral presentada en la Brunel University de Londres en 1983, dirigida por el doctor Elliott Jaques. La invalorable experiencia personal con Jaques, así como sus enseñanzas, dejaron una huella en nuestra visión sobre este tema. Aquella tesis se publicó por primera vez bajo el título *Análisis organizacional y empresa unipersonal*. Hoy, veinticinco años después, presentamos no solo una reedición sino una reformulación que nos anima a pensar que se trata de un libro nuevo[1] que justifica el cambio de título: *Análisis organizacional en PyMEs y empresas de familia*.

Esta nueva versión, sin embargo, conserva los tres objetivos temáticos básicos planteados en la original. El primero es describir y explicar el análisis organizacional, una disciplina que ofrece un enfoque teórico y metodológico y un modelo de cambio –ubicado en el campo de las ciencias sociales– referido a un objeto específico y particular: la organización. El segundo es presentar un caso de análisis organizacional para ilustrar el método y desarrollar, a partir de él, un marco teórico destinado al abordaje y el desarrollo de lo que hemos denominado la empresa unipersonal de tres estratos ejecutivos, a la que en esta última edición incluimos dentro de la categoría de las PyME. Consideramos que esta entidad requiere profundización, a fin de establecer su especificidad y las condiciones para su buen funcionamiento. El tercero es presentar un modelo analítico y de intervención sobre conflicto y crisis organizacional en contextos turbulentos.

---

1. Reescribir, consideramos hoy, constituye un género literario en sí mismo. Se trata de una "creatividad escultórica", concepto desarrollado por Elliott Jaques en su trabajo "Death and Midlife Crisis", en *Creativity and Work*, International Universities Press, Madison, 1990. Allí plantea que, en la madurez tardía, se transita una etapa creativa caracterizada por pulir, esculpir, modelar, labrar y actualizar ideas originarias para dar forma a un producto final.

El caso que presentamos constituye el hilo conductor que relaciona estos tres objetivos y es el referente empírico para el análisis de la exposición. Cada objetivo ocupa una parte diferenciada del libro y presenta un cierre conceptual propio, relativamente independiente de los demás. Por tratarse de un enfoque cualitativo y de un análisis en profundidad realizado a lo largo de un período prolongado, el caso tratado permite ilustrar y poner de relieve ciertas características propias y diferenciales de la entidad en estudio.

Desde que este libro se publicó por primera vez, hemos tenido la oportunidad de asistir a través del método presentado a decenas de casos más, que nos ofrecieron una perspectiva amplia de la problemática de la entidad considerada. Al colaborar con empresas muy diversas, algunas de propiedad de una familia, revalorizamos el rol del fundador, la importancia de la trayectoria de carrera, la significación del tema de la sucesión y de la traslación del poder como etapa clave que hace a la continuidad de un emprendimiento. También hemos podido constatar dilemas propios de la empresa familiar, las condiciones que facilitan y que limitan su desarrollo, entre otros temas nuevos que suscitaron el interés por la profundización y el replanteo. Nos hemos debatido también dentro de dilemas propios de la disciplina como, por ejemplo, el doble plano –por un lado– de los determinantes psicológicos dados por las personalidades involucradas y –por otro– del nivel específico de análisis y de la estrategia de cambio que reclama un objeto organizacional.

Por lo tanto, para esta nueva edición de la obra nos proponemos nuevos interrogantes, entre otros, cómo han ido cambiando nuestro interés y nuestro pensamiento sobre el tema, y qué nuevos aportes y énfasis fueron surgiendo a través del tiempo y de nuestra experiencia. Todo esto justificó una revisión completa y la reescritura del libro. Sin embargo, con beneplácito, pudimos constatar que el esquema básico originario de la obra y la selección de los contenidos seguían siendo válidos y que concordábamos con ellos. Por eso, conservamos la estructura original y muchos de los contenidos básicos, pero dentro de una visión y perspectiva renovadas, que sostienen nuestro interés originario por el modelo y por el abordaje. En el apéndice y en las conclusiones, consideramos oportuno incluir descripciones sucintas de varios casos desarrollados desde entonces que nos permitieron resaltar algunos rasgos distintivos de empresas creadas por un solo fundador y que luego pasaron a ser propiedad de una familia. La problemática que enriquece la visión se hizo así más diversa y las conclusiones nos animan a su vez a ser más asertivos acerca de los caminos que aconsejamos seguir.

Primera parte. El análisis organizacional

Entendemos por análisis organizacional una disciplina teórica, metodológica, basada en conocimientos científicos, que ofrece un modelo de abordaje para lograr los cambios que un sistema organizativo particular requiere. Esto se logra atendiendo a la naturaleza específica de la entidad en cuestión, las personas que trabajan en ella y la necesidad de cumplir con valores que hacen a la responsabilidad social de las empresas; entre ellos, el cuidado del medio ambiente. Todo esto hace sustentable a la entidad bajo estudio en el largo plazo.

Las características del método permiten profundizar el análisis apegado a los hechos de una situación organizacional mediante un enfoque extendido en el tiempo. La experiencia nos ha mostrado que, cuando el proyecto avanza, se produce una progresiva inclusión de roles, sectores, niveles jerárquicos y grupos significativos de poder que van aceptando voluntariamente participar, y se establece una relación de colaboración para resolver los problemas a través de un proceso de mejora continua. Los protagonistas, con la ayuda de un consultor externo, se comprometen al logro de niveles progresivos de satisfacción y efectividad organizacional.

Esta disciplina constituye un aporte para el desarrollo del conocimiento en ciencias sociales, pues ha contribuido a encarar una diversidad de problemas en este campo y a tomar contacto con temas centrales que hacen a la convivencia y la participación en las organizaciones desde una perspectiva que incluye aspectos significativos y profundos de las conductas comprometidas.

Segunda parte. La empresa unipersonal PyME como objeto

Allí ilustramos los desarrollos teóricos metodológicos con un caso de larga duración trabajado con una empresa unipersonal PyME. La información recogida en algunos de los subproyectos realizados con esta organización permitió observar fenómenos significativos y derivar de la observación directa un conjunto de hipótesis explicativas referidas a los problemas que suelen presentarse en este tipo de empresas.

Elegimos centrar la exposición en un caso principal, utilizando como experiencia de fondo otros proyectos, algunos de los cuales se sintetizan en las conclusiones. La realización en paralelo de otros proyectos con organizaciones similares, más chicas y más grandes, nos permiten definir ciertas características y condiciones específicas de la PyME que la configuran como una entidad con identidad específica, con fortalezas y disfunciones propias del modelo.

Si bien el caso que tratamos en este libro se refiere a una empresa, el mismo modelo se manifiesta en muchos otros tipos de organizaciones (escuelas privadas, clínicas, servicios hospitalarios, cátedras universitarias, consultoras profesionales, institutos de investigación, fundaciones, etcétera). La nota común es que siempre quien o quienes dirigen ocupan un lugar central y ofrecen el liderazgo de un fundador. La figura de este último aporta e impregna de su identidad a la organización. A su vez, la empresa brinda a sus fundadores una plataforma para proyectarse a la comunidad y desplegar un liderazgo. La personalización constituye una característica definitoria de la organización que describimos.

El tamaño reducido de las PyME y otras similares conforma una variable central del modelo. En este libro nos concentramos en empresas de tres estratos ejecutivos jerárquicos. Esta última enunciación responde a un esbozo clasificatorio desarrollado a partir de la aplicación del esquema de estratos ejecutivos jerárquicos aportado por Elliott Jaques. La variable tamaño, que es definitoria para precisar el nivel de análisis, permite la conducción directa y la plena vigencia de lo que ha dado en llamarse el factor de mutuo reconocimiento, que determina relaciones interpersonales directas y personalizadas, en contraposición a la distancia entre las personas y el rol, así como el anonimato, propios de las organizaciones formales de gran tamaño.

La importancia creciente de las PyME en su conjunto es ampliamente reconocida como segmento de la economía, tanto por su aporte al Producto Bruto Interno (PBI) como porque promueve la generación de buenas fuentes de trabajo y empleo para vastos sectores de la población. Esto permite aseverar que, como sector, es central para el desarrollo de la economía y representa una importante fuerza de cambio, iniciativa e innovación que alienta la prosperidad. El modelo tiene plena vigencia aun en países altamente industrializados, en los que también concentra a un sector muy importante de la fuerza económica y laboral. Dada la importancia de este modelo organizacional, se justifica la necesidad de profundizar en sus aspectos psico-socio-organizativos.

Este libro ofrece un marco teórico específico para entender las PyME que puede llegar a configurar una teoría de alcance medio, necesaria para ubicar el nivel del análisis correcto, evitar el riesgo de la extrapolación de otros niveles explicativos y mejorar con un enfoque más preciso la eficacia de las intervenciones. De esta forma, aspiramos a que esta contribución pueda ayudar a orientar procesos de fortalecimiento organizativo de entidades particulares para potenciar su aporte y consolidar su desarrollo apropiado.

Tercera parte. Conflicto y crisis en contextos turbulentos

El proyecto de consultoría desarrollado en el transcurso de un período particularmente crítico de la historia argentina permitió estudiar el tema de la crisis organizacional promovida por un contexto turbulento.

Dicha turbulencia se caracteriza por una sucesión de cambios abruptos, violentos, imprevistos, que ejercen un impacto desestabilizante e impiden la adaptación satisfactoria del sistema a las circunstancias externas. Dada la importancia que ha adquirido esta dimensión en la época en que vivimos, hemos decidido destacarla.

El desarrollo y la resolución de un episodio particular permitieron elaborar un marco conceptual para entender y enfrentar crisis organizacionales, e inferir etapas en el desarrollo de estos fenómenos.

Como se ha señalado anteriormente, si bien la estructura de los capítulos es la misma que empleamos en la obra original, el apéndice con conclusiones actualizadas es totalmente nuevo. Sintetiza la experiencia de otros casos desarrollados y, por lo tanto, ofrece elaboraciones nuevas.

Una obra constituye una experiencia viva y abierta, susceptible de ser enriquecida por la experiencia que, a su vez, refleja cambios que la van consolidando. Esperamos haber cumplido con este cometido.

PRIMERA PARTE

EL ANÁLISIS ORGANIZACIONAL

CAPÍTULO 1

ANTECEDENTES DEL ANÁLISIS ORGANIZACIONAL

Los aportes de las ciencias sociales al campo de las empresas y de las organizaciones en general –en particular, los que se produjeron en el mundo a partir de la década de 1930– acompañaron cambios de enfoque y de modelos de gestión. Enriquecieron el concepto de organización y superaron el pensamiento elementarista, que las concebía como un mecanismo cerrado y separado del ambiente. Esos aportes impulsaron nuevos movimientos científicos que buscaban dar respuesta a los problemas acuciantes que conmovieron al mundo después de la crisis de los años 30 y de la Segunda Guerra Mundial. Impactados por su entorno histórico y poniendo su pensamiento al servicio de la renovación de los modelos de abordaje aplicados a los problemas de la vida real, los investigadores comenzaron a integrar las influencias de la psicología dinámica, la teoría de la Gestalt, el psicoanálisis, la sociología, la economía, la antropología y el método clínico.

Este interés científico por los acontecimientos sociales e históricos había aparecido tempranamente en el siglo xx. Algunas obras del psicoanálisis aplicado –por ejemplo, *Tótem y tabú*, publicado entre 1912 y 1913; *Psicología de las masas y análisis del yo*, de 1922, y *El malestar en la cultura*, de 1930– habían mostrado ya la preocupación de Sigmund Freud por los fenómenos de grupo, la organización, el liderazgo y temas similares.[1] Pero no fue el único.

---

1. Freud, Sigmund: *Psicología de las masas y análisis del yo*. Traducción: J. Etcheverry. Amorrortu Editores, Buenos Aires, 1961. Freud, Sigmund: *El malestar en la cultura*. Traducción: J. Etcheverry. Amorrortu Editores, Buenos Aires, 1961.

Un movimiento científico liderado por Kurt Lewin emergió en la década de 1930 con el fin de establecer los prerrequisitos metodológicos y conceptuales para una ciencia madura de la conducta humana, alejada del modelo positivista (más cercano a la física) que hasta el momento había influenciado la investigación en ciencias sociales. Si bien había sido un miembro activo de la escuela de psicología de Berlín (origen de la escuela de la Gestalt), Lewin recién postuló un estadio nuevo y revolucionario en el desarrollo de las ciencias sociales una vez radicado en los Estados Unidos, después de 1933.

Investigación acción

Kurt Lewin propuso para las ciencias sociales la integración de diversas disciplinas al servicio del desarrollo de nuevos enfoques para la resolución de los problemas de la vida real tanto dentro como fuera del laboratorio. Sus objetivos eran:

– describir el funcionamiento de los grupos y las organizaciones, promoviendo explicaciones de los fenómenos que allí ocurrían; y
– analizar los problemas que los aquejaban desde una perspectiva que incluyera una concepción del conflicto y del cambio, así como la elaboración de conocimientos y soluciones a la medida de cada situación.

La nueva disciplina integradora fue denominada por Lewin "investigación acción", pero sus continuadores –autores de la escuela de dinámica de grupos como, por ejemplo, Edgar Schein[2], Gordon Lippitt[3], Warren Bennis[4], Richard Beckhart, Robert Blake y Jane Mouton[5]– la llamaron "desarrollo organizacional". Elliott Jaques, por su parte, comenzó

2. Schein, Edgar H.: *Psicología de la organización*. Prentice Hall Internacional, Madrid, 1972.
3. Lippitt, Ronald: "Dimension of the consultant job", en *The Journal of Social Issues*, XV, 2, Nueva York, 1952. Lippitt, Ronald; Watson, Jeanne; Westley, Bruce: *La dinámica del cambio planificado*. Amorrortu Editores, Buenos Aires, 1970.
4. Bennis, Warren: *Desarrollo organizacional: su naturaleza, sus orígenes y perspectivas*. Fondo Educativo Interamericano, Panamá, 1973.
5. Blake, Robert R.; Mouton, Jane S.: *El modelo de cuadro organizacional Grid*. Fondo Educativo Interamericano, Panamá, 1973.

hablando de "proyectos de análisis social" y del "método socioanalítico".[6] Cyril Sofer la denominó "consultoría social"[7], mientras que José Bleger y Fernando Ulloa,[8] en la Argentina, siguiendo los desarrollos de Enrique Pichon-Rivière en grupos operativos, la bautizaron "psicología institucional". En este libro, empleamos la denominación "análisis organizacional". No obstante el nombre que usemos, en todos los casos existen algunos aspectos comunes:

- un campo del quehacer o trabajo profesional;
- un método de investigación o de estudio de casos en profundidad;
- una teoría, que se construye a partir de la existencia de un objeto propio y que intenta definir; y
- una estrategia de cambio de sistemas microsociales.

Asimismo, estos enfoques se valen del modelo de consulta. El consultor es considerado un agente de cambio, independiente del sistema cliente, que aprovecha la posición estratégica que supone el ser solicitado para asistir a la resolución de problemas como un medio de preservación de los estándares profesionales y los valores de la investigación y de la teoría.

De este modo, las ciencias sociales abandonaron el marco estrecho del laboratorio y las especulaciones académicas para integrar sus aportes a la solución de los problemas de la vida real, superando la vieja disociación entre teoría y práctica. Dos grandes grupos de profesionales y científicos, independientes entre sí pero con un grado significativo de confluencia e interdependencia en el ámbito mundial, fueron los encargados de diseminar y aplicar el modelo propuesto por la corriente investigación acción:

- en los Estados Unidos, la escuela de dinámica de grupos liderada por Kurt Lewin y un conjunto de investigadores (algunos, mencionados un poco más arriba); y
- en Gran Bretaña, el Tavistock Institute of Human Relations.

En las próximas páginas, presentamos sus características distintivas.

---

6. Jaques, Elliott: *Work, creativity and social justice*. Heinemann, Londres, 1970.
7. Sofer, Cyril: *The organization from within: a comparative study of social institutions, based on a sociotherapeutic approach*. Tavistock, Londres, 1961.
8. Ulloa, Fernando: "10 años de psicología institucional", en *Cuadernos de psicología concreta*, II, 4, Buenos Aires, 1972.

Lewin y los inicios de la escuela de dinámica de grupos

El concepto de investigación acción, central para la escuela de dinámica de grupos, enfatiza el componente de cambio juntamente con el de investigación, entendida como la producción sistemática de conocimientos científicos. Lewin señala que la mejor manera de estudiar e investigar cómo funciona un sistema social es a través del intento de modificarlo. La orientación se caracteriza por la inmediatez y el compromiso del investigador, considerado como un agente de cambio externo en el proceso de acción. El punto de partida es una situación a modificar o un problema a resolver. El investigador convocado por la organización cliente busca descubrir los motivos subyacentes a los conflictos o las disfunciones del sistema para ayudar a modificar las condiciones experimentadas como insatisfactorias por ese grupo, organización o comunidad. Así, la escuela de dinámica de grupos se centra en tres objetivos:

- la integración de las ciencias sociales (antropología, sociología, psicología, economía, trabajo social, dinámica de grupos y otras conexas);
- el pasaje de la descripción de cuerpos sociales al análisis de problemas dinámicos de cambio en la vida de los grupos y las organizaciones; y
- el desarrollo de nuevos instrumentos y técnicas de investigación social.[9]

A través del estudio de situaciones problemáticas de la vida real, propone una revisión de los modelos experimentalistas y de laboratorio enraizados en la tradición positivista en ciencias sociales. Lewin señala que, aun fuera del laboratorio experimental, en situaciones propias de la vida real, pueden crearse condiciones de observación con un rigor metodológico tal que haga posible la investigación científica.

Las investigaciones de Lewin en los Estados Unidos comenzaron en el Research Center for Group Dynamics. Fundado en el Massachusetts Institute of Technology (MIT), el centro pasó más tarde a la Universidad de Michigan. La escuela siguió entonces una trayectoria más académica, enfocándose con énfasis en aspectos tales como la observación controlada, la cuantificación y la medición, a fin de recuperar los lazos con la psicología

---

9. Lewin, Kurt: *La teoría del campo en la ciencia social.* Paidós, Barcelona, 1988.

experimental. Los estudios se concentraron en la interdependencia de determinados fenómenos de la vida de grupo: liderazgo, estilos de desempeño, participación, cambio y resistencia al cambio, cultura, clima, sistemas de participación y democratización del poder, y otros similares. Los temas responden a las preocupaciones que la época imponía al mundo y a la comunidad científica de las ciencias sociales. Impactados por los problemas del autoritarismo y el nazismo, los investigadores se abocaron al estudio de nuevos paradigmas de agrupamiento humano, organización y democratización del poder buscando modelos más equitativos y justos.

El experimento Morse-Reimer[10] constituyó una de las primeras investigaciones del grupo de Michigan, un intento sistemático de estudiar la relación entre la productividad y el control jerárquico en una organización. La hipótesis a probar afirmaba que el incremento del control jerárquico se relacionaba inversamente tanto con la satisfacción de los trabajadores como con la productividad. Otro estudio, realizado por Floyd Mann en 1957, consistió en el uso sistemático de la retroalimentación (en inglés, *feedback*) para el relevamiento de datos y su ulterior discusión grupal en familias de empresas. Respetando los niveles jerárquicos y empezando por el centro de la pirámide ejecutiva, las conclusiones de un determinado nivel eran volcadas hacia los contiguos para ser expuestas a un proceso de elaboración más abarcador.[11] Como puede advertirse, en todos los estudios se halla implícita la preocupación por la búsqueda de consenso, la democratización del poder y la intención de neutralizar el autoritarismo, asociado con la idea de jerarquía y rigidez. La búsqueda de sistemas participativos democráticos aparecía como una alternativa válida.

El primer laboratorio de entrenamiento para personas que trabajaban en organizaciones fue realizado en Bethel[12] durante 1947. Esta experiencia ofrecía la posibilidad de explorar la forma en que un individuo percibe y se relaciona con otros, así como la forma en que los demás lo perciben y se relacionan con él. El nuevo enfoque, basado en los principios de la dinámica de grupos, buscaba el desarrollo de la toma de conciencia individual (*insight*), entendida como mecanismo de aprendizaje y cambio actitudinal de

10. Morse, Nancy; Raimer, Everett: "The experimental change of a major organization variable", en *Journal of abnormal and Social Psychology*, 52, 1956.
11. Mann, Floyd: "Studying and creating change: A jeans to understanding social organizations", en *Research in Industrial Human Relations* N° 17, Nueva York, 1957.
12. Nacional Training Laboratories (NTL), Institute in Applied Behavioral and Social Sciences.

las personas para mejorar el desarrollo de habilidades en el desempeño de los roles grupales y en las funciones de liderazgo y conducción.

Los supuestos técnicos de esta experiencia, a su vez, se basan sobre el concepto de "isla cultural", a través del cual se postula la necesidad de crear condiciones de aislamiento para los participantes a fin de ayudarlos a concentrarse poniendo entre paréntesis –por el tiempo de la experiencia– las presiones cotidianas provenientes de su medio laboral. En el laboratorio, se busca desarrollar una cultura grupal, a partir de la cual los fenómenos emergentes puedan analizarse con un enfoque situacional.

Estas experiencias se valen también de la discusión cara a cara en pequeños grupos, técnica que persigue el cambio de los estándares culturales grupales. La discusión o el intercambio entre pares guiados por la figura de un coordinador –que no es una autoridad sino un experto en dinámica de grupos– favorecen el cambio de actitudes individuales en las que se apoyan los estándares culturales grupales. Los grupos de entrenamiento o "grupos T" (del inglés, *training groups*), utilizados comúnmente en experiencias de este tipo, ofrecen una forma de aplicación de estos conceptos. En los grupos, la búsqueda de *insight* se orienta hacia el cambio de actitudes y de la modificación de estándares y supuestos culturales en los que se sustentan las conductas. La metodología señala que, para lograr un verdadero cambio conductual grupal, no alcanza con definir un objetivo supuestamente más elevado, sino que la permanencia en un nuevo nivel requiere de un cambio cultural, que debe incluirse como objetivo del enfoque. Para esto, el método de cambio de actitudes llamado "de los tres pasos" demanda atravesar distintos momentos o estadios:

– descongelamiento del nivel conductual o de las actitudes presentes, sustentado en la cultura preexistente;
– desplazamiento hacia un nuevo nivel conductual acompañado de un cambio en la cultura; y
– recongelamiento de la cultura grupal y del nuevo nivel conductual (cambio de actitudes).

El descongelamiento de un determinado nivel puede incluir diferentes problemas como, por ejemplo, la manifestación de las emociones involucradas en la existencia de prejuicios que sustentan las conductas previas.

Esto demanda la posibilidad de la expresión catártica de las emociones implícitas en pautas culturales adoptadas previamente. Lewin ejemplifica el método[13] con algunos estudios sobre cambios de hábitos de alimentación realizados entre amas de casa de diversos lugares de los Estados Unidos. El estudio comparativo entre el método de la conferencia (centrado en la figura de un expositor/conferencista que instruye a un grupo desde una posición asumida de saber y autoridad) y el de la discusión cara a cara (basada en la interacción colateral entre pares ayudados por un coordinador) le permitió postular la efectividad mayor, o sea, la superioridad del procedimiento de la discusión grupal –esencialmente más democrática– por la posibilidad que este último tiene de operar en la cultura del grupo –supuestos y estándares– en la cual se sustentan las actitudes refractarias a un cambio.

Tavistock Institute of Human Relations

El grupo de la Clínica Tavistock surgió en el Reino Unido también en la década de 1930. Durante la Segunda Guerra Mundial, se integró al ejército británico asumiendo el liderazgo de los equipos de psiquiatría. Sus investigaciones crearon una nueva orientación –denominada por algunos "psiquiatría social", "trabajo social" o "análisis social"–, que fue adoptada inmediatamente después de la guerra por el Tavistock Institute of Human Relations como política de sus intervenciones.

La fundación de esta institución obedeció a la necesidad de continuar con los trabajos de los profesionales (psicólogos, sociólogos, antropólogos y trabajadores sociales, psiquiatras con orientación psicoanalítica, y otros) asociados en las experiencias realizadas en el ejército y que debían continuarse en épocas de paz a fin de ayudar a encarar los problemas propios de la crisis económica y social de la posguerra. Para mejorar su eficacia, el Instituto se planteó la necesidad de integración interdisciplinaria, vinculando los desarrollos nacientes de la psicología de la personalidad y el liderazgo, con los provenientes de la sociología, la antropología, la dinámica de grupos y el trabajo social. En una definición de sus objetivos, se señala:

---

13. Lewin, Kurt: *op. cit.*

Tratamos de integrar una amplia gama de disciplinas, que van del psicoanálisis a la antropología social y las ciencias políticas, combinando experiencias clínicas y de investigación, en colaboración con individuos, grupos e instituciones, para abordar los problemas que enfrentan. Más recientemente hemos tratado de encontrar caminos efectivos para comprometernos con una extensa gama de problemas de la sociedad contemporánea.[14]

Entre los principales miembros fundadores del Tavistock Institute se cuentan John Bowlby, Albert Kenneth Rice, Elliott Jaques, John Kelnar, Isabel Menzies, Ben Morris y John D. Sutherland.

No obstante, la figura de Wilfred Bion ganó un brillo especial gracias a la profunda influencia de sus ideas en el Tavistock. Durante la guerra, y en línea con las orientaciones del Instituto, se encomendó a Bion la reorganización de un hospital psiquiátrico militar. Aprovechando esta asignación, reformuló por completo el enfoque de trabajo, cambiando la estructura y la modalidad del servicio. Incorporó un modelo de trabajo interactivo democrático, a través del cual otorgó a los pacientes una participación activa en la reorganización. El modelo de Bion consistía en favorecer la creación de grupos autónomos de trabajo, en los cuales los pacientes se inscribían libremente y se potenciaba la interacción colateral entre ellos. No estaban organizados alrededor de una autoridad jerárquica, sino centrados en el funcionamiento autónomo de una pluralidad de individuos. Las reformas introducidas formaron parte de un método para facilitar la cura que tendía a desarrollar empoderamiento (del inglés, *empowerment*), entendido como forma de darles más poder y protagonismo a los pacientes a través de la participación directa. El método fomentaba las relaciones de colaboración e interdependencia dentro de un encuadre grupal de comités y grupos reducidos de pacientes, quienes reportaban a su vez a asambleas del servicio. Los cambios representaban una modificación profunda del rol y la autoridad del equipo médico que favorecía y aceleraba el proceso de recuperación de los pacientes. Este es el origen de lo que conocemos como "comunidad terapéutica", un método encuadrado dentro de la psiquiatría social.[15]

Otro de los proyectos que encaró Bion en el mismo contexto de la guerra fue la reformulación completa de las políticas y los sistemas de selección

---

14. The Tavistock Institute of Human Relations: *Report for the year October 1968, to September 1969.* La traducción es nuestra.

15. Bion, Wilfred R.: *Experiencias en grupos.* Paidós, Buenos Aires, 1966.

de oficiales del ejército en su conjunto. Con este propósito, se creó el War Office Selection Board, un comité en el cual tuvo una nueva oportunidad de desplegar su liderazgo creativo. Algunos problemas acuciantes en situaciones de combate habían revelado fallas de conducción y liderazgo atribuibles a errores estratégicos de los individuos, que ponían de manifiesto a su vez ineficiencias del sistema de selección. Como primera medida, Bion introdujo la política de igualdad de oportunidades, estableciendo que cualquier persona movilizada podía, en principio, acceder a cargos de conducción y liderazgo, y a participar de un nuevo sistema de selección. Los candidatos podían provenir de una gama amplia de posiciones previas, aun cuando no hubiesen pertenecido a los cuadros superiores del ejército (a los que se había llegado, hasta entonces, a través de una carrera originada en los colegios militares, lugares de acceso exclusivo reservado a las clases altas británicas).

Los métodos de selección de Bion representaban una innovación y una apertura democrática considerable. A su vez la técnica de "grupos sin líder" (del inglés, *liderless group*) permitía que el grueso de la selección se realizara grupalmente. ¿Cómo funcionaba el método? Los conductores del proceso introducían a los candidatos en una serie de situaciones grupales que compartían como característica de diseño la ausencia de un liderazgo formal. La finalidad era permitir la emergencia espontánea de líderes u otros roles entre los miembros para observar cómo se expresaban los estilos interpersonales ante situaciones de conflicto y de tensión. Los ejercicios propuestos emulaban situaciones de la vida real y la forma en que los individuos las enfrentaban, habilitando la observación de un campo emocional emergente así como el testeo de la calidad de las relaciones de cada uno con sus colegas.[16] Un comité de expertos, compuesto por un cuerpo técnico y por militares, fue entrenado en técnicas de observación que no interfirieran la emergencia espontánea de roles y estilos de liderazgo durante el ejercicio. La experiencia de compartir la observación permitía al equipo encarar *a posteriori* un diálogo reflexivo, tendiente a sacar conclusiones acerca de los candidatos; y, por otra parte, además de mejorar la selección de oficiales, posibilitó desarrollar la teoría de la dinámica de grupos de

---

16. Para un relato más detallado de esta experiencia, sugerimos ver Schlemenson, Aldo: "Los cambios de paradigmas en los modelos de análisis de la conducta", en *La estrategia del talento*. Paidós, Buenos Aires, 2002.

Bion, que postula la existencia de un conjunto de supuestos que subyacen, en forma latente, al trabajo de los miembros.[17]

Este trabajo en el War Office Selection Board fue la semilla de la técnica de selección denominada *"assessment center"*, hoy ampliamente difundida en la selección empresarial. Las experiencias, realizadas con rigor metodológico, fueron trasladadas posteriormente a otras organizaciones y a otros campos de la vida civil, y aplicadas a un modelo de abordaje e intervención profesional en situaciones de crisis.

En una conferencia dictada en París en 1947, que diera lugar al artículo "La psiquiatría inglesa y la guerra", Jaques Lacan resume una visita científica realizada al Reino Unido poco después de terminado el conflicto para analizar y evaluar algunas de estas experiencias. El psicoanalista francés destaca en ese trabajo las investigaciones del Tavistock Institute aquí referidas sin titubear en calificarlas como revolucionarias. Lacan exalta las figuras de Wilfred Bion y Albert Kenneth Rice, líderes de este movimiento, y subraya sus aportes a la psiquiatría social, así como la administración de un método sistemático de observación y una estrategia de cambio para encarar las situaciones de crisis. Partiendo de una problemática acuciante, los investigadores rescataban del encierro de una situación conflictiva inicial –aparentemente sin salida– un camino para la elaboración de un problema. Esto permitía, a su vez, el desarrollo del conocimiento, transformando los modelos de abordaje y las metodologías vigentes, y creando nuevas estrategias. Para Lacan, el modelo de intervención y la actitud clínica de Bion y Rice constituían un aporte valioso, entre otras razones, porque iban mucho más allá de las cuestiones involucradas y profundizaban en el análisis de los conflictos, elaborando enfoques y soluciones de alcance psicosocial amplio. Respetuosos de la casuística específica y del referente empírico que motivó el abordaje, Bion y Rice realizaron descripciones de los datos y los fenómenos emergentes, y las encuadraron en un modelo conceptual para la resolución de problemas sociales y humanos. Los cambios de los sistemas sociales abordados fueron destacables, constituyendo una fuente de verificación de hipótesis que pasaron a formar parte del modelo conceptual del Instituto. Lacan valoró también el proyecto de cambio realizado en el hospital psiquiátrico y reconoció la importancia de los enfoques vinculados con el cambio de la cultura grupal

---

17. Bion, Wilfred: *op. cit.*

e institucional, de los cuales emergieron conceptualizaciones acerca de la ansiedad y el manejo del conflicto en situaciones de incertidumbre, enraizadas en una teoría psicoanalítica de la personalidad.[18]

Jaques y el proyecto Glacier

El proyecto Glacier fue otro trabajo de investigación acción, muy significativo por su carácter pionero, liderado por el Tavistock Institute of Human Relations en los comienzos de la posguerra.

Dirigido en este caso por Elliott Jaques, Frederick Emery, Eric Trist, A. K. Rice y otros consultores, fue desarrollado en la Glacier Metal Company, una empresa de ingeniería inglesa dedicada a la fabricación de partes de motores. El proyecto buscaba continuar, una vez recuperada la paz, las líneas de investigación reseñadas anteriormente. La intervención del equipo fue expresamente solicitada al Instituto a través del director ejecutivo de Glacier, Wilfred Brown, un líder industrial de avanzada que ya había demostrado interés por renovar los sistemas de management y de trabajo en su empresa. Esto incluía el desarrollo de los sistemas sociales a través de la dinámica de grupo y de modelos de participación conjunta de los trabajadores y de los diversos niveles gerenciales. La Glacier ya contaba con un Consejo de Trabajo, un organismo representativo de participación consonante con otras experiencias que se desarrollaron en Europa después de la guerra y que buscaban profundizar en la problemática de la democracia industrial, una temática en la que los sindicatos estaban también comprometidos. El Consejo de Trabajo de la Glacier se ocupaba de considerar anticipadamente los cambios en la empresa, en los métodos de trabajo, en los sistemas de pago, etcétera, que potencialmente podían afectar los intereses de los diversos sectores del sistema. Los temas tratados y resueltos por consenso tendían a ser incorporados como políticas de la compañía. Se buscaba, de esta forma, una legitimación anticipada de los cambios propuestos a través de la inclusión de los diversos grupos de opinión al modelo de conducción.

La intervención profesional demandada por Glacier al flamante Tavistock Institute of Human Relations contempló, en los inicios del proyecto, la

---

18. Lacan, Jaques: "La Psiquiatría inglesa y la guerra", en *Mayéutica - Institución Psicoanalítica*, Cuadernillo N° 10, Buenos Aires, 1985.

aplicación de las ideas de dinámica de grupos de Bion al equipo de trabajo conformado por el director ejecutivo y el nivel gerencial integrado por sus colaboradores directos. Brown se proponía examinar las relaciones interpersonales en el equipo gerencial valiéndose de la nueva perspectiva como una forma de dinamizar las relaciones de trabajo. Las reuniones semanales del equipo de conducción contaban con la asistencia de Elliot Jaques en su carácter de director del proyecto. En ese marco, se analizaba la interacción de los miembros y se consideraban diversas problemáticas, entre otras, las vinculadas con las relaciones interpersonales.

Aun adhiriendo inicialmente a este enfoque, Jaques fue ampliando y cambiando el foco de la observación y de la técnica. Fue sumando proyectos tendientes a incluir aspectos que hacían al contexto organizacional, la naturaleza del trabajo, la organización laboral, la estructura organizativa, los sistemas de retribución, etcétera. Las conclusiones de estos estudios figuran en tres libros de la época.[19]

Transcurridos los primeros dos años del proyecto, Jaques se desvincula del Tavistock Institute. Y, a pedido del comité de proyecto Glacier, asume la conducción del mismo como analista social independiente. El proyecto Glacier, pionero en su género, dio lugar al desarrollo del denominado método socioanalítico de intervención organizacional, basado en el establecimiento de una relación de colaboración entre un analista independiente o equipo de investigación y un sistema cliente. En años posteriores, Jaques fue cambiando el nombre de su método y de su teoría. En la década de 1980, la llamó *Stratified Systems Theory*, y en sus últimos años la registró en sus libros como *La organización requerida*.[20] Entre otras propuestas, los hallazgos incluyen:

- una teoría acerca del cambio social;
- un método objetivo de análisis de roles que toma el horizonte temporal o tiempo de discreción de la función –llamado "*time span*"– como aspecto focal de análisis;
- una concepción de la *accountability gerencial* (responsabilidad por la que se rinde cuentas);

---

19. Jaques, Elliott: *The changing culture of a factory*. Tavistock, Londres, 1951. Brown, Wilfred: *Exploration in Management*. Heinemann Educational Books, Londres, 1960. Jaques, Elliott: *Equitable Payment*. Heinemann, Londres, 1963.
20. Jaques, Elliott: *La organización requerida*. Ediciones Granica, Buenos Aires, 2002.

– un sistema para la determinación de una estructura de pagos equitativos, surgido de la aplicación de la metodología del *time span*;
– una estructura organizativa requerida y de estratos ejecutivos necesarios aplicable a una organización laboral;
– una concepción del liderazgo ligada a un conjunto de prácticas gerenciales facilitadoras del desarrollo de la empresa;
– un método para la evaluación de la capacidad aplicada de los empleados de todos los niveles y la estimación del potencial como paso inicial para planificar el desarrollo de carrera, entre otras innovaciones que configuran una teoría de la organización acompañada de la formulación sistemática de procedimientos para su implementación. [21]

Más de 50 años después, evocando las razones científicas de su separación del Instituto Tavistock, Jaques dio cuenta de los cambios en su apreciación sobre la perspectiva correcta para encarar los problemas de una empresa. Al inicio, del proyecto Glacier y, en especial, del trabajo vinculado con el equipo de gerencia, se hizo foco en el análisis de las relaciones interpersonales entre el director ejecutivo superior y su equipo de colaboradores directos bajo los principios de la dinámica de grupos y de los supuestos básicos formulados por Bion. Más tarde, Jaques llegó a la conclusión –junto con el equipo gerencial– de que el estilo de conducción y las relaciones interpersonales están influidos por una condición estructural del sistema dada por la naturaleza de la responsabilidad involucrada, por la que se rinde cuentas y a la que denominó "*accountability* gerencial". La particularidad de este principio reside en que todo rol gerencial rinde cuentas ante un superior inmediato y, por lo tanto, el director ejecutivo principal es también *accountable*, ya que rinde cuentas ante el directorio por los resultados de las decisiones tomadas por su equipo. El contrato de trabajo que establece la responsabilidad ante la empresa es individual y no grupal. El principio de *accountability* gerencial encuadra el sentido de la conducta individual y del equipo. Por lo tanto, el análisis de la naturaleza de las organizaciones ejecutivas debe contemplar este tipo de responsabilidad involucrada.

---

21. Jaques, Elliott: *The changing culture of a factory.* Tavistock, Londres, 1951. Jaques, Elliott; Brown, Wilfred: *Glacier project papers.* Heinemann, Londres, 1951. Jaques, Elliott: *La organización requerida.* Ediciones Granica, Buenos Aires, 2002.

El cambio de óptica exigió la elaboración de un paradigma distinto para encarar la transformación organizacional que, con el tiempo, llevó al alejamiento de Jaques de los postulados del Tavistock Institute. Los principios rectores de su transformación surgieron de una observación sistemática, realizada a través de un período largo, y de un testeo de las conclusiones emergentes que dieron lugar a la formulación de la teoría denominada en los últimos tiempos *La organización requerida.*

Sistemas sociotécnicos y grupos autónomos

Un viraje de intereses científicos, similar al de Jaques, fue emprendido por Wilfred Bion al promediar la década de 1950. Abandonando la dinámica de grupos, se dedicó a la exploración de las raíces individuales profundas de los conflictos, empleando el método psicoanalítico y concentrándose en el trabajo clínico en su consultorio.[22]

En los años posteriores a su fundación, se produjo también un cambio en la orientación de los trabajos del Tavistock Institute. Se introdujo el concepto de sistemas sociotécnicos, que implica un enfoque integrador de aspectos técnicos y sociales de la organización empresarial. Los estudios realizados en la industria británica del carbón son ilustrativos de este enfoque, ya que tendieron a demostrar la superioridad de ciertas formas de organización del trabajo –los llamados "grupos autónomos"–, postuladas para reemplazar otras supuestamente menos eficaces desde el punto de vista de la satisfacción laboral y la productividad como, por ejemplo, la que deriva de la línea de montaje, caricaturizada por Chaplin en *Tiempos modernos.*[23]

En una empresa textil de la India, Rice –investigador del Tavistock ya mencionado– desarrolló un proyecto empleando el concepto de sistema sociotécnico y el enfoque de los grupos autónomos a fin de dar cuenta de una reorganización amplia de la planta basada en esos modelos. El estudio supuso la colaboración entre el equipo investigador, los trabajadores y los ejecutivos de la empresa durante un lapso prolongado. La innovación de Rice consistió en crear grupos semiautónomos y autorregulados de trabajadores,

---

22. Jaques, Elliott: "On leaving the Tavistock Institute", en *Human Relations*, Londres, 1998.
23. Herbst, Philip G.: *Autonomous group functioning. An exploration in behaviour theory and measurement.* Tavistock, Londres, 1962.

responsables cada uno de todas las tareas de tejido encomendadas a un conjunto de telares. Las conclusiones señalaron que, con la implementación de los cambios, mejoró la calidad, la productividad y la satisfacción laboral, al tiempo que los grupos autónomos demostraron elasticidad y capacidad para enfrentar las variaciones en el ambiente sin desmedro de los resultados.[24]

Una experiencia más reciente fue liderada por Eric Miller. Se trató de un estudio, emprendido por la Secretaría de la Presidencia de México, sobre el desarrollo integral del medio rural. El programa se desplegó en 5.000 comunidades rurales de 75 microrregiones mexicanas. El propósito era la consecución de un esquema participativo de planificación nacional que incorporara en forma activa a los miembros de la comunidad.[25]

Desarrollos en la Argentina

En la Argentina, los trabajos del Tavistock Institute y del proyecto Glacier fueron introducidos por José Bleger y Fernando Ulloa a través de su cátedra universitaria en la Facultad de Psicología de la Universidad de Buenos Aires (UBA). Bleger dictó un seminario pionero sobre el primer libro de Elliott Jaques (*The changing culture of a factory*), mientras que Ulloa transformó la cátedra de Psicología Clínica en un programa orientado a la Psicología Institucional, desarrollando metodologías grupales para abordar organizaciones diversas (servicios hospitalarios, escuelas, grupos de trabajo, equipos, empresas, etcétera). Desde entonces, la práctica de la psicología institucional –como la denominaran Ulloa y Bleger, dándole al enfoque un perfil y un desarrollo propio– se ha consolidado tanto en nuestro país como en el resto de América Latina.

Bleger y Ulloa partieron de las ideas pioneras sobre grupos operativos de Enrique Pichon-Rivière, de quien fueron discípulos. La "experiencia Rosario", relatada por Ulloa, marcó de manera indeleble el ámbito profesional argentino de la psicología social aplicada y de los grupos operativos. Dirigidos por el propio Pichon-Rivière, la experiencia "Rosario" contó con la conducción grupal de un conjunto de prestigiosos psicoanalistas de la época,

---

24. Rice, Albert K.: *The enterprise and its environment.* Tavistock, Londres, 1963.
25. Miller, Eric J.: *Desarrollo integral del medio rural.* Fondo de Cultura Económica, México, 1976.

entre otros, David Liberman, Ulloa y Bleger. De esta experiencia intensiva de aplicación participaron unas mil personas, quienes conformaron alrededor de treinta grupos heterogéneos, integrados por profesores universitarios, alumnos y profesionales de diversas ramas. La experiencia "Rosario" derivó más tarde en seminarios que permitieron reforzar el perfil metodológico de los grupos operativos y algunos conceptos conexos que la diferencian de la práctica clínica, aunque se basó en dicho método. Ulloa, por ejemplo, comenzó a establecer las diferencias entre el encuadre psicoanalítico y el operativo, delimitando criterios de pertinencia y lineamientos sobre lo que corresponde al ámbito grupal, institucional y comunitario, respectivamente. Como elaboración académica, Ulloa y Bleger fueron formulando el método y la práctica de la psicología institucional basada en el método clínico.

Asimismo, Ulloa desarrolló las asambleas clínicas, un dispositivo grupal que le permitió trabajar con un centenar de personas en forma simultánea. Aplicadas al principio en la enseñanza universitaria, fueron llevadas luego a numerosos y variados ámbitos. Entre otros usos, las asambleas clínicas permiten la reflexión y la dramatización ejemplificadora dentro de un programa de enseñanza o en un servicio asistencial, es decir, en espacios donde se juegan temas muy variados con respecto al ejercicio de la autoridad, el poder y la relación entre pares. En esas instancias, el recurso demostró gran eficacia para abordar la problemática intersubjetiva en un ámbito social comunitario, aportando no solo al diagnóstico de la situación sino también al cambio mediante la acción comprometida de los participantes en la experiencia. Las asambleas fueron un ejemplo muy contundente de los beneficios de la democracia directa en una organización como forma de flexibilizar la autoridad y de otorgar poder de expresión a la multiplicidad de subgrupos y voces en un ámbito complejo.

Dentro de la modalidad operativa, Ulloa señala que "en ella la intervención se juega en un 'para qué' prospectivo, que da cuenta de la intencionalidad de la conducta [...] aquí todo acontecer es examinado no como una reproducción, aunque lo sea, sino como un ensayo para después y afuera. El tiempo es prospectivo, es proyecto que tiñe el presente desde un mañana ensayado".[26]

---

26. Ulloa, Fernando: *Novela Clínica Psicoanalítica. Historial de una práctica.* Paidós, Buenos Aires - Barcelona, 1995.

En 1984, se organizó en Buenos Aires el Primer Simposio de Análisis Organizacional, donde se expusieron bajo esta denominación disciplinaria los desarrollos y la aplicación –inicialmente, en la Argentina– de los nuevos modelos al campo de las organizaciones (empresas, administración pública, escuelas, y demás). El enfoque, inspirado inicialmente en las corrientes anteriormente desarrolladas, buscaba ligar una práctica interdisciplinaria con el campo académico y situaciones de la vida real.[27]

Nuestra práctica profesional: objeto y método

Partiendo de los autores reseñados y a través de la consultoría, durante varias décadas hemos desarrollado una práctica profesional crecientemente enriquecida por la casuística.

Organizaciones de diversa envergadura fueron y son nuestro objeto de análisis. Entre otras, hemos trabajado sistemáticamente con pequeñas y medianas empresas (PyME), en algunos casos propiedad de una persona, de unos pocos socios o de una familia. Este tipo de empresas constituyen un género, con problemáticas e idiosincrasia particulares, que demanda un desarrollo conceptual y metodológico específico del que aspiramos a dar cuenta a través de este trabajo.

La continuidad nos ha permitido abordar un número significativo de empresas en crisis y/o en situaciones de transición, así como orientar procesos de cambio.

Definición del objeto. La organización es un sistema microsocial, integrado por personas y creado en forma deliberada para la consecución de fines específicos, configurados alrededor de un proyecto concreto tendiente a satisfacer necesidades manifiestas y latentes de sus miembros y de una audiencia externa o clientes, a quienes dirige sus servicios o productos.

La organización mantiene su cohesión y eficacia mediante un sistema de autoridad basado en la diferenciación de capacidades y responsabili-

---

27. El comité organizador del *Primer Simposio de Análisis Organizacional* estuvo integrado por: Carlos Altchul, Francisco Suárez, Luis Karpf, Aldo Schlemenson, Roberto Martínez Nogueira, Eva Muchinik y Marta Novick, entre otros profesionales de distintas disciplinas.

dades entre los miembros. En el seno de la organización, se despliega por lo general un conflicto social originado en la existencia de grupos de poder que, en interacción dinámica, pugnan por hacer prevalecer sus intereses sectoriales. Al mismo tiempo, toda organización se halla inserta en un medio o contexto externo poblado por entidades diversas, con las que interactúa, colabora y/o compite en una relación de interdependencia significativa.

En suma, una organización es una entidad social específica, con una identidad que la diferencia de otras con las que interactúa en un medio social amplio y abierto. La organización es un objeto social cuyo desarrollo constituye una forma de canalizar el esfuerzo humano. Su proliferación forma parte de un fenómeno de la historia moderna, que acompañó el pasaje de la economía comunitaria a la sociedad de masas. En ella, los individuos ocupan un rol en una organización rubricado por un contrato de empleo, siendo esta una forma de vincularse con la sociedad global.

Observación. Para llegar a una descripción confiable de nuestro objeto de estudio, nos basamos en la observación de casos.

Como parte del método científico, la observación impone la realización de una descripción sistemática objetiva y subjetiva del caso con el que el observador inevitablemente está involucrado. El propósito es registrar acontecimientos en forma confiable, sin imponer de antemano aquello que el observador piensa que debería suceder según un conjunto de ideas preconcebidas. En suma, se trata de desarrollar una observación del objeto, controlando la subjetividad del observador.

Unidad de observación. Su definición es indispensable para delimitar la unidad de análisis. Supone fijar los parámetros de la observación y del contexto, ya que la descripción de una conducta al margen de su contexto –o sea, de la estructura de eventos con los que está interrelacionada– puede falsear los hechos y/o conducir a extrapolaciones falaces.

Períodos de observación. Deben ser suficientemente extensos a fin de permitir la clasificación de los eventos observados en categorías significativas. La observación de la conducta social pierde valor si no incluye la perspectiva temporal de los eventos, su repetición en el tiempo y la descripción confiable del contexto en que se desarrollan. Esto incluye la estructura de funciones interdependientes, que en parte determinan la conducta, y las relaciones entre la gente que ocupa los diversos roles de trabajo. Precisar la dimensión temporal y la dimensión espacial de las observaciones, así como las demás características específicas del objeto, forma parte de la fijación del nivel de análisis que garantiza la validez y la confiabilidad de las conclusiones.

Nuestro foco en la PyME

Las organizaciones –en particular, la empresa como modelo socioeconómico– han contribuido a transformar sensiblemente las relaciones sociales y la estructura de los vínculos laborales y familiares, y aun la identidad individual. El fenómeno se hace tanto más notable por cuanto la mayoría de la población adulta, en un país industrializado, tiende a formar parte de organizaciones, asumiendo en ellas un rol ocupacional retribuida mediante un sueldo o salario. En la mayoría de los casos, los individuos "pertenecen" a distintas organizaciones, cada una con una significación fundamental para su desarrollo y trayectoria.[28]

El trabajo que aquí presentamos se concentra en las PyME, organizaciones de pequeña o mediana envergadura creadas por la iniciativa emprendedora de sus fundadores como un proyecto económico por cuenta propia. Estas organizaciones constituyen un modelo específico, sometido a condiciones características que merecen describirse y destacarse antes de intentar un cambio o un desarrollo.

La titularidad de la PyME recae, por lo general, en un dueño, una familia o un grupo de socios. Propietarios del capital, estos desempeñan un rol que modela el sistema y las relaciones interpersonales que allí se desenvuelven. Como jefes, ejercen la conducción directa, cara a cara, dando su impronta al sistema y la forma de trabajo. Las relaciones personales prevalecen por encima de los roles y las atribuciones de cada posición: la cohesión del conjunto depende más de las influencias propias del liderazgo carismático que de la integración y coordinación de las funciones según una

---

28. Miller, Daniel; Swanson, Guy: *The changing American patterns.* John Wiley, Nueva York, 1958.

estructura establecida formalmente. En las PyME, esas estructuras explícitas con frecuencia no existen o se encuentran desdibujadas.

Por lo general, cuando las organizaciones ganan en envergadura y complejidad, una estructura formalmente sancionada acompaña a aquella figura visible y carismática, favoreciendo la integración y la cohesión del conjunto en estadios más avanzados del desarrollo de un emprendimiento. En estos estadios más avanzados, en consecuencia, comienza la profesionalización gerencial juntamente con la aparición de niveles ejecutivos intermedios (estratos gerenciales) emergentes. En síntesis, cuando la dotación supera una escala compatible con el cara a cara y lo que se ha denominado el "factor de mutuo reconocimiento", la orientación y la integración del sistema se modifican radicalmente: es entonces cuando aparecen la organización y la estructura en sentido pleno.

Individuos, estructura, motivaciones y planes

Según las observaciones, la estructura en una organización formalizada es conceptualmente independiente de las personas. Constituye una dimensión principal, que debe tenerse en cuenta desde el comienzo de una intervención. Los roles interrelacionados, sus atribuciones y sus *accountabilitites* deben describirse para captar plenamente el sentido de las conductas individuales a fin de develarlo plenamente.

Un eje central de la estructura es el sistema de autoridad que regula los roles y sus interrelaciones. Se trata de un sistema sancionado, que los miembros consienten aceptar y acatar dentro de los límites de la organización. A su vez, las tecnologías de producción y el sistema de gestión condicionan la forma de hacer el trabajo y las relaciones laborales. Con el contexto externo, la organización establece relaciones de intercambio significativas que contribuyen a darle sentido. El contexto ha devenido un tema crítico debido, por una parte, a su textura marcadamente cambiante.

Para los miembros de la organización, los fines, las políticas, la estructura de roles, el sistema de autoridad, las tareas, la tecnología y el contexto son limitantes de las conductas individuales al favorecer ciertos desarrollos y, al mismo tiempo, imponer restricciones. Mientras que los factores internos nombrados definen un continente flexible y dinámico donde los procesos interpersonales se expresan ejerciendo una influencia duradera en la personalidad, la interacción dinámica de la organización con el ambiente (factor externo) da lugar a procesos adaptativos de aprendizaje que, a su vez, contribuyen a modificar el ambiente o contexto. ¿Por qué detenerse en la observación de la estructura? Porque cuando se observa un conflicto organizacional determinado y, dentro de él, la expresión de una problemática interpersonal, es necesario descubrir primero los factores organizacionales que facilitan la emergencia del conflicto o lo retroalimentan, antes de interpretarlo como la expresión de motivos personales entre los actores.

La definición del objeto y su interrelación con factores internos y externos es clave porque contribuye a orientar el análisis organizacional. Como ya señalaron Daniel Katz y Robert Khan, algunas orientaciones confunden el cambio individual y el cambio organizacional, suponiendo que las estrategias de cambio centradas en las personas individuales, sin tocar variables organizativas, pueden garantizar por sí solas el cambio de un sistema social. Este error descansa en concebir la organización como un agregado de individuos, omitiendo considerar la influencia (benéfica o perjudicial) del contexto organizacional que las políticas, la estructura y el sistema de autoridad ofrecen a la iniciativa humana en la toma de decisiones en el trabajo.[29] Por eso, Bleger –entre otros– señala la necesidad de pasar de los enfoques individuales en psicología a los sociales, teniendo en cuenta que esto implica tanto la ampliación del campo de trabajo como la modificación de los modelos conceptuales. "Los problemas científicos de la psicología y el desarrollo de su investigación no pueden estar desvinculados de los requerimientos y exigencias de la vida real y cotidiana de manera que el estudio del ser humano, como totalidad, en las situaciones concretas y en sus vínculos interpersonales, constituye un objetivo de desarrollo de la ciencia."[30] La observación de Bleger implica una redefinición de la unidad de análisis que condujo al desarrollo de nuevos instrumentos, técnicas y modelos conceptuales –en este caso, organizacionales– necesarios para entender y encarar los fenómenos.

A su vez, los cambios en la organización manifiesta, incluida su estructura, involucran un fuerte compromiso emocional, porque en ellos se

---

29. Katz, Daniel; Kahn, Robert: *The social psychology of organizations.* John Wiley, Nueva York, 1978.
30. Bleger, José: *Temas de psicología (entrevistas y grupos).* Nueva Visión, Buenos Aires, 1971 y 1972.

juegan aspectos significativos de la personalidad y las motivaciones de los miembros. Dado que la organización como sistema ofrece un soporte organizador y de pertenencia fuerte, algunas motivaciones individuales, aun las no realistas, pueden obstaculizar y hasta impedir los cambios concertados, aparentemente razonables y aceptados: de esto se trata la resistencia al cambio. A propósito, es preciso tener en cuenta que los componentes personales que impulsan la creación de una PyME y su gestión pueden constituirse en baluartes resistenciales que impiden a los miembros percibir objetivamente la organización requerida y aceptar los cambios necesarios. En las organizaciones pequeñas, el aspecto idiosincrásico personal subjetivo puede encontrarse exaltado. Las necesidades de las personas pueden prevalecer por encima de las de desarrollo de la organización.

CAPÍTULO 2

DIMENSIONES ORGANIZACIONALES

Retomando la definición de organización y las características particulares atribuidas a las PyME en el capítulo anterior, describimos a continuación siete dimensiones del modelo de cambio organizacional que proponemos. Las mismas surgen de la experiencia y permiten abordar el objeto en forma integral, ordenándolo y poniéndole nombre a los problemas. Estas dimensiones son:

- el proyecto;
- la estructura;
- las personas;
- la dimensión vincular intersubjetiva;
- el poder;
- la conducción y el liderazgo; y
- el contexto.

Las siete dimensiones, tanto en sus manifestaciones fenoménicas como en su incidencia implícita en la organización, son siempre relevantes, incluso en los casos en que algunas no parezcan referir a cuestiones críticas. Ninguna debe ser dejada de lado en el análisis, ya que rediseñar un sistema y ajustarlo a cambios para un funcionamiento efectivo exige un panorama global de la situación interna y de la relación de la organización con el contexto.

Cada dimensión constituye un eje temático, que involucra un conjunto de variables definitorias de un aspecto particular o unidad de sentido de la realidad organizacional. Si bien son específicas y pueden analizarse en sí mismas, las dimensiones cobran auténtico valor a partir de sus interrelaciones.

Desde el punto de vista de la práctica profesional, las dimensiones permiten crear un cuadro orientador donde sistematizar la información obtenida en un diagnóstico inicial. Pueden articularse en un cuestionario o guía de observación a fin de establecer la existencia o ausencia de ciertos atributos, que la dimensión enuncia como entidad temática y en función de los cuales se presentan disfunciones, fortalezas o debilidades internas que podrían necesitar reformularse.

Si bien presentamos las dimensiones en un orden determinado, este no refleja ni sugiere una secuencia forzosa de etapas para la observación. En la práctica, conviene que los involucrados en un cambio se guíen por la dinámica de la situación organizacional y, principalmente, por las prioridades establecidas por sus protagonistas: la dimensión emergente es aquella que aparece como crítica en un momento determinado y convoca a su consideración prioritaria, lo que constituye de por sí un dato para la observación.

Aunque nuestro listado ubica al contexto en último lugar, esta dimensión es un metasistema muy significativo, que engloba a las demás otorgándoles significado y sentido. En consecuencia, desde el punto de vista metodológico, la indicación es siempre analizar cada dimensión en relación con el contexto.[1]

El proyecto

Toda organización supone un proyecto, la idea de algo que puede crearse mediante un plan explícito para satisfacer las necesidades de:

- una audiencia externa (públicos, clientes);
- los fundadores, dueños, socios, accionistas o similares; y
- los integrantes de la organización (colaboradores, empleados).

---

1. Las descripciones presentadas a continuación actualizan las incluidas en la primera edición de esta obra, enriqueciéndolas con la experiencia recogida desde entonces.

Para que un proyecto sea bueno, debe ser coherente, realista, realizable, promotor de efectividad, tener partido (cierre, originalidad, síntesis, interés, ser apetecible para una audiencia interna y externa). El proyecto se puede sintetizar en un conjunto de conceptos fundamentales.

En el caso de una PyME, la empresa suele responder a un proyecto esencialmente personal, que forma parte de la cosmovisión, la idiosincrasia y los aspectos relevantes de la personalidad de sus fundadores. No obstante, necesita ser vista por los clientes como oferente de una contribución diferencial: este es el rasgo distintivo que la hace viable. En la medida en que –más allá de lo personal– responde a un propósito económico, la empresa debe brindar a sus inversores un rédito razonable y perspectivas de crecimiento. Como puede observarse, entendemos que la consecución de un objetivo económico no agota el proyecto sino que forma parte del sentido que cobra el trabajo para la realización individual de los dueños y los miembros de la empresa. Por eso, tener un buen proyecto, consonante con las expectativas, es central para todos, porque dando sentido a la orientación individual y social se promueve la satisfacción y se impulsa el desarrollo.

El proyecto refiere a una dimensión prospectiva, temporal. Señala un rumbo, un vector por el cual transita la empresa al buscar el derrotero que justifique su fundación. El proyecto se dirige hacia fuera: el contexto, el mercado y el futuro. Se basa en una dimensión intencional de la conducta, tanto de la organización como de sus fundadores. Esas intenciones –en parte, no conscientes– se basan en intuiciones que tienen lineamientos implícitos acerca de cómo van a concretarse. Obedecen a ideales que vienen a su vez de la trayectoria y están asociadas con motivaciones básicas.

En un contexto turbulento como el actual, cuya textura es la de los cambios frecuentes y abruptos, las organizaciones necesitan incrementar su capacidad de dar respuesta a través de una modalidad proactiva, tendiente al desarrollo de proyectos y la búsqueda de nuevos posicionamientos. De allí que la dimensión prospectiva haya sido reconocida por diversos enfoques como estratégicamente importante para remontar una situación de crisis.

El proyecto puede representar una propuesta formal y oficialmente aprobada, o implícitamente aceptada. Cuando el proyecto es explícito, puede evaluarse y considerarse en un ámbito ejecutivo grupal, y consensuarse entre quienes tienen que ejecutarlo. Todo esto constituye, por lo general, un ejercicio importante. Incluso, el cotejo ulterior puede dar lugar a un proyecto más amplio, enriquecido por los aportes del consenso brindado por los integrantes de la empresa. Pero cuando el consenso no se alcanza, quien decide es la figura ejecutiva principal.

En el manejo cotidiano de una empresa y en el lenguaje gerencial, se hace referencia al proyecto con denominaciones distintas. Se habla, por ejemplo, de plan de negocio o de estrategia. En cualquier caso, esos términos hablan de un plan central, del cual se deducen los propósitos, metas y objetivos de las funciones contempladas en la estructura. La explicitación de los tiempos de consecución previstos constituye una exigencia no solo de la planificación sino también de la integración, la coordinación y el control de las áreas funcionales. El horizonte temporal es una dimensión ordenadora y objetiva del corto, mediano y largo plazo. En particular, los planes de largo plazo alientan el desarrollo y el crecimiento de la organización, operando como orientadores estratégicos.

En resumen, los proyectos nacen de intuiciones. De manera progresiva, se van transformando en ideas conscientes hasta llegar al estadio de un plan de acción. El plan requiere aprobación y sanción oficial. El proyecto legitima y consolida la intencionalidad de las ideas y de la conducta. Una vez definido el plan, se ingresa en la etapa de realización, que involucra la concreción en el mundo externo de las ideas y los propósitos esbozados.

El pasaje a la acción permite testear en la realidad las intuiciones y los proyectos imaginados. La formulación del proyecto y su concreción en planes involucran un proceso creativo y, en consecuencia, provocan la emergencia de ansiedad ante el riesgo de fracaso y la incertidumbre por el logro. Por eso, para prevenir bloqueos, se requiere un encuadre adecuado, dado por un procedimiento, un ámbito y unos tiempos pactados. A propósito, la asistencia de un asesor externo puede resultar beneficiosa, actuando eventualmente como agente catalizador de ideas e intuiciones y destrabando bloqueos, siendo factor de contención de la ansiedad que, inevitablemente, emerge ante una demanda de alta complejidad rodeada de incertidumbre, y ayudando a organizar las ideas e intuiciones en un producto concreto.

El plan debe operacionalizarse en objetivos, metas y programas que puedan delegarse en los diversos estratos organizacionales a través del sistema gerencial. La delegación asegura la realización y la coordinación del plan a través del sistema ejecutivo. La meta debe establecerse en términos observables, porque solo así puede medirse y evaluarse su realización de acuerdo con parámetros claros.

Como señala Henry Mintzberg[2], toda estrategia supone una visión (nutrida de percepciones anticipatorias), que explicita el posicionamiento que se pretende lograr o afirmar en el futuro; y un plan de acción para su consecución. Para la formulación de la estrategia, Mintzberg propone partir de un análisis FODA, articulando factores externos (oportunidades y amenazas) y factores internos (fortalezas y debilidades) a fin de establecer el realismo y la coherencia del proyecto. Entre los factores internos, el autor destaca la estructura; los sistemas y procesos; la dotación humana, las personas ocupando posiciones concretas; y los recursos materiales e intangibles.

Trabajar de manera estratégica y planear conllevan una evaluación del contexto y el mercado en que la organización se desenvuelve y a los que debe adaptarse para posicionarse de manera efectiva. ¿Cuáles son los factores más relevantes a tener en cuenta? Entre otros, las necesidades de las audiencias externas (clientes, usuarios, público en general), la previsión de eventos de gran impacto (cambios jurídicos profundos, transformaciones culturales, enfrentamientos políticos, etcétera) y los desarrollos tecnológicos o científicos que pueden modificar las relaciones con clientes y/o competidores. Dado que el contexto tiende a globalizarse, su evaluación exige la inclusión de un mayor número de variables, acontecimientos y hechos que se interrelacionan con una complejidad creciente, lo que incrementa de manera sensible las posibilidades de tener una percepción errónea del entorno, de evaluar equivocadamente datos significativos y de caer en la imprevisión que constituye errores estratégicos.

Todas las organizaciones –sea una empresa o un hospital, una ONG o una oficina de gobierno– tienen su razón de ser en el público al que atienden. En contextos de competencia, solo una profunda orientación hacia la satisfacción de las demandas del cliente puede garantizarles permanencia y desarrollo. De lo contrario, las organizaciones se vuelven ritualistas, se apegan a normas y procedimientos internamente orientados, y dan la espalda a su público y a los requerimientos del contexto, descuidando su propósito esencial. Esto explica por qué los empresarios exitosos se distinguen por la capacidad de realizar una lectura siempre actualizada de la demanda de

---

2. Mintzberg, Henry: *The rise and fall of strategic planning.* Free Press, Nueva York, 1994.

sus clientes, aprovechando esa lectura para convertirla en propuestas de servicios, productos o negocios. Por eso, el talento –un recurso siempre escaso– constituye un factor estratégico clave.

Sin dudas, la capacidad de planear estratégicamente constituye una de las principales fortalezas de cualquier organización, incluidas las PyME. La tarea se sustenta en tres conceptos fundantes: la misión, la visión y los valores. Sobre la base de estos, cada organización construye su identidad y orientación.

La misión representa la primera definición estratégica. Enuncia en forma sintética y conceptual la orientación más amplia de la organización, su propósito. El cumplimiento de la misión compromete una perspectiva de largo plazo que, en las grandes corporaciones, puede extenderse a un horizonte superior a los 25 años. La claridad de la misión otorga identidad y cohesión. Ayuda a integrar al conjunto del plantel en una unidad de sentido. Marca el rumbo y permite fijar prioridades.

La misión se inserta en el marco de la visión, construida por quienes definen la estrategia sobre la base de sus percepciones actuales y anticipatorias del futuro referidas al mercado y el contexto de la organización. Así, la visión modela la misión y, de la conjunción de ambas, surgen los negocios y los proyectos, los productos y los servicios a ofrecer.

Proyecto y plan en la PyME. Como indicamos, el plan global para la consecución de la visión exige su desgranamiento en planes específicos para cada una de las funciones dentro de la organización. En las de mayor envergadura, esas funciones se encuentran a cargo de gerencias especializadas (entre otras, Producción, Comercialización, Investigación y Desarrollo, Administración, Finanzas y Recursos Humanos). En las PyME, la situación suele ser diferente: por lo general, carecen de planes globales explícitos y formalizados, tanto como de áreas funcionales definidas y con asignaciones particulares y concretas. Entonces, ¿cómo trabajan? El plan ausente es suplido por el proyecto del dueño o socio principal, que puede resultar insuficiente toda vez que no sea producto de un análisis sistemático ni esté sometido a una revisión y crítica metódicas. En consecuencia, la falta de plan suele restar a la PyME efectividad y sustentabilidad en el mediano y largo plazo, haciéndola depender sustancialmente de la calidad personal de sus líderes. A propósito, resulta interesante tener en cuenta a Elliott Jaques cuando recurre al principio de Arquímedes como metáfora del crecimiento de una empresa[3]: así como las aguas buscan su propio nivel, la creatividad y la capacidad individual de innovación del ejecutivo principal imprimen un impulso similar al crecimiento. Esto se aplica, sobre todo, en la PyME, donde esa posición suele ser desempeñada directamente por sus propietarios.

La estructura

Está conformada por un conjunto de roles organizacionales, integrados y coordinados entre sí, oficialmente sancionados y respaldados por una serie de principios de organización. La estructura, señala Drucker[4], sigue a la estrategia, aunque la prioridad lógica de esta no resta importancia alguna a la estructura. La estructura ofrece el continente para la implementación del proyecto. Por eso, cuando no es consistente con el plan de la organización, se convierte en un obstáculo difícil de salvar para la consecución de la estrategia. Sin embargo, no siempre se reconoce su importancia: más bien, se la subestima o se la trata en forma superficial.

La estructura ejecutivo-jerárquica. Suele considerarse *a priori* un factor de rigidez o falta de flexibilidad del sistema, aunque en rigor se trata de un prejuicio. La estructura ejecutivo-jerárquica ofrece un conjunto de principios ordenadores que dan marco y unidad de sentido a la organización, al tiempo que sostiene los procesos de trabajo que requieren integración y coordinación en función de los resultados esperados. Al igual que las empresas de mayor tamaño, las PyME establecen jerarquías ejecutivas aunque, cuando son pequeñas, el cuerpo de gobierno no esté claramente diferenciado.

En las empresas grandes y altamente formalizadas, los accionistas detentan el capital y la titularidad de la firma y, como tales, poseen una responsabilidad específica por la cual rinden cuenta ante los poderes públicos, las instancias de control y de gobierno, los organismos representativos de los empleados, los clientes y el público en general. Organizados en un directorio o cuerpo colegiado similar, los accionistas delegan la dirección ejecutiva

---

3. Jaques, Elliott: *La organización requerida*. Granica, Buenos Aires, 2002.
4. Drucker, Peter: *Tareas, responsabilidades y prácticas*. El Ateneo, Buenos Aires, 1973.

en un gerente general o un CEO (siglas en inglés de *Chief Executive Officer*), quien responde por su gestión ante el directorio. Bajo la órbita del CEO o gerente general, la estructura se desagrega en estamentos conformados, de mayor a menor jerarquía decisional, por gerentes, jefes y empleados.

En la PyME, este esquema básico se vuelve borroso. Por lo general, los dueños asumen las diversas *accountabilities*, mientras que las funciones se desempeñan en forma indiferenciada e, incluso, superponiendo tareas, situaciones de dudoso beneficio para la organización. Solo con el desarrollo –y la creciente complejidad que este provoca– aparece la necesidad de discriminar instancias y formalizar una estructura global. Desde luego, la transición entre la indiscriminación y el nuevo ordenamiento trae aparejados conflictos, contradicciones y confusiones.

Al incrementar su envergadura, la PyME comienza a requerir –además de diferenciación de áreas– la profesionalización de la gestión. Esto implica aceptar que ser el dueño o haber tenido la visión del negocio no equivalen a saber gerenciar. Así, el crecimiento dispara la necesidad de un cambio estructural básico que implica la aparición de diversos estratos gerenciales ejecutivos que acompañan al desarrollo de una estructura de laboriosa concreción.

Ordenadores de la estructura organizativa. Existen tres ordenadores principales: las funciones, los niveles ejecutivos y la metodología. A continuación, caracterizamos a cada uno.

- **Funciones principales.** Las más corrientes son Producción, Comercialización, Ventas, Administración y Finanzas, y Recursos Humanos, a las que pueden sumarse, según la organización, otras como Investigación y Desarrollo, Auditoría, Sistemas o Tecnologías de la Información, Relaciones con la Comunidad y similares. Estas funciones principales integradas convierten a la empresa en una unidad de negocios. Entre las funciones, pueden distinguirse las de resultado directo, orientadas a objetivos y resultados observables, y las de apoyo, que aportan valor al resultado directo. La diferencia entre unas y otras determina, por una parte, su forma de insertarse y de operar en la empresa y, a su vez, un conjunto de modalidades de relación con el resto de los roles del sistema ejecutivo.
- **Niveles ejecutivos.** Permiten establecer el número de niveles gerenciales o de jefatura que agregan valor según el tamaño y/o la

complejidad de la organización. Como explicaremos más adelante, las PyME suelen contemplar entre dos y cuatro niveles. Las de cinco o más suelen ser unidades de negocios, ya de organizaciones más grandes, ya de corporaciones internacionales.

- **Metodología.** Supone la existencia de cuatro formas de organización, distintas y coexistentes, en un caso particular en un momento dado. Aquí listamos sus principales características.

  - **La organización manifiesta** en el organigrama oficial y en el manual de funciones. Según Wilfred Brown, se trata de la que se describe y representa formalmente.

  - **La organización supuesta** por las personas involucradas. Puede ser consistente o no con la organización manifiesta.

  - **La organización existente** es la que efectivamente funciona y puede relevarse (aunque nunca totalmente) a través de la exploración y la indagación sistemáticas que surgen del análisis de roles.

  - **La organización requerida** está conformada por el patrón de roles, estratos y funciones necesarios, así como por las interrelaciones, líneas de dependencia y autoridad que permiten que el sistema opere en forma correcta.[5] Según Brown, la organización requerida es la que debe ser de acuerdo con las características reales del campo en que existe.

La situación ideal es aquella en que coinciden –hasta donde sea posible– la organización manifiesta, la presunta, la existente y la requerida.[6]

La metodología para definir la organización requerida y rediseñar la estructura existente parte del relevamiento y el análisis de los roles que componen el organigrama a fin de determinar el contenido prescripto y

---

5. Jaques, Elliott: *La organización requerida* (*op. cit.*), "Tercera parte: Estructura organizativa de las JTG". Una de las primeras formulaciones acerca de las cuatro formas de organización aparece en el libro de Wilfred Brown *Dirección empresarial* (Uteha, México, 1965). Es traducción de *Exploration in Management*. El autor fue el director ejecutivo de la empresa Glacier Metal Company, de origen británico, donde se desarrolló la experiencia pionera en la que se basó Elliott Jaques para formular su teoría. En ese texto, casi juntamente con el de Jaques *The changing culture of a factory*, aparecen formulados estos conceptos.
6. Brown, Wilfred: *op. cit.*

discrecional, las asignaciones principales, la red de interrelaciones, las lí-neas de dependencia y el sistema de autoridad.

Jaques describió un método objetivo llamado *"time span"*, que permite determinar la ubicación del rol en la estructura. El *time span* refiere a una dimensión u horizonte temporal del rol que surge de diferenciar y encontrar a través del análisis la "tarea más larga", lo que se convierte en un indicador objetivo del tamaño del rol, es decir, de sus responsabilidades (*accountabilities*) y complejidad. La red de relaciones internas se reconstruye averiguando quién depende de quién y quién rinde cuentas por qué. Así, se establecen primero las relaciones de dependencia jerárquica y, después, las relaciones funcionales y colaterales. El relevamiento puede poner de manifiesto distintas versiones, confusiones o contradicciones que ilustran situaciones que funcionan a contrapelo de lo que la organización necesita.

El *time span* es un instrumento que permite indagar acerca de las propiedades de los roles a través del análisis sistemático. Esto se logra consultando al gerente del rol bajo estudio y a su ocupante. El *time span* corrobora un dato verificable y de sumo interés, puesto que existe una correlación entre el *time span*, la complejidad del rol y la responsabilidad por la que se rinde cuentas.

La evaluación sistemática de todos los roles permite una definición objetiva de los estratos ejecutivo-jerárquicos existentes y de los estratos requeridos.[7] Cuanto mejor diseñada esté la estructura y cuanto más acotados sean los estratos ejecutivo-jerárquicos que agregan valor al trabajo global de la organización, en mejores condiciones se encontrará ésta para enfrentar los problemas que plantea la adaptación al contexto y al mercado.

En relación con el principio de autoridad y la solidez con que los roles se han establecido, corresponde investigar el grado y la claridad de su funcionamiento en el sistema. Si la autoridad, las *accountabilities* y las tareas delegadas no fuesen claras, la estructura no sería propicia para que los directores, gerentes, jefes y demás cargos formales rindan cuentas y cumplan sus asignaciones con eficacia. Una estructura de responsabilidades (*accountabilities*) explícitas favorece la transparencia e incrementa la credibilidad.

---

7. Jaques, Elliott: *Time span handbook*. Heinemann, Londres, 1984; Jaques, Elliott, *La organización requerida* (*op. cit.*); Schlemenson, Aldo: "La estructura", en *La estrategia del talento* (*op. cit.*).

Por eso, la introducción del principio de rendición de cuentas ante una autoridad superior (*accountability*) constituye una decisión política y estratégica importante, un elemento clave del buen liderazgo que –junto con el conocimiento técnico vinculado con la tarea– las PyME deben afianzar en sus estructuras a fin de desarrollar la eficiencia y la eficacia que los tiempos y las condiciones reclaman.

Las personas

Una vez definida la estructura, la empresa debe ocuparse necesariamente de su gente, ya que la asignación correcta de las personas a los roles disponibles determina que la capacidad individual sea aprovechada cabalmente y que las posibilidades de desarrollo se vean alentadas. Todo esto requiere un trabajo sistemático de los líderes gerenciales asistidos por especialistas.

Quienes trabajan en una organización tienen muy en cuenta el trato que reciben. Aspiran a desplegar plenamente sus potencialidades y a obtener una retribución justa, acorde con lo que sienten que aportan. También necesitan saber que sus opiniones, intereses y motivaciones son considerados. Por eso, el aprovechamiento correcto del talento disponible –y su distribución en los roles organizacionales adecuados– constituye un objetivo de importancia principal. Los talentos individuales no aprovechados se convierten en un factor de insatisfacción y de drenaje de energía, contribuyendo a crear un clima desfavorable de trabajo. El desafío para la organización es diseñar sistemas que contemplen a las personas, sus motivaciones e intereses, sus competencias y potencialidades.

Los procedimientos de Recursos Humanos permiten trabajar con las personas en forma sistemática y homogénea para toda la organización empleando un lenguaje y parámetros articulados y compartidos. Entre los más importantes se cuentan:

- el sistema de evaluación del potencial;
- el sistema de evaluación de la efectividad;
- el sistema de retribución;
- el sistema de carrera y de reconocimiento de méritos.

Todos los sistemas deben promover el equilibrio entre tres variables (nivel del rol, nivel de capacidad del empleado o funcionario, y nivel de la retribución percibida) que, en conjunto, establecen las condiciones del equilibrio psicoeconómico.[8] Cuando las tres variables se equiparan, el resultado es un estado de satisfacción, tranquilidad y efectividad individual, que trae aparejada la experiencia de estar trabajando en una organización que contiene al individuo, a diferencia de aquellas que lo marginan, desatienden o excluyen del sistema.

En las organizaciones complejas, el área de Recursos Humanos diseña y lidera los sistemas básicos para cumplir con los propósitos enunciados. En las PyME, el área como tal es incipiente o no está recortada como instancia gerencial o de jefatura, mientras que algunas de sus funciones se delegan en consultores externos o en proyectos de tiempo parcial.

El diseño de los sistemas de Recursos Humanos requiere definir primero la estructura que señala los distintos niveles de complejidad de los roles de los que surgen los perfiles y competencias. La estructura ofrece un marco para que la evaluación de la capacidad individual esté alineada con dicha complejidad laboral. A continuación, caracterizamos cada sistema.

- **Sistema de evaluación de potencial.** La capacidad potencial de un individuo se manifiesta en el nivel más alto de abstracción en que puede trabajar en una tarea que valore y para la cual posea la suficiente destreza cognoscitiva. Se define también como el nivel máximo de complejidad de la información que alguien puede manejar. Descansa en el supuesto de que el talento de un individuo es clave para determinar el nivel actual de su posibilidad de desarrollo personal, más allá de los conocimientos específicos, de la experiencia que posea y de su estilo de personalidad. La capacidad potencial es función de la complejidad en el uso de información o de la complejidad de los procesos mentales.[9] El potencial constituye un dato necesario para planear la carrera individual.

- **Sistema de evaluación de la efectividad.** Se ocupa de registrar la capacidad aplicada actual de un empleado, manifestada en su rendimiento laboral: cumplimiento de las tareas y objeti-

8. Jaques, Elliott: *Equitable Payment: a general theory of work, diferential payment, and individual progress.* Heinemann, Londres, 1961.
9. Jaques, Elliott: *La organización requerida* (*op. cit.*).

vos delegados por su jefe durante un período determinado. La capacidad actual es una función de la complejidad de los procesos mentales, el compromiso con los valores y las habilidades cognoscitivas.[10] Para complementar la evaluación de los empleados, se agrega la capacidad potencial futura, que es una función de la maduración de las potencialidades. La consideración sistemática de la capacidad en sus tres formas implica el reconocimiento del mérito. Esto es esencial para el buen funcionamiento de la organización como sistema y para la satisfacción que surge de un tratamiento efectivo del aporte individual. En el modelo de Jaques, la evaluación de la capacidad potencial es parte de la *accountability* gerencial y del ejercicio del liderazgo del gerente del gerente o MOR[11]. En el caso de la capacidad aplicada, la evaluación es parte de la *accountability* del gerente directo, función que incluye además la asignación sistemática de tareas, el seguimiento, el *feedback*, la evaluación permanente y el *coaching* de cada empleado. El proceso de evaluación de la capacidad potencial se acompaña del ejercicio del *mentoring* por parte del gerente del gerente. Cuando todo esto se hace de modo equitativo y justo, la autoridad del líder gerente se refuerza, cimentando la confianza y las relaciones de colaboración entre jefes y subordinados.[12]

- **Sistema de retribución.** Busca reconocer el aporte individual a través del pago recibido por el trabajo realizado, componente esencial de la motivación individual. Requiere como paso previo el análisis de roles y el reconocimiento del nivel relativo del peso de su responsabilidad y su ubicación dentro de una escala interna de pagos equitativos. Por eso, cuando una posición ejercida no está reconocida en su *accountability* mediante un pago relativo adecuado, quien desempeña el rol se desmotiva o se siente insatisfecho. La determinación de una escala salarial equitativa no es difícil:

---

10. Jaques, Elliott: *La organización requerida* (*op. cit.*).

11. Siglas de *Manager Once Removed*, traducido del inglés como "gerente del gerente". Jaques, E., *La organización requerida* (*op. cit.*).

12. Para ampliar estos conceptos acerca de los tres tipos de evaluación y sus procedimientos consultar estas obras ya citadas: Jaques, Elliott: *La organización requerida* (*op. cit.*) y Schlemenson, Aldo: *La estrategia del talento* (*op. cit.*).

solo requiere la evaluación previa de los roles para establecer los estratos organizativos.

- **Sistema de carrera y de reconocimiento de méritos.** La evaluación individual, centralmente administrada como política de la empresa y a cargo de la línea ejecutiva, permite realizar un balance global de los recursos humanos y planificar en forma sistemática el desarrollo de la gente. Determinar qué necesita cada uno y analizar en forma realista las posibilidades individuales de desarrollo en el marco de un diálogo franco promovido desde el sistema gerencial constituye para las personas una fuente poderosa de motivación. De allí que la existencia de una función de liderazgo profesionalmente desarrollada y signada por las condiciones de equidad requerida se erija, sin dudas, en un factor de buena organización.

La dimensión vincular intersubjetiva

La existencia de un proyecto y una estructura que señalan la orientación y los límites de los roles del sistema, da marco y forma a un proceso dinámico donde las personas, relacionadas por una finalidad común, están involucradas con sus vivencias, motivaciones, necesidades y deseos, con su individualidad y su modo de vincularse. La identidad y la singularidad de cada integrante de la organización buscan autoafirmarse y autorrealizarse. Esto aporta a que la convivencia sea lo suficientemente armónica como condición que permite la integridad del sistema. La dimensión vincular intersubjetiva refiere a la conducta que se expresa a través de las influencias recíprocas y que imprime un sello particular a la dinámica de una organización. Hace al buen clima y, por lo tanto, constituye un atributo clave de cualquier lugar de trabajo.

Desde el punto de vista de las personas que la integran, toda organización supone un juego de atracciones y complementariedades que se combinan con tensiones, diferencias interpersonales y conflictos. La interacción entre lo que congrega y lo que disgrega se amalgama en un factor dinámico de movimiento y cambio que hace a la vitalidad del sistema. En algunos momentos, las relaciones interpersonales se desequilibran. Las diferencias cobran protagonismo abriendo paso a la aparición de tensiones. Situaciones de esta clase se agudizan en los momentos de crisis. No obstante, las fluctuaciones y las variaciones en los humores, los climas o los disensos buscan equilibrarse en aras de la continuidad y de una armonía que, en rigor, nunca se alcanza plenamente porque las diferencias dejan siempre resquicios para que aparezcan nuevos encuentros y desencuentros.

Los vínculos intersubjetivos se ordenan en el sistema alrededor de dos ejes, uno vertical y otro horizontal.

- **Eje vertical.** Hace a la asimetría de las relaciones interpersonales en relación con el líder o la figura de autoridad. Allí, una particular ambivalencia afectiva se despliega a través de pares antitéticos de sentimientos (rivalidad versus reconocimiento/afecto; aceptación versus oposición; dependencia versus contradependencia; etcétera). Todo esto se juega en la mayoría de las organizaciones, incluidas las PyME y las empresas familiares. Cuando el conflicto se encuentra exacerbado, dificulta la posibilidad de trabajar juntas de las personas puesto que limita una aproximación relacional y racional a la tarea y los problemas de la organización.
- **Eje horizontal.** Se trata del vínculo entre pares. Aquí también los individuos despliegan mecanismos relacionales a través de identificaciones recíprocas que constituyen un lazo de unión versus separación.

Claro está que los vínculos entre pares no son siempre armónicos. Por el contrario, en ocasiones, están signados por la rivalidad y la competencia, por el enfrentamiento y la polémica, la atracción y el rechazo. Estas situaciones de tensión y conflicto suelen amenazar la integridad del sistema, en particular, cuando se producen entre socios. Un ingrediente adicional que puede agudizar el conflicto es la superposición de un vínculo laboral y un lazo familiar, ya que deja un resquicio importante para la subjetividad y para las decisiones basadas en reacciones emocionales más que racionales y lógicas. En el caso de las empresas de familia, muchos conflictos provienen de la superposición de dicho ámbito o campo relacional. Se trata de una subjetividad que, proveniente del campo relacional familiar, emerge en la empresa dificultando el funcionamiento del sistema ejecutivo. La problemática interpersonal es muchas veces parte de un nivel no manifiesto de la conducta que alimenta de contenido a los conflictos entre roles que en una empresa requieren de racionalidad para operar en forma efectiva.

Como estrategia básica para el mantenimiento de la integridad en este trabajo se postula que, para la empresa, la *organización requerida* tiene preeminencia. Es decir se necesita de un encuadre organizativo claro para poder trabajar juntos en forma armónica elemental. En este sentido, una definición clara de la estructura de roles aporta expectativas ciertas, conocidas y aceptadas por los protagonistas.

Aquí conviene subrayar una cuestión muy importante. Los estilos de personalidad y los rasgos de carácter son parte de la individualidad que debe ser respetada. Pero en situaciones de conflicto disruptivo, el tratamiento de la dimensión vincular intersubjetiva debe considerar una premisa clara: la modificación de aspectos de la personalidad no constituye un tema que pueda ser resuelto dentro de la organización. Se supone que, cuando alguien ingresa al mundo laboral, lo hace a partir de los aspectos más maduros de su personalidad. Esta es una demanda cierta que implícitamente se requiere. Por lo tanto, no constituye un objetivo del análisis organizacional el diseño de ámbitos grupales o individuales para centrarse en el análisis de dificultades que provienen de la personalidad, del estilo o de conflictos provenientes de ámbitos privados. El progreso que se logra dentro de la empresa en pos de una convivencia armónica entre la gente se viabiliza buscando y diseñando un esquema organizativo que resulte continente, es decir, capaz de canalizar en forma constructiva los conflictos entre las personas. Por cuanto, los conflictos interpersonales se exacerban cuando el encuadre organizativo y las políticas no son adecuados para encauzar el esfuerzo humano. La emergencia de un conflicto interpersonal puede revelar una falla del sistema. En consecuencia, debe intentarse descubrir las falencias organizacionales derivadas muchas veces de una estructura no requerida: solo cuando el análisis de las inconsistencias organizativas se ha completado puede pensarse que se trata de problemas verdaderos, que comprometen a las personas y se relacionan con las personalidades involucradas.

Una organización bien diseñada favorece la confianza entre sus miembros, un sentimiento fundante y constructivo de la personalidad que se expresa en las relaciones interpersonales. La confianza consolida vínculos de colaboración y pertenencia mientras abona la esperanza, la cual juega un papel primordial en las tendencias integradoras que hacen al crecimiento y al desarrollo de una organización. Por estos motivos, consolidar la confianza sobre la base de buenos sistemas, que contemplen las siete dimensiones, ayuda a que la gente se relacione haciendo prevalecer la cooperación y el entendimiento. De esta manera, la organización recupera la orientación y el sentido que le permiten desplegar una espiral de cambios constructivos. Por lo demás, la confianza favorece el liderazgo democrático. Así, lejos de los planteos dicotómicos (*v.g.*, "buenos y malos", "aliados y enemigos"), que facilitan el liderazgo autoritario, los buenos líderes son capaces de conducir procesos de cambio complejos y de concitar el apoyo de la gente a partir de la credibilidad que emana de su reputación e imagen públicas.

El poder

El cumplimiento de las metas exige a quienes dirigen la organización interactuar con una variedad de grupos significativos de poder, internos y externos, organizados como tales o no. Esos grupos están integrados por individuos que, o bien, ocupan roles dentro de la estructura ejecutiva formando parte del sistema interno: dueños, accionistas, gerentes, operarios, empleados, colaboradores; o bien, mantienen una relación relevante con el quehacer de la organización como integrantes del sistema externo (proveedores, clientes, poderes públicos, grupos corporativos diversos, Estado, etcétera).

Los grupos significativos de poder emergen espontáneamente mediante la cohesión de sus miembros alrededor de una orientación, unos intereses y una posición comunes. De este modo, cada grupo adquiere una identidad específica y una relación particular con la organización según la posición que ocupa La identidad de los grupos deviene en un estatus que tiende a sostenerse y desarrollarse a través de un sistema de defensa de sus intereses, un sistema autoafirmativo de valores y de una idiosincrasia cultural.

El poder constituye un emergente inevitable de la institucionalización y de la organización. Algo similar ocurre con el conflicto entre grupos significativos de poder: resulta insoslayable. Bien conducido, el conflicto puede transformarse en un poderoso factor positivo de cambio. Por el contrario, cuando prevalece el intento de ignorar o suprimir al oponente, el conflicto puede tener un efecto desintegrador. En suma, nada hay esencialmente malo en el conflicto de poder: se autoimpone como una realidad, expresión de una diversidad y una divergencia consustanciales al sistema, los individuos y los grupos que lo constituyen. La diversidad aceptada promueve la necesidad de negociar la búsqueda de equilibrio. El poder y el conflicto de intereses son hechos humanos.

El despliegue de las relaciones de poder puede ser manifiesto o latente. Según Jaques[13], el análisis del campo del poder donde las empresas operan requiere contemplar tres grupos dominantes e indispensables para su funcionamiento:

- los dueños (socios, accionistas, fundadores, etcétera);
- los clientes (consumidores de los bienes o servicios que produce el sistema); y
- los empleados.

La dinámica del poder conlleva un juego entre estos grupos que, cuando redunda en un consenso expresado como aceptación tácita del rumbo de los acontecimientos, trae aparejado un sentimiento de tranquilidad y justicia. El consenso es fuente de legitimación de la autoridad para ejercer el poder. Sin embargo, representa un estado de equilibrio siempre transitorio.

La autoridad de los dueños y del sistema ejecutivo necesita ser refrendada tácitamente por los que deben acatarla para que las decisiones ejerzan influencia. También resulta crucial la participación de los empleados, que puede definirse como su derecho a tomar parte colectivamente, como grupo, en el control de los cambios que pudieran afectar sus oportunidades futuras de trabajo. Las políticas organizacionales que no contemplan la participación se tornan intensamente paranoigénicas (generadoras de desconfianza entre grupos).

El poder se convierte en autoridad legítima cuando puede ser mediatizado, expresado y canalizado para el bien común. El poder de los grupos se hace manifiesto cuando se produce un desequilibrio de intereses o en el posicionamiento relativo a causa de una alteración o cambio en el contexto, los objetivos organizacionales, la retribución económica, etcétera. Suponer que el poder se concentra de modo excluyente en la cúspide constituye un error común, acompañado frecuentemente por serias dificultades para aceptar la existencia de los organismos que representan a los empleados (comisiones internas, sindicatos y similares). Los trabajadores crean agru-

---

13. Jaques, Elliott: "The Right to Participate in the Control of Change", en *A general Theory of Bureaucracy*. Heinemann, Londres, 1976.

pamientos destinados a influenciar las políticas y actividades de la empresa, movidos por el deseo de discutir los procesos y negociar las medidas que la organización adopta. Cualquiera sea la actitud asumida por los grupos significativos de poder, todos los cambios comprometen siempre el equilibrio de las relaciones que mantienen entre ellos.

Puede aplicarse la palabra inglesa *stakeholders*, asimilable al concepto de la existencia de una sociedad implícita entre grupos significativos de poder que, mancomunadamente, son socios en el mantenimiento de la integridad y la continuidad de un sistema. El término representa una suerte de extensión de la noción de *shareholders* (accionistas) porque, en algún nivel, entre todos configuran una asociación que comparte el interés por mantener integrado el sistema, es decir, por llevar la empresa a buen puerto. Entender esta dimensión de las relaciones entre grupos es indispensable para alentar el afianzamiento de los mecanismos de colaboración para la resolución constructiva de conflictos o diferencias. Hoy, la imprescindible adaptación a los cambios de contexto demanda a las organizaciones no solo flexibilidad e iniciativas innovadoras sino también reconocer la existencia de grupos significativos y la necesidad de democratizar el poder.

El reconocimiento del poder como una dimensión en las relaciones entre grupos o actores sociales implica crear un ámbito para la negociación que permite articular intereses particulares y conjuntos a fin de crear una franja de responsabilidades compartidas. La continuidad de la organización requiere siempre un esfuerzo concertado entre partes, que deben aceptar la parcialidad de su poder en aras de resguardar los intereses comunes. Este planteo es válido como principio para ser introducido en las relaciones entre socios, o en el seno de una familia que atraviesa situaciones de conflicto. Hay una concertación que puede ser estimulada mediante acuerdos y compromisos que les permitirán mantenerse unidos a través del tiempo. Es necesario prever la emergencia de nuevos grupos y actores. En la empresa, por ejemplo, es inevitable prever la sucesión, momento en que aparecen dentro de los sistemas nuevos grupos generacionales con derecho propio para el ejercicio del poder. La inclusión necesita ser prevista y ordenada. Los roles a ejercer por los nuevos actores y accionistas deben tener un ámbito de actuación clara, con requisitos y derechos a ser definidos. En esto consiste crear una estructura que contemple más plenamente la inclusión de los diversos grupos representativos del accionariado.

La conducción y el liderazgo

Cuando todas las dimensiones están alineadas detrás de una estrategia común, la estructura ha sido definida y las personas ocupan los roles adecuados, corresponde encarar las tareas de conducción y liderazgo, dimensión que integra a las demás en un sistema único, dinámico y flexible. El liderazgo ejecutivo se define como el ejercicio legítimo de la autoridad que tiene el ocupante de una posición para conducir a un grupo de individuos en pos del cumplimiento de metas organizacionales.

Asociado con la idea de delegación, el ejercicio del liderazgo gerencial requiere introducir y diseñar niveles de delegación y autoridad diferencial aceptada por todos los que forman parte del sistema, con el propósito de que agreguen valor al conjunto y no una mera burocratización. Para que el liderazgo ejecutivo se integre a una verdadera transformación cultural, debe ser adoptado por la organización como una política explícita. Este proceso se desenvuelve en la PyME cuando empieza a crecer y surge la necesidad de establecer diferenciaciones en la estructura creando nuevos niveles gerenciales (o estratos ejecutivos) que agreguen valor.

El gerente es *accountable*, rinde cuentas ante su propio gerente por el trabajo que le fue asignado, por los resultados el comportamiento de sus subordinados, y por el ejercicio de su liderazgo gerencial, incluidos la constitución y el mantenimiento de equipos eficaces de trabajo. El ejecutivo principal en una empresa rinde cuentas ante el directorio. El nivel superior es el que efectivamente decide cuando no hay consenso

Para poder asumir su *accountability*, el gerente necesita contar con una autorización para actuar y un respaldo muy específicos. La autorización refiere a una cuota de autoridad mínima, respaldada por las políticas organizacionales, que lo facultan –le otorgan poder– para seleccionar, evaluar y (eventualmente) desafectar a sus colaboradores directos, es decir, iniciar la remoción del rol. Esta autoridad mínima es una condición necesaria para que el gerente pueda responder por el resultado de su gente. El respaldo indica la autonomía conferida para actuar y decidir sobre un conjunto de asuntos clave para su función y área de conducción.

La autoridad recorta al gerente como figura ante sus colaboradores, así como también ante los clientes y otros grupos significativos de poder con que interactúa. El gerente tiene con la organización a la que pertenece y con sus colaborados directos un contrato de compromiso recíproco indispensable para arribar a las metas sancionadas.

Para el ejercicio del liderazgo, es necesario contar con un diseño global o integral de los niveles organizacionales acorde en cantidad y ubicación con el grado de complejidad y tamaño de la empresa. El rol del gerente debe poder manejar una complejidad superior a los de sus colaboradores directos. Asimismo, debe ser desempeñado por un sujeto que cuente con las competencias relevantes y valore la tarea que le fue asignada.

En las PyME, cuando hay un dueño que representa la mayoría del capital, este suele ser a su vez el ejecutivo principal y aparentemente no responde ante un nivel de conducción superior dentro de la empresa, pero sí responde ante grupos representativos de poder que integran el sistema externo. Cuando los socios son varios, la unidad necesaria para ejercer la conducción de todo el sistema puede verse resentida ante la ausencia de mecanismos concertados para resolver diferencias en los casos de disenso. Es importante contar con una organización interna que prevea la existencia de accionistas y socios para encausar sus decisiones opiniones e influencias. De lo contrario, la conducción y el liderazgo se ven resentidos.

En todos los casos resulta aconsejable implementar un plan de desarrollo destinado a la formación de los gerentes en su condición de líderes. El proceso conlleva a un cambio cultural y actitudinal para comprender el sentido del rol, así como la incorporación de prácticas para el desarrollo efectivo de los procesos. Entre las prácticas de liderazgo gerencial recomendadas y descritas por Jaques, se destacan el trabajo en equipo; la planificación; la búsqueda de la mejora continua; y la selección, la asignación de tareas, el entrenamiento, la evaluación de eficacia y méritos, la desafectación y el despido.[14]

Las prácticas gerenciales deben orientarse hacia una forma participativa de trabajar en equipo, que destaque y reconozca el esfuerzo humano, promueva el desarrollo de la gente, aliente la asunción de compromisos mayores, el despliegue de las potencialidades y la adopción de una visión más amplia del contexto en que las tareas se realizan: todo afianza el sentido de pertenencia y ayuda a la identificación con la organización. El trabajo en equipo no solo refiere al eje vertical entre el gerente y sus colaboradores; debe extenderse también al eje horizontal, con el establecimiento y la

---

14. Jaques, Elliott: *La organización requerida* (*op. cit.*), parte cuarta.

consolidación de relaciones colaterales, facilitadoras de la integración de funciones y procesos.

Delinear y describir un conjunto de prácticas gerenciales constituye la forma de incorporarlas al sistema de manera oficial, sustrayéndolas de la sola iniciativa individual, la idiosincrasia o el estilo de quien desempeñe eventualmente el rol. Las prácticas modelan una estrategia, que promueve la mejora y efectividad, haciendo responsables a los líderes por su implementación. Las prácticas y el entrenamiento son consustanciales con el modelo descripto y lo completan. Por eso, su aplicación y ejercicio deben evaluarse y monitorearse.

El contexto

El contexto turbulento promueve el cambio y la adaptación proactiva, aunque la velocidad de los sucesos inicialmente suela desorganizar, promover la confusión y desestabilizar. Por esta razón, el contexto y el mercado se han convertido cada vez más en temas de interés central para los enfoques sistémicos, que entienden a la organización como un sistema abierto, con capacidad de dar respuesta a los estímulos que de él provienen. Este concepto exige contemplar las interrelaciones complejas con el ambiente, las que determinan restricciones y oportunidades de supervivencia y crecimiento.[15] La dimensión contexto, tan importante como las demás, otorga al resto de las dimensiones contención y sentido.

Como se desprende de la exposición, el modelo de las siete dimensiones del cambio organizacional requerido es sistémico. Está fuertemente arraigado en la estructura y abierto al medio externo. Postula el fortalecimiento del principio de autoridad y otorga al liderazgo gerencial orientado hacia la gente un valor muy importante para la conducción del proceso de desarrollo organizacional. Cuando se practican los ajustes y el rediseño que sugiere el modelo, se logra una adaptación flexible y fortalecedora, un mejor posicionamiento frente a la incertidumbre generada por los contextos turbulentos.

Por supuesto, las dimensiones organizacionales de nuestro modelo, explicadas aquí en forma secuencial, se manifiestan en la práctica concreta de

---

15. Acerca del tema de la crisis y su relación con el contexto, véase Schlemenson, Aldo: *Remontar las crisis*. Granica, Buenos Aires, 2007.

maneras no siempre prolijas ni evidentes. Sin embargo, lejos de pretender forzar la realidad, consideramos que, frente a los hechos, el analista debe respetar la "ley del emergente", es decir, debe comenzar por encarar lo que se manifieste como urgente o prioritario en un momento determinado. Desde luego, no creemos que el emergente justifique relegar la propia independencia de criterio, ni dar por invalidados sin más los enfoques y las teorías pertinentes. Solo queremos destacar como principio que el caso es siempre, por definición, único e irrepetible, y que los modelos ideales no pueden utilizarse como recetas. Cada situación merece ser estudiada en sí misma, a fin de implementar una intervención y trazar una estrategia de cambio pensada a partir de su particularidad. Para esto, resulta imprescindible para el analista contar con un buen diagnóstico inicial (que releve y respete las características idiosincrásicas del caso), ser flexible y creativo.

El cambio es un proceso de mejora continua, que busca dar respuesta a las debilidades que el devenir de lo real pone en evidencia. El cambio es una invitación a modificar las situaciones insatisfactorias en pos de una mejor adaptación a las demandas internas y externas a las que están sometidos los sistemas. Y si bien las transformaciones integrales insumen mucho tiempo, el proceso se acelera cuando en el sistema existe una decisión política de cambio firme, explícito y consensuado.

CAPÍTULO 3

ANÁLISIS ORGANIZACIONAL COMO ESTRATEGIA DE CAMBIO

El análisis organizacional constituye un método de abordaje para el cambio de un caso concreto. Consiste en la implementación de un proceso solicitado por un sistema cliente –una empresa, una institución, un grupo, un organismo gubernamental, etcétera–, acordado contractualmente entre los miembros del sistema y un consultor independiente externo, con el propósito de encarar el desarrollo del sistema y/o abordar problemas que lo obstaculizan. El acuerdo compromete una relación de colaboración voluntaria, y una exploración conjunta, conducente a la comprensión de los aspectos interpersonales, organizativos, tecnológicos, axiológicos y contextuales que afectan el desarrollo del sistema y/o de sus miembros.

A partir del análisis, los cambios surgen de formas distintas:

- por la elaboración de los conflictos manifiestos y subyacentes propios de una situación problemática cuya resolución promueve un proceso de aprendizaje;
- por el conocimiento que surge del descubrimiento creciente de las variables en juego o de los factores que inciden en la situación actual; y
- por la generación de nuevos principios de funcionamiento o el diseño de soluciones para los problemas que involucran, entre otros, las políticas, los sistemas de trabajo, la estructura, las personas y el liderazgo.

El consultor es un analista. Se vale de conocimientos especializados que forman parte de un corpus teórico, enriquecido –y, en ocasiones, modificado– por una casuística y la realización de diversas experiencias en la especialidad. Este enfoque recupera la tradición del método clínico, que produjo considerables avances en medicina, psicoanálisis y ciencias sociales. Consiste en descubrir la fuerza vital de nuevas posibilidades, cambios, soluciones, partiendo de una aparente encrucijada sin salida, dada por una situación crítica padecida por el sistema cliente, sujeto de una consulta. Esta forma de trabajo puede ir acompañada o ser sucedida por un proceso de investigación sistemática a fin de testear ciertos hallazgos o atributos de las entidades estudiadas utilizando criterios de validez y confiabilidad propios de los estándares de la investigación científica. De este modo, la búsqueda de nuevas respuestas prácticas a problemas concretos se combina con la investigación y la producción de conocimiento.

Encuadre general

Una variedad de problemas relacionados con el funcionamiento de la organización y la gente –con frecuencia, difíciles de precisar o identificar para el cliente– suelen ser los principales disparadores de la consulta. ¿Cuál es la misión del analista consultor? Poner en marcha un proceso de estudio de la realidad particular de cada caso, incluidas sus relaciones con el contexto. El consultor no ofrece soluciones estandarizadas, ni implementa recetas ideales. Por el contrario, mediante una actividad analítica y reflexiva, trata de dilucidar, avizorar, comprender, desbrozar el problema, para rearmar luego una comprensión que posea sentido. Para ello, implementa un método participativo a fin de involucrar en forma progresiva a los sectores representativos de la organización y de la problemática en cuestión.

La delimitación del objeto y del campo en el que se va a operar, así como su caracterización, constituyen puntos de clarificación fundamentales para el comienzo del análisis y la búsqueda de soluciones realistas. Se trata de:

- identificar la información pertinente y relevante;
- determinar el nivel de análisis;

- planificar la búsqueda de información; y
- establecer los controles destinados a corroborar la validez de los resultados del análisis.

Así, la observación del objeto constituye el paso inicial del método: el referente empírico que señala el camino. El análisis organizacional observa y aborda entidades sociales reales y concretas, miembros de una categoría –la organización–, que tienen propiedades características o cualidades intrínsecas y mensurables.

En este campo particular, los esfuerzos por hallar instrumentos de evaluación y medición, adecuados a la naturaleza del objeto estudiado, son plausibles. El enfoque busca contribuir a través de una intervención confiable con realidades sociales y humanas particulares, y con el desarrollo del conocimiento en el área.

La observación y el estudio de cada caso son clave. Los datos en los que se sustenta el análisis no son de acceso directo. Comprometen aspectos no manifiestos de la conducta (ansiedades, conflictos, opiniones, intereses, valores, etcétera), que involucran riesgos y compromisos para las partes que participan del proceso. Se necesita trascender la superficie de los hechos para poder inferir los significados más profundos, que develan realidades complejas. Dado el contenido emocional implícito, la información significativa solo es mostrada por los protagonistas cuando media una relación de confianza, que a su vez requiere de garantías y compromiso compartidos, acordados voluntariamente entre el consultor y los consultantes. Entre los métodos de observación ante un abordaje concreto, José Bleger propone el método de la entrevista abierta[1], ya que ofrece la flexibilidad suficiente como para que el campo de la observación se vaya armando en función de la estructura organizativa, psicológica y social que caracteriza al objeto. Mediante la utilización de este dispositivo, se logra una indagación más comprensiva y profunda que ofrece información expresiva y pertinente.

Como parte de los requisitos que hacen a la intervención y rubricando condiciones que hacen a la transparencia generadora de confianza, el proceso y las entrevistas deben encuadrarse en un contrato que defina de forma explícita, clara y consensuada:

---

1. Bleger, José: *Temas de psicología (entrevistas y grupos)*. Nueva Visión, Buenos Aires, 1971 y 1972.

- los objetivos de la intervención;
- las técnicas a emplearse;
- los compromisos de confidencialidad;
- el destino y las características de los informes;
- los interlocutores o roles intervinientes;
- el lugar y el tiempo de las entrevistas; y
- los resultados y los aportes que, con sentido realista, pueden esperarse de la intervención.

Bleger, al referirse a la entrevista, pone un énfasis particular en su encuadre acorde con los problemas en juego. En una PyME, expuesta con frecuencia a contingencias variadas, las observaciones pueden requerir entrevistas con socios, gerentes, empleados de distintos niveles que compartan e intervengan en un mismo proceso de trabajo. En este caso, un encuadre claro y explícito para las entrevistas facilita la emergencia de la información necesaria. Relevar la variedad de las perspectivas y una confrontación constructiva de las percepciones recíprocas de problemas comunes ofrecen mayor objetividad para, llegado el momento, el planeamiento y la aceptación consensual de soluciones.

Por lo general, preferimos comenzar con entrevistas individuales y/o con pequeños grupos, si estos se presentan como tales, a los fines del relevamiento de información. Consideramos necesario que la participación sea voluntaria. En las etapas preliminares de un proceso de cambio, pueden existir resquemores, prevenciones o reticencias a brindar información. La voluntariedad de la participación contribuye a brindar seguridad psicológica y garantía de confidencialidad a los participantes.

Si por alguna razón es necesario realizar entrevistas con grupos, estos deben ser parte de la estructura formal (un determinado equipo, un sector, una sección, o similar).

Entre las condiciones que dan confiabilidad a una observación, Kurt Lewin incluye, por una parte, comprender y determinar de manera clara el tamaño de la unidad objeto de la observación; y, por otra, definir el horizonte temporal y el marco de la observación, incluyendo los aspectos del contexto más amplio que le otorgan sentido. La unidad de análisis debe ser suficientemente amplia como para cubrir el alcance temporal y espacial adecuado para una correcta caracterización de las conductas a describir. Por ejemplo, la observación de un conflicto entre dos personas en un ámbito laboral requiere delimitar con claridad el marco que las contiene (tipo de relación de trabajo, organización interna, estructura, tarea, sistema de autoridad, etcétera). Asimismo, es necesario extenderse en el tiempo como para poder realizar las observaciones pertinentes de los factores en juego y establecer las constantes que los regulan. Otro caso que pone en evidencia la importancia de un encuadre claro lo brinda el estudio y la evaluación de problemas del liderazgo gerencial. Si se pretende describirlos como una resultante exclusiva del estilo individual del líder, podría incurrirse en el error de pasar por alto el marco organizativo más amplio (estructura organizativa, instrucciones recibidas, normas de trabajo, esquema de autoridad y similares) que le otorga significado y sentido a la problemática en cuestión.[2] En esta medida, la conducta de un jefe dentro de una estructura estratificada gerencial, en relación con los subordinados que son miembros de su equipo, está encuadrada por el principio y el sistema de rendición de cuentas que involucra, a su vez, a su gerente y al sistema gerencial imperante en su conjunto.

En cuanto a la dimensión temporal, las observaciones deben contemplar el análisis de las perspectivas presente, pasada y futura, las cuales corresponden –en términos de Bleger– a los enfoques histórico-genético, situacional e intencional o prospectivo.

- **Enfoque histórico-genético.** Es aquel análisis del pasado que se vale de la anamnesis, inspirada en el modelo médico. Busca recopilar de manera más o menos detallada los antecedentes de la situación organizacional observada desde una perspectiva histórico-genética. La anamnesis incluye la descripción de ciertos síntomas y el rastreo de cómo fueron surgiendo o evolucionando históricamente.
- **Enfoque situacional.** Desarrollado en ciencias sociales por la teoría del campo, este análisis se centra en el aquí y ahora de la situación en la que se producen los acontecimientos emergentes, más allá de las posibles referencias históricas, pero sin abandonar la perspectiva temporal de los eventos.
- **Enfoque intencional o prospectivo.** Sin alterar el principio de contemporaneidad, pero para entender el funcionamiento actual de la

---

2. Lewin, Kurt: "Defining the Field 'at a Given Time'", en *Psychological Review*, Vol. 50(3), Mayo de 1943, pp. 292-310.

situación observada, deben considerarse el período de tiempo extendido hacia el futuro implícito en la visión y la expectativa de los individuos involucrados. Siendo las organizaciones sistemas humanos complejos, la cuestión de las expectativas de su gente es ampliamente determinante de su trayectoria. La perspectiva intencional de la conducta, la dirección y la meta son parte del espacio-tiempo a ser considerados para caracterizar un sistema: rol, individuo, grupo, organización.

Para Bleger, las tres perspectivas descritas se integran en el enfoque de la continuidad genética, que permite indagar sobre el origen de los problemas y sus determinantes históricos, estudiar el aquí y ahora de la situación, e incluir la perspectiva intencional, es decir, el análisis de los fines, los objetivos y las metas que forman parte de los planes de corto, mediano y largo plazo. Todo esto es necesario pues constituyen atributos de la entidad a estudiar.

Rol del analista/consultor organizacional

El ejercicio del rol supone la confluencia de un conjunto de condiciones que sustentan la confianza: independencia y autonomía profesional; colaboración; función analítica, y neutralidad. La formulación explícita de estas condiciones y su aceptación por las partes es necesaria para que el proceso de consulta pueda desarrollarse normalmente Para poder operar, las partes necesitan establecer acuerdos conjuntos sobre el proyecto a realizarse, que incluyen la fijación de condiciones y objetivos del trabajo, la forma de elaboración de la información y de las conclusiones, los alcances y atribuciones del rol, etcétera. ¿Qué implica cada una de estas condiciones?

- **Independencia y autonomía.** Está dada por el hecho de que el rol no forma parte del sistema de autoridad de la organización y, en tal medida, es independiente. Esta condición es necesaria para resolver problemas de naturaleza política entre personas, grupos, socios y, en particular, en el caso de las empresas familiares. Al no ser empleado del sistema, el consultor no guarda relación de dependencia formal con los roles de la empresa; no recibe ni da instrucciones. Su independencia se refuerza con la autonomía profesional, que confiere al analista –en su condición de experto– libertad para operar dentro de ciertos límites, y capacidad para usar el propio criterio en la elaboración del diagnóstico, la administración de programas y la formulación de recomendaciones o sugerencias.[3]

- **Colaboración.** La colaboración entre las partes es una condición necesaria para que las personas brinden información fidedigna, punto de partida de cualquier intervención.[4] La confianza, como lo señalamos anteriormente, constituye un atributo de la relación entre los actores sociales que refuerza la colaboración entre ellos.
- **Propósito analítico.** El rol no supone dar indicaciones o consejos sino analizar, estudiar y desentrañar problemas. La independencia ofrece una posición privilegiada, que se traduce en cierta distancia óptima que permite una visión más objetiva de los hechos y problemas.

El consultor es independiente en el sentido de no estar personalmente involucrado en la organización ni en sus problemas. Ofrece ayuda analítica, no incita a un particular curso de acción. Los individuos en la organización son también independientes: deciden lo que van a hacer. No es propio del rol arrogarse autoridad o responsabilidad en relación con aquellos con los que está trabajando. El análisis presta atención a los síntomas y los malestares, indicios sobre lo que sucede o intuiciones de lo que debería hacerse, contenidas y expresadas en las opiniones de la gente.

Si bien se hacen recomendaciones implícitas a través de comentarios e informes, se trata en rigor de señalamientos que puntualizan obstáculos, dificultades, contradicciones, inconsistencias, etcétera. La verdadera actitud analítica radica en la capacidad de escuchar los problemas y entender qué plantean, en especial, en lo vinculado con la organización o el trabajo cotidiano y las relaciones entre roles que son parte de la estructura. La función consiste en desentrañar los principios y conceptos detrás de los argumentos que se exponen y que tal vez los involucrados no advierten

---

3. Jaques, Elliott: "Social-analysis and the Glacier Project", en Jaques, Elliott; Brown, Wilfred: *Glacier project papers*. Heinemann, Londres, 1965.
4. Rowbottom, Ralph W.: *Social análisis. A collaborative method of gaining usable scientific knowledge of social institutions*. Heinemann, Londres, 1977.

por estar demasiado cerca o familiarizados con los hechos. El consultor explicita los puntos de vista de los sujetos comprometidos, rescatando los aspectos constructivos de los razonamientos y facilitando un aprendizaje. El profesional evita los juicios prematuros y las críticas apresuradas: la prioridad es escuchar y extraer el denominador común de los datos facilitados.

- **Neutralidad.** A las condiciones descritas, debe agregarse el carácter neutral del rol con respecto a las pujas eventuales de poder que se juegan internamente en toda organización: intereses, amenazas. presiones, condicionamientos, influencias específicas.

  Como se indicó en el Capítulo 2, el poder constituye una dimensión privilegiada para el análisis. Todos los grupos significativos de poder necesitan ser considerados equitativamente, sin juicios ni evaluaciones prematuras. El analista debe mantenerse neutral con respecto a los intereses en juego, rescatándolos como datos de una realidad multifacética de partes en conflicto. Nuevamente, el hecho de que el consultor no pertenezca a la organización ofrece garantías de no adscripción o lealtad hacia algún grupo interno particular. También su independencia económica refrenda esta libertad.

  Para que un proyecto de análisis organizacional sea viable, es preciso que haya miembros de la organización interesados en ir mas allá de la superficie de los problemas para buscar soluciones con sustento de realidad, abandonando clisés, preconceptos y prejuicios. Las características del rol descritas, que sustentan una ética profesional consistente, configuran condiciones tan propicias como indispensables para la intervención, ya que permiten abordar aspectos significativos de la conducta humana y de las relaciones sociales que no son de acceso directo y simple para un observador externo. La institución de estas características que representan valores, contribuye a legitimar el análisis organizacional, permitiéndole al analista convertirse en un facilitador de los procesos de cambio.

- **La confianza.** Constituye un sentimiento emocional vinculante básico que consolida una relación continente facilitadora de un proceso reflexivo. A su vez, genera ideas y pensamientos que buscan afirmar un cambio definido como deseable por los protagonistas. La confianza no solo regula la relación con el analista/consultor sino la de los miembros de la organización entre sí y, en forma particular, las relaciones con la autoridad y el sistema gerencial. Los lazos de unión y cohesión se contraponen a la sospecha, la hostilidad y la desconfianza. Como corolario, se deriva un clima interno que propicia el desarrollo del trabajo o que, en su defecto, puede entorpecerlo.

Precisamente para caracterizar el concepto de organización requerida, Jaques pone a la confianza en el centro de la cuestión. La organización requerida tiene una estructura y un diseño institucionales que facilitan las relaciones de colaboración, comprensión y ayuda. La confianza abona la esperanza, enraizada en sentimientos profundos de equidad y justicia que promueven el desarrollo y el crecimiento individual y colectivo. Por el contrario, la organización anti-requerida lleva la interacción social hacia formas de conducta que provocan la emergencia de grietas en las relaciones sociales y antagonismos entre grupos que se perciben mutuamente como amenazantes: se trata, sin duda, de una forma organizativa alienante, que contraría la natural tendencia de los seres humanos a relacionarse y convivir en un ámbito social compartido.[5]

Proceso de análisis organizacional

El análisis organizacional supone un proceso que se despliega en etapas sucesivas:

1. Entrevistas y contactos preliminares.
2. Comienzo de la relación de consulta.
   2.1. Establecimiento de la relación.
   2.2. Acuerdos básicos: plan de trabajo y contrato.
3. Trabajo de campo.
   3.1. Análisis y definición del problema.
   3.2. Recopilación de la información.
   3.3. Análisis de la información recogida.

---

5. Jaques, Elliott: *A General Theory of Bureaucracy.* Heinemann, Londres, 1976.

4. Devolución de la información y definición, con el cliente, de los cambios requeridos.
5. Evaluación y cierre de la intervención.
6. Nuevas perspectivas.

La secuencia presentada ofrece el esquema básico para el tratamiento de un tema o problema específico. Cada etapa tiene un cierre propio, útil en sí mismo pero no absoluto porque se convierte, a su vez, en el punto de partida de nuevas aperturas y nuevos interrogantes. Cada etapa equivale a un subproyecto de análisis organizacional, lo que da una pauta de la envergadura real de un proyecto total, en un proceso de mejora continua, y explica por qué debe encararse a largo plazo. No obstante, los proyectos acotados en el tiempo, para considerar determinados temas puntuales, son perfectamente viables y válidos en sí mismos.

Dado su carácter central, a continuación se presentan las principales características de las etapas 1 a 4.

Etapa 1 - Entrevistas y contactos preliminares

La primera etapa consiste en responder al requerimiento de un servicio profesional. El llamado representa la aceptación activa de una necesidad de ayuda. Por lo general, se efectúa a través de un representante del sistema cliente. Aun cuando la iniciativa pueda ser estrictamente personal y, en esta medida, no compartida por el resto de los miembros, consideramos la demanda como un emergente de la situación más amplia.

Los contactos preliminares pueden comenzar siendo informales. El requerimiento puede no estar claramente formulado o las expectativas resultar confusas, pero a través de un número acotado de entrevistas preliminares puede precisarse mejor la demanda y su factibilidad. Se trata de momentos muy valiosos porque permiten construir o consolidar el vínculo de confianza: este es el trabajo principal que se efectiviza en los contactos preliminares. Muchas veces, después de un tiempo de elaboración de estos contactos previos, se acuerdan proyectos más amplios que los originalmente pensados.

En estas entrevistas, el analista adopta una actitud receptiva, evitando anticipar apresuradamente desarrollos futuros, proyectos posibles o resultados tentadores: las expectativas mesiánicas son desalentadas. Los objetivos de las entrevistas preliminares son:

- describir el caso de manera sucinta;
- entender la naturaleza del pedido;
- diagnosticar de modo preliminar y, por ende, parcial las necesidades;
- discriminar entre lo que el cliente dice necesitar o desear y lo que el analista entiende que se necesita realmente;
- evaluar la posibilidad y la pertinencia de un trabajo de análisis organizacional, apreciando el grado de conciencia de los problemas y el compromiso de las personas involucradas en resolverlo;
- permitir al representante del sistema cliente que evalúe al consultor como parte del proceso de elección mutua; y
- apreciar el grado de representatividad del o los entrevistados para iniciar un proyecto, así como el grado de consenso o disposición para la participación del resto de los miembros de la organización.

El grado de representatividad necesaria depende de la naturaleza del problema. Por ejemplo, iniciar el análisis de una situación societaria a partir de la demanda de solo uno de los socios puede dificultar la integración ulterior del resto. En estos casos, es aconsejable lograr la participación de todos para garantizar la efectividad del proceso.

La forma en que se produce el primer contacto suele constituir un dato significativo. En empresas dirigidas por sus dueños, es común que ellos realicen el pedido en forma personal. En cambio, en situaciones organizacionales donde el poder de decisión está compartido (un estudio profesional, un servicio hospitalario, un directorio que dirige una empresa y similares), por lo general, se requiere una discusión previa y un acuerdo de los involucrados antes de iniciar un proceso para que la solicitud tenga mayor representatividad o alcance. Cuando solo algunos asumen la iniciativa de consultar, el hecho puede despertar en el resto de los directivos fantasías de alianzas explícitas o implícitas entre los promotores de la intervención y el consultor. En suma, el consenso entre los miembros de la organización constituye una condición para que el analista externo pueda ocupar una posición neutral y favorecer lazos de colaboración.

En la mayoría de las organizaciones empresariales, los empleados no participan de una iniciativa de consulta en un comienzo, hecho que puede transformarse más adelante en un factor generador de suspicacias. No obstante, la participación voluntaria de esas personas puede iniciarse más tarde, durante el transcurso del proyecto de análisis organizacional, en la medida en que van advirtiendo progresos, lo cual refrenda la confianza en el accionar del consultor. Para que esto ocurra, los recaudos éticos resultan clave, así como el establecimiento de cláusulas que preserven la seguridad de los entrevistados.

En uno de los casos que presentaremos, la consulta provino del dueño de una empresa. Luego de tres entrevistas iniciales para la clarificación de la demanda, se aconsejó incorporar a las conversaciones al elenco superior de gerentes que secundaban la gestión. Ellos participaron de una reunión general de presentación, de la que derivó una serie de entrevistas individuales con cada uno a fin de lograr un conocimiento mutuo, enriquecer la visión brindada por el dueño, y anclar el proyecto en un sector más representativo de la totalidad. Recién después de dos años, se incorporó al proyecto de análisis al resto del personal.

La consulta inicial constituye siempre un emergente de la situación global, aun cuando sea solicitada y llevada adelante por alguien o un grupo en particular. Por eso, debe interpretarse en función del marco organizacional completo, aun cuando no se pueda tomar contacto desde el comienzo con la totalidad de los integrantes por razones técnicas, prácticas o ligadas con la problemática existente. Explicitado este enfoque al cliente, conviene que el analista deje establecida la intención de ir abarcando progresivamente –en la medida en que las circunstancias lo permitan– los distintos sectores de la organización en el proceso de consulta. Por lo demás, el manejo oportuno de los tiempos y las demandas espontáneas forman parte de la habilidad del consultor para hacer crecer el proyecto.

Un tema importante de la primera etapa son los tipos de pedido que el cliente formula al analista y cómo este debería reorientarlos, ya que muy pocas veces la demanda se plantea como un problema abierto.

Por lo general, la consulta se origina en un pedido manifiesto, por ejemplo, revisar el esquema de remuneraciones o la estructura jerárquica. Sin embargo, ese pedido puede no coincidir con una necesidad real o con problemas centrales. Por eso, el consultor debe tomar a esa demanda como un problema de respuesta abierta, es decir, un problema para el cual no existen pasos ni soluciones preestablecidas.

Existen dos tipos de requerimientos que suelen presentarse, claramente diferenciables. Unos refieren a crisis interpersonales entre miembros de un equipo, de una sociedad, etcétera, que ponen en peligro la continuidad del sistema o los vínculos internos. Son conflictos con un efecto desestructurante para la organización y los individuos. Por lo general, se enmarcan en situaciones de intolerancia recíproca acompañada de tensión interna, generando un clima de sospechas y ansiedades perturbadoras. A pesar de que el énfasis está puesto en las relaciones interpersonales y en las diferencias de estilo o personalidad que parecen inconciliables, en estos casos, los conflictos están refrendados también por problemas de naturaleza política y por una estructura organizacional inadecuada. Por lo tanto, además de atender al conflicto interpersonal, el analista debe trabajar también en esos otros temas.

Esta consigna es aplicable a las empresas familiares, ya que los conflictos interpersonales en la cúspide societaria pueden canalizarse mejor cuando se encuentra la estrategia de organización correcta. Este proceso importa el rediseño global, esto es, la creación de una estructura corporativa –liderada por un directorio, con una línea gerencial profesionalizada, unidades de negocios, etcétera–, orientada por un proyecto estratégico global.

El segundo tipo de requerimiento involucra la intención de encarar un proceso que fortalezca a la organización. Algunos ejemplos son la introducción de nuevos planes, la incorporación de tecnologías más modernas, la introducción de un sistema de mejora de la calidad, la inclusión de nuevos socios o sucesores, el desarrollo de programas de participación del personal, la consolidación de equipos de trabajo, la actualización de la estructura organizativa, la introducción de la evaluación sistemática del potencial del plantel seguida de la creación de programas de desarrollo de carrera, el replanteo del esquema de remuneraciones, etcétera. Como puede apreciarse, propuestas de este tipo no suponen necesariamente un conflicto de naturaleza desestructurante para la organización sino la intención de favorecer un desarrollo planificado o un cambio requerido. En la práctica, los dos tipos de demandas explicados representan perspectivas que no son contradictorias –aun cuando puedan presentarse como tales– sino complementarias.

A fin de poder ofrecer al cliente una nueva perspectiva u orientación respecto del problema planteado en las consultas iniciales, se debe distinguir entre lo que se expresa como un "quiero", como un deseo, y lo que realmente se necesita, de acuerdo con una visión amplia de la totalidad del sistema. Para lograr este propósito, "no hay nada más práctico que una buena teoría", como afirma el apotegma creado por Kurt Lewin. Desde luego, no estamos alentando la imposición de un marco de referencia o de una orientación como si se tratara de cuestiones de dogma que no necesitan contrastarse con las opiniones o las experiencias de la organización: los clientes son quienes deciden en última instancia qué están dispuestos a encarar.

Una demanda referida a conflictos interpersonales entre los miembros del equipo de gerencia puede estar desconociendo la existencia de problemas en la definición de sus roles. En este cuadro, puede ser oportuno sugerir una etapa inicial centrada en el análisis del contenido de las funciones y de la estructura organizativa a través de entrevistas individuales. Aun cuando en el problema presentado originalmente exista un componente de conflicto interpersonal significativo, la experiencia muestra la conveniencia de comenzar por un análisis de los roles involucrados en su relación con la estructura global.

Etapa 2 - Comienzo de la relación de consulta

La relación de consulta implica un proceso interpersonal que, si es satisfactorio, permite consolidar una verdadera relación de colaboración. Siguiendo a Wilfred Bion, una relación de consulta lograda es sentida como continente: ayuda al pensamiento sin paralizar la acción; facilita emerger de la confusión y favorece la autonomía; lleva a la determinación de las causas de los problemas y a la búsqueda de soluciones no visualizadas hasta ese momento. En los primeros estadios de un proceso de cambio, pueden aparecer temores o desconfianzas que dificultan que la información sea fluida. También puede darse un alivio bastante inmediato por la esperanza que da encontrar un ámbito de contención que permita superar escollos existentes. De la resolución de las dudas iniciales resultará la consolidación de la relación de consulta.

La clarificación del rol profesional tiene un valor estratégico en las etapas de establecimiento de la relación de consulta. El rol es distinto a cualquier otro en la organización. Y dado que su aceptación requiere un conocimiento que pasa también por lo vivencial e involucra la experiencia concreta de los consultantes, el proceso puede demandar un tiempo.

Acuerdos básicos: plan de trabajo y contrato. Constituyen el segundo objetivo principal de las primeras etapas. Incluyen la determinación de normas de funcionamiento y el esbozo de un plan para la realización del trabajo a ser encomendado.

La claridad en torno a la función de la consultoría requiere establecer de modo explícito el tiempo de dedicación, la independencia profesional, los honorarios, la forma en que se transmitirán los resultados y sus destinatarios, los compromisos éticos, el secreto profesional, las tareas consideradas pertinentes, el tipo de responsabilidad asumida, y otras precisiones similares.[6] Todos estos asuntos pueden formar parte del contrato.

Con respecto al plan de trabajo, cabe destacar cinco puntos:

– la definición de las necesidades de la organización (supone un relevamiento de las expectativas de los miembros involucrados en el proyecto);
– la clarificación de los objetivos de la intervención (resultados que, en forma realista, pueden esperarse);
– fijación de un programa de actividades (entrevistas, reuniones grupales, etapas, tiempo previsto y demás);
– elección de la forma de transmisión de los resultados de la intervención (procesos de devolución e informes); y
– cotización de los honorarios.

En el caso de la empresa tratado más adelante, los lineamientos que regularon el funcionamiento del equipo profesional fueron fijados luego de los contactos y las entrevistas preliminares, y difundidos a través de un documento de trabajo que se hizo circular internamente. El documento contenía los puntos esenciales referentes al encuadre de trabajo, consistente con el modelo de abordaje que ofrece este libro, los principios que guiarían la recopilación de información, la naturaleza

---

6. Bleger, José: *Psicohigiene y psicología institucional.* Paidós, Buenos Aires, 1965.

predominantemente organizativa del enfoque, etcétera. Se puntualizó allí, por ejemplo:

- que solo se consideraría pertinente la información que pudiera ilustrar procesos, problemas o enfoques generales, es decir, que tuviera interés para el conjunto, y que podría ser incluida en informes y documentos, siempre sin individualización de la fuente y mediando la supervisión y el acuerdo previo de los involucrados;
- que la participación en cualquier entrevista sería de carácter voluntario;
- que la información de naturaleza personal que eventualmente pudiera surgir en una entrevista no sería considerada pertinente para ser transmitida o utilizada; y
- que las entrevistas no serían utilizadas para evaluar personas.

Esta modalidad operativa, basada en la confidencialidad, busca dar garantías a los entrevistados. En la medida en que los miembros de la organización van comprobando el cumplimiento de los compromisos enunciados, se produce una progresiva apertura en la comunicación, tornándola más abierta y fluida, y permitiendo tomar contacto con opiniones y aspectos más esenciales de los principales problemas. La independencia profesional, la neutralidad y la naturaleza no ejecutiva de la función del analista consolidan, poco a poco, relaciones de colaboración.[7]

Otro ejemplo interesante de acuerdos básicos lo brinda el proyecto Glacier. Los términos –explicitados, como se explicó más arriba, con los representantes del Consejo de Trabajo– fueron los siguientes:

- El Equipo de Investigación es responsable e informa ante el Consejo de Trabajo.
- El Consejo de Trabajo delega a un Subcomité de Proyecto, en forma conjunta con el Equipo de Investigación, la tarea de planificar el programa y el desarrollo del proyecto.
- El Equipo no busca obtener información privada sobre personas o grupos. El único material considerado válido es la información que puede hacerse pública.

---

7. Sugerimos consultar los términos establecidos por la intervención en el proyecto Glacier en Jaques, Elliott: *The changing culture of a factory*. Tavistock, Londres, 1951.

- Si un individuo o grupo sugiere un tópico al Equipo de Investigación, este solo puede estudiarlo si media la aprobación general de quienes podrían ser afectados por los resultados.
- Todas las sugerencias y pedidos se dirigen al Subcomité de Proyecto para su consideración con el Equipo de Investigación.
- Todos los trabajos se realizan en las siguientes condiciones:
  - El Equipo de Investigación actúa únicamente como asesor e intérprete; no resuelve los problemas de Glacier. Debe, sin embargo, ser capaz de ayudar en el desarrollo continuo de métodos para crear una organización mas fluida.
  - Nada se hace a espaldas de otro. Ningún tema se discute a menos que los representantes del grupo estén presentes o hayan acordado el tópico sugerido.
  - El Equipo de Investigación mantiene la confidencialidad profesional y colabora con los interesados en la devolución de informes al Subcomité de Proyecto.[8]

El modelo contractual expuesto supone una ética profesional que define las condiciones que viabilizan el proyecto de análisis organizacional. Pero, con frecuencia, este tipo de propuesta es tomada con escepticismo, pues parece responder a improbables circunstancias ideales. Sin embargo, en nuestra experiencia y opinión, una buena relación entre el profesional y el cliente, a pesar de las resistencias que puedan operarse en las etapas preliminares, permite promover y desarrollar los acuerdos sugeridos. Aunque las condiciones sean percibidas a veces como demandas arbitrarias del analista, inducidas a través de una forma particular de relación de poder, en realidad no se establecen para que el consultor se ubique en una posción más ventajosa sino para lograr un análisis en profundidad de los problemas y dar lugar a cambios más significativos.

Etapas 3 y 4 - Trabajo de campo devolución al cliente

El trabajo de campo supone actividades tendientes a la concreción de los objetivos fijados, comprendidas en un programa de entrevistas acordado

---

8. Jaques, Elliott: *The changing culture of a factory (op. cit.).*

con los miembros de la organización involucrados en el proyecto. Se realizan dos clases de entrevistas: las individuales y las grupales. En ambas, se cumple con cuatro propósitos:

- definir el problema;
- recopilar información;
- elaborar la información recogida; y
- extraer conclusiones, para los entrevistados y para otros niveles o sectores de la organización.

Las conclusiones se vuelcan en informes que funcionan como base para un proceso ulterior. Allí se detallan los puntos de vista iniciales, el análisis realizado y las conclusiones extraídas. Como documento de trabajo, el informe puede alimentar discusiones posteriores, proveyendo conceptos que faciliten el razonamiento y la elaboración.

Las entrevistas individuales en la etapa de trabajo de campo apuntan al análisis de los roles que conforman la estructura y la recopilación de datos para definir y tratar problemas organizacionales o para diseñar el organigrama. Las conclusiones generales se vuelcan en reuniones con las personas involucradas en la situación (el sector, el equipo, el departamento, etcétera).

Las entrevistas grupales, por su parte, ofrecen un ámbito para compartir y reflexionar sobre los problemas que van surgiendo durante el proceso de cambio, al tiempo que proveen un continente para la elaboración de ansiedades y conflictos. A diferencia de los equipos de trabajo –esencialmente dedicados a la acción y movidos por presiones y límites de tiempo que acotan la posibilidad de pensar reflexivamente–, la labor con los grupos se orienta hacia el aprendizaje por la experiencia, ya que las condiciones cambiantes y críticas del ambiente organizacional en general y del ambiente empresario en particular obligan a un continuo replanteo de estrategias y tácticas. Las crisis exigen una gran flexibilidad, así como la ruptura con viejos estereotipos y criterios, por otros que se espera que sean más avanzados.

En un informe sobre el método socioanalítico empleado en Glacier, Jaques da cuenta de las tres fases por las que fue pasando el proyecto en cuanto a la técnica de abordaje:

- fase de reuniones grupales;
- fase de entrevistas exploratorias individuales; y
- fase de entrevistas para el análisis, respaldado por conceptos organizacionales y una teoría general organizativa que iba emergiendo.

La fase de las reuniones grupales se basó en el supuesto de que una organización industrial está constituida por un conjunto de grupos en interrelación recíproca. Por ende, se consideró óptima la división de cada uno de los grandes sectores de la compañía en grupos de seis a ocho individuos conducidos por un analista organizacional.[9] El propósito de las reuniones grupales fue:

- obtener información sobre los sentimientos de la gente acerca de
  los problemas, para elaborar después –con el acuerdo de los entrevistados– un informe que sintetizara los puntos de vista de los
  participantes;
- ofrecer a los involucrados la ocasión de escuchar el punto de vista
  de otros; y
- brindar un encuadre para la búsqueda de soluciones.

En las fases subsiguientes del proyecto, se adoptó el método de las entrevistas individuales, ya que la experiencia lo fue convenciendo de que esta técnica permitía obtener información más rica y menos estereotipada o influenciada por los otros miembros. El entrevistado, apartado de esos condicionamientos y contando con el compromiso de confidencialidad, hallaba así un marco de mayor seguridad y confort psicológico, favorable para un análisis y una elaboración más profundos de los asuntos tratados. Asimismo, avanzando en el desarrollo del proyecto Glacier, se fue modificando la concepción de la organización como conjunto de grupos interdependientes por otra, según la cual el trabajo es realizado en última instancia por individuos ocupando roles ejecutivos y asumiendo responsabilidades por

---

9. Íd. El Capítulo IV detalla el método en relación con un subproyecto realizado en el Departamento de Servicios de Glacier, vinculado con el cambio del sistema de pago a los trabajadores. Jaques narra allí las múltiples dificultades para llegar a un acuerdo surgidas de malos entendidos, suspicacias y confusiones en la relación entre gerentes y representantes de los trabajadores.

las cuales rendían cuenta, responsabilidades estas que no se delegan en un grupo.

Sin desconocer los méritos de la técnica de la reunión grupal en los desarrollos iniciales del proyecto, se fue dejando de lado la táctica de dividir a los empleados en grupos artificialmente constituidos y se limitó a trabajar con grupos solo cuando se presentaban ya estructurados como tales: comités, departamentos, comisiones internas, y demás.

En cuanto al procedimiento de la entrevista individual, Jaques explica que el analista toma notas durante el desarrollo y, al finalizar el encuentro, las presenta al entrevistado para que decida qué parte del material puede volcarse en un informe de devolución destinado al departamento al cual el sujeto pertenece.

Por lo general, en el transcurso de una entrevista se mencionan aspectos personales referidos a otros individuos –favorables y/o desfavorables–, ya que es imposible hablar de los problemas de trabajo sin hablar de aquellos con quienes se trabaja. Sin embargo, a los fines del informe, no se toman en cuenta los juicios formulados por el entrevistado sobre personas en particular. Porque las discusiones se enfocan en los problemas organizacionales: políticas, estructura, condiciones de trabajo, y otros temas similares. No obstante, escuchar los comentarios referidos a individuos puede ayudar a entender aquello que en la organización está faltando o aquello no requerido que ocasiona tensiones o dificultades. El análisis de esas opiniones, así como el de las acciones espontáneas, facilitan la identificación de lo que puede ser necesario especificar.

Una vez que todas las entrevistas planificadas han sido realizadas con la intensidad y el tiempo apropiados, se procede a la compilación de los principales hallazgos, producto que va adoptando la forma de un documento de trabajo para ser sometido a la consideración de los participantes. Si el informe, por ejemplo, se ocupa de un determinado departamento, se presenta previamente en una reunión del mismo (jefe o gerente y empleados) que de esta forma tienen la oportunidad de acordar o no con las conclusiones a las que se arribó. A partir de la discusión grupal del informe, el análisis se desarrolla y profundiza –especialmente, en los aspectos no requeridos detectados– a fin de establecer conclusiones sobre los cambios que deberían implementarse. Las conclusiones de este tipo de reunión pueden implicar que el informe se eleve a una instancia organizacional superior para su discusión –si se considera pertinente– con el resto de los jefes o gerentes, es decir, con los pares del responsable del grupo original. Esta segunda presentación puede dar lugar a nuevas entrevistas individuales con los miembros de esta nueva instancia, que serán volcadas a su vez en un informe más incluyente y general, dirigido a los varios niveles y departamentos que hayan contribuido al análisis. A esta altura del proceso, los entrevistados pueden ascender a varias decenas.

Los informes hablan de las falencias, de los puntos de vista relevados y de los resultados del análisis sobre cómo debería ser la organización para que se aproxime al modelo expresado como deseado. Para brindar claridad sobre los objetivos de cambio, los informes puntualizan una variedad de conceptos organizacionales y, eventualmente, procedimientos y políticas que pueden instaurarse. Todos estos conceptos van configurando los cimientos de una teoría de la organización, que será testeada con las conclusiones provenientes de otros proyectos o estudios. Se contribuye así a engrosar el bagaje de conocimientos y principios organizativos existentes.[10]

De nuestra práctica

El proceso y las herramientas descritos han sido probados en nuestra práctica profesional a través de un significativo número de experiencias. Entre estas se cuenta, por ejemplo, un proyecto que realizamos en una organización integrante de la administración pública. El requerimiento estaba relacionado con la intención de cambiar la estructura organizativa existente, adecuándola a las circunstancias que se enfrentaban en ese momento. En una primera etapa, se entrevistaron alrededor de 90 gerentes zonales que se desempeñaban a lo largo y ancho del país, de quienes dependían unidades organizativas que tenían, a su vez, dos niveles jerárquicos dependiendo del gerente en cuestión con una dotación de 200 o más empleados cada una de ellas.

Orientando la demanda, propusimos a la Dirección General –a partir a través de las entrevistas– un análisis de los roles gerenciales para describir la situación organizativa existente con el fin de descubrir cómo estaba operando realmente la institución desde el punto de vista de la estructura

---

10. Jaques, Elliott: "Social-analysis and the Glacier project", íd.

y cuáles eran las principales situaciones disfuncionales y los problemas que generaban tensiones y conflictos. El diseño de investigación propuesto estaba basado en el esquema descrito en el capítulo 2 al referirnos al análisis de la estructura.

La segunda etapa fue exclusivamente de análisis. Consistió en chequear y cruzar la información relevada para descubrir cómo funcionaba en realidad la organización. Las conclusiones extraídas constituyeron una suerte de diagnóstico, que indicaba lo siguiente.

- La cantidad de niveles ejecutivos era variable y en la práctica la estructura mostraba más niveles que los necesarios.
- No todos los roles definidos como gerenciales operaban como tales; proliferaban cargos de jefatura y gerencia que no ejercían tales funciones creando una burocratización innecesaria.
- Muchos cargos que ostentaban un título de jefatura o gerencia habían sido acordados por cuestiones de promoción o carrera, creándose así posiciones que en lo formal parecían ejecutivas pero que en la realidad eran asesoras, engrosando la estructura. Por lo tanto, se presentaban incongruencias entre la responsabilidad real por la que se rendía cuenta y la que sustentaba el título de ciertos roles.
- Existía confusión en las líneas de dependencia y autoridad. En el nivel superior de la organización, desde las diversas direcciones, se impartían órdenes y objetivos a una misma unidad operativa sin compatibilizarlas. De esta forma, los gerentes y jefes de las unidades operativas aparecían recibiendo instrucciones y asignaciones imposibles de ser cumplidas, por las que tenían que rendir cuentas. Como suele ocurrir en este tipo de situaciones, se producían intentos de resolver las contradicciones en un nivel superior, sorteando al gerente inmediato, quien –por otra parte– no siempre era el gerente real.

Estos problemas –y otros– conducían a una proliferación de niveles innecesarios que determinaban rigidez ejecutiva, vacíos de autoridad para resolver conflictos particulares, confusiones organizativas acerca de quién debía tomar ciertas decisiones, etcétera.

Como se señaló más arriba, una vez diseñado el mapa de la organización existente, las conclusiones fueron expuestas, primero, ante los gerentes entrevistados, para consensuar el diagnóstico de estructura. Posteriormente, el informe corregido fue presentado a los niveles máximos de la organización, con quienes se discutieron propuestas para la definición de la organización requerida en una reunión nacional, especialmente diseñada. Con discusiones en pequeños grupos de gerentes de un mismo nivel, expuestas luego en una reunión plenaria, se sentaron las bases a partir de las cuales se tomaron decisiones de diseño y se procedió al cambio de la estructura. El proyecto total demandó alrededor de 6 meses.

SEGUNDA PARTE

LA ORGANIZACIÓN SOY YO: LA PYME COMO OBJETO

Esta parte de la obra ofrece un marco teórico para el abordaje y la comprensión de las PyME a fin de rescatar su perfil particular y definir su especificidad como categoría organizacional. El modelo de abordaje descrito en los capítulos anteriores nos ha permitido seguir recogiendo, después de la primera edición de este libro, una experiencia valiosa en casos y problemas vinculados con realidades planteadas por los protagonistas de este tipo de empresas.

La conceptualización de la PyME constituye un avance. Con este espíritu, nuestro trabajo busca realizar un aporte a la comprensión de la naturaleza de estas organizaciones a partir de las descripciones de casos prototípicos y de la literatura, ya que establecer la ubicación específica del objeto PyME ayuda a precisar el nivel de análisis correcto, del que se deducen aspectos o dimensiones cuyo abordaje permite mejorar la eficacia de las intervenciones.

CAPÍTULO 4

EL MARCO TEÓRICO

El empresario, figura central de la PyME, es quien desarrolla un proyecto económico valiéndose de una estructura ejecutiva jerárquica. Esta orientación empresarial puede hacerse extensiva a una variedad significativa de proyectos organizacionales, entre otros, institutos educativos, estudios profesionales, servicios de consultoría, servicios de salud e instituciones artísticas-culturales.

En la mayoría de los casos, el empresario es fundador, dueño y director ejecutivo, circunstancia que imprime a la empresa el carácter de proyecto vital, parte del desarrollo y de la identidad de su protagonista principal. Si el proyecto es exitoso, el fundador deviene en visionario, autor de una obra cuyo componente creativo la torna original y distinta. Esta característica no cambia sustancialmente, incluso cuando la cúspide ejecutiva esté integrada por un grupo reducido de personas organizado como sociedad de pares.

Aunque el emprendimiento tenga una envergadura pequeña o mediana, la PyME constituye un proyecto complejo, nada rutinario. No obedece a instrucciones emanadas de una instancia superior al acto fundacional. Para su concreción, exige desde el comienzo la contratación de un grupo –por lo general, pequeño– de empleados. El empresario o grupo de socios fundadores desempeñan un rol protagónico en este modelo.

Empresario, *entrepreneur*, patrón

"Empresario", término rico en matices, deriva del verbo "emprender", sinónimo de "acometer", "intentar", "comprometerse". En su origen y concepto, el vocablo se vincula con otros, como *"entrepreneur"* y "patrón". Nos detendremos brevemente en esta relación.

Respecto de estos conceptos, el idioma francés presenta cierta analogía semántica con el castellano. De acuerdo con el *Diccionario Larousse*, *entrepreneur* –así como el adjetivo derivado *entreprenant*– refiere a "una persona plena de vivacidad y de garra que da pruebas de iniciativas para emprender audazmente". El término tiene, pues, connotaciones de aventurero, ejecutor, innovador. El *entrepreneur* es quien proyecta decisiones asumiendo riesgos.[1] En esta línea, Thad Cochran explica que el vocablo fue utilizado en Francia durante la primera parte del siglo XVI para referirse a las personas comprometidas en la conducción de expediciones militares; y que, a partir de entonces, el uso se extendió a otro tipo de "aventureros". La misma fuente menciona que, después del siglo XVII, los franceses aplicaron el término a contratistas y constructores de caminos y puertos, así como a arquitectos.[2] Por su parte, el *Oxford English Dictionary* define al *entrepreneur*, ya en 1897, como "el director o *manager* de instituciones musicales públicas: aquel que organiza pasatiempos, especialmente funciones musicales".[3]

En la actualidad, el titular de una cátedra universitaria o el jefe de una unidad de investigación es llamado en Francia "patrón", término con una connotación similar al de empresario emprendedor. En el campo argentino, el "trabajo bajo patrón" constituye una institución muy precisa.

Estos antecedentes indicarían que el rol del emprendedor fundador, así como el tipo particular de organización que tiende a construir, no constituyen un fenómeno privativo de la empresa productiva. Por el contrario, en más de un campo, hallamos emprendedores que organizan empresas

---

1. Peterson, Richard A.: "Entrepreneurship and organization", en Nystrom, Paul C.; Starbuck, William H. (compiladores): *Handbook of organizational design*. Oxford University Press, Oxford, 1981.
2. Cochran, Thad: "Entrepreneurship", en *International Encyclopedia of Social Sciences*. Gale Cengage Learning, Farmington Hills, 2007.
3. Citado por Peterson, Richard A.: *op. cit.*

relacionadas con actividades económicas, científicas, profesionales o culturales.

Es frecuente que los emprendedores hablen de su empresa o negocio en primera persona, identificándola con su propio nombre. El proyecto (muy consustanciado con lo personal) trae aparejada la expectativa de una ganancia (económica, de poder, de prestigio y similares) emergente de la satisfacción y de la aceptación de una audiencia, clientela o público externos, que abonan la demanda y que son los destinatarios finales de los objetivos. Cuando se trata de una empresa líder, el proyecto constituye siempre una propuesta con un rasgo distintivo de originalidad o innovación. El rol empresarial implica el despliegue de un liderazgo internamente orientado hacia los empleados y externamente orientado hacia la audiencia, mercado o clientela.

El proyecto empresarial según los economistas

Para autores como Joseph Schumpeter, la función empresarial consiste en una recombinación de factores de producción preexistentes cuyo resultado no puede predecirse claramente porque va más allá del mero cálculo estadístico. Describen al empresario como aquella persona orientada a la realización de un proyecto original, que busca oportunidades, sortea amenazas y pone al servicio de esta realización intuición y talento.

El autor mencionado sostiene que el rol empresarial constituye un elemento primordial del desarrollo moderno. El empresario asume el riesgo por el resultado. Se distingue el factor empresarial tanto de la toma de decisiones rutinarias como de la invención genuina. Si bien una recombinación original de factores preexistentes puede dar lugar a la creación de nuevos productos o de nuevos negocios, la recombinación no representa un verdadero descubrimiento. Lo empresarial, para Schumpeter, refiere a un proceso, no a una persona. Convoca específicamente a la realización de proyectos de carácter original. Empresario es quien actúa en forma empresarial. Desde este punto de vista, los individuos son empresarios solo en la medida en que realizan una recombinación nueva de elementos de producción preexistentes. Por eso, es raro encontrar a alguien que actúe de manera empresarial toda su vida:

lo habitual es que, a la hora de la conducción, el elemento empresarial tienda a hacerse rutinario. Al mismo tiempo, es igualmente difícil encontrar a un hombre de negocios que no desarrolle en su plan de acción un elemento empresarial.[4]

Por su parte, Israel Kirzner señala que el rol empresarial está directamente relacionado con un elemento de cambio imprevisto que se suscita en el contexto externo del individuo. En situaciones de equilibrio y predictibilidad, tomar decisiones es, sobre todo, una tarea de cálculo. Pero, en un contexto de cambios rápidos y abruptos, la toma de decisiones requiere cualidades más ligadas a la intuición, la captación, la asunción de riesgos, la percepción de datos significativos de fondo susceptibles de transformarse en figura, todo lo cual forma parte de la visión del individuo.[5] La capacidad para innovar se relaciona con la posibilidad de percibir anticipadamente en situaciones de incertidumbre; y también, con la posibilidad de asumir riesgos personales, con un fuerte compromiso en la acción impulsado por ideas surgidas de una intuición acerca de algo que es necesario pero que no existe. Queda claro que, a fin de que la oferta empresarial resulte atractiva, debe tener un carácter propio, original o distinto.

Por cuenta propia

Un aspecto destacado del empresario PyME es la puesta en marcha de un proyecto personal por su cuenta y riesgo. Este cuentapropismo adquiere la forma de un desarrollo independiente, autónomo, que diferencia a este empresario del gerente profesional, el funcionario y el administrador de capitales ajenos.

Las grandes corporaciones que responden al modelo ejecutivo jerárquico de organización poseen un formato estructural particular y distinto al de una PyME. Presentan, en la cúspide de la pirámide, un directorio, cuerpo representativo de los accionistas (denominado en inglés *board*) que define políticas, metas y la orientación de la actividad respondiendo

---

4. Schumpeter, Joseph A.: *Teoría del desenvolvimiento económico*. Fondo de Cultura Económica, México, 1978.
5. Kirzner, Israel M.: "The primacy of entrepreneurial discovery", en I.M. Kirzner, *et al.*: *Prime mover of progress*. Institute of Economic Affairs, Londres, 1980.

a intereses patrimoniales y responsabilidades de la empresa. El modelo se completa con la existencia de una estructura gerencial conducida por un ejecutivo principal (en inglés, CEO, siglas de Chief Executive Officer) designado para crearla, y a través de ella realizar el trabajo para el cual la empresa fue fundada. De dicha delegación se desprende una característica significativa que hace al trabajo a realizar: la rendición de cuentas ante una autoridad superior. A esto se refiere Elliott Jaques con el principio de *accountability*.[6]

A diferencia de las corporaciones, las funciones de dueño director y ejecutivo principal en las PyME coinciden en la misma persona. El contacto con la cúspide y con quien en última instancia decide es mucho más próximo para los miembros de la empresa. Al desaparecer instancias intermedias, los gerentes jefes y empleados pueden contactar en forma directa con la figura multifacética del dueño y que constituye así una institución organizativa en sí misma que concentra autoridad y poder. Esta condición, que es estructural y hace a la diferencia con respecto a la empresa grande, define cualitativamente un clima distinto y modela el trabajo que se realiza.

Al hablar de la PyME desde el comienzo de este punto, destacamos el "cuentapropismo" referido a la relación contractual del dueño con la empresa y a la forma de retribución o ganancia económica que obtiene por el trabajo que realiza. En efecto, el emprendedor no es un contratado y, al asumir riesgos económicos, las ganancias están abiertas y sujetas a los resultados del emprendimiento. En este aspecto, la situación equivale a la de un accionista o socio de la actividad. La relación de empleo, en cambio, sustrae a la persona del riesgo económico empresarial y origina el salario como tipo particular de retribución fija y estable que se obtiene por el aporte personal en una posición o rol de trabajo.

Desarrollo del proyecto y niveles de trabajo

Hemos destacado que el empresario PyME pone en marcha, por su cuenta y riesgo, un proyecto personal complejo, que supone una actividad tendiente al cumplimiento de metas ubicadas en un futuro más o

---

6. Jaques, Elliott: *Free enterprise, fair employment*. Crane Russak, Nueva York, 1982.

menos remoto, experimentadas en el presente psicológico como la falta de algo que se desea realizar o hacer nacer, para lo cual es necesario trabajar. El proceso de elaboración del proyecto se nutre de intuiciones y pálpitos no conscientes, que se conjugan y retroalimentan con la movilización de experiencias previas, que van tomando forma y consolidando un aprendizaje.[7]

Sensaciones, percepciones, intuiciones, *insights* y habilidades son utilizados por el empresario para el desarrollo de su trabajo. Se trata de un proceso de resolución de problemas cuyo resultado final no se conoce en forma concreta o anticipada. En este proceso, en parte inconsciente, existe siempre un componente de incertidumbre: no se conocen de antemano, exactamente, los pasos correctos para alcanzar la meta debido al carácter original e inédito del proyecto. La incertidumbre despierta ansiedad, incrementada por el riesgo de fracaso; y el empresario debe poder contenerla conservando el rumbo, y modelando el proyecto original acorde con las circunstancias. La contención de la ansiedad representa una fortaleza relacionada con la integración de la persona que, junto con la capacidad involucrada, determina en última instancia la eficacia en la realización del proyecto.

Dos elementos (uno endógeno y uno exógeno) se encuentran directamente ligados al desarrollo de un proyecto complejo. Por un lado, la capacidad individual del protagonista principal, referida a una inventiva y una visión, a la contención, expresada en la posibilidad de mantener la coherencia, la dirección y el sentido de los proyectos a pesar de las dificultades que se presentan y de los riesgos involucrados. La capacidad de trabajo es la condición que permite al individuo ordenar y modelar la experiencia, comenzando por un requerimiento o problema externo, en un espacio particular y dentro de un tiempo determinado. Implica el desarrollo de procesos psicológicos que, si culminan satisfactoriamente, dan lugar a la resolución del problema que, a su vez, confirma la capacidad de trabajo de la persona.[8] Por otro lado, la incertidumbre emergente de los problemas de respuesta abierta, que se potencia con la textura azarosa del contexto (mercado) o del medio ambiente. La ansiedad necesita ser

---

7. Jaques, Elliott: *La forma del tiempo*. Paidós, Buenos Aires, 1985.
8. Jaques, Elliott: *A general theory of bureaucracy*. Heinemann, Londres, 1976. Capítulo VII.

contenida por la organización interna individual y por una organización externa coherente y acorde con el proyecto que se desarrolla. Cuanto más complejo y lejano resulte el horizonte de cumplimiento del proyecto, la incertidumbre se incrementa. Esta puede hacerse inmanejable para una persona particular: de aquí surge la necesidad de un equilibrio entre el proyecto y la capacidad de aquel que lo desarrolla. Asimismo, la complejidad del proyecto necesita organización y estructura –que determina la emergencia de distintos niveles o estratos ejecutivos de trabajo– acordes.

En la PyME, dado que el proyecto es autogenerado, su complejidad encuentra un límite en la capacidad del empresario para avizorarlo, imaginarlo, manejarlo y contenerlo. Cuando el proyecto trasciende la capacidad individual, se producen las conocidas situaciones de estrés o de fracaso que se traducen en crisis organizacionales variadas.[9] Como surge de lo anterior, la realización de proyectos y el logro de metas no dependen solo de una habilidad cognitiva intelectual sino también de otros aspectos individuales relacionados con el manejo de la complejidad y la contención de los procesos que se encaran.

El horizonte de tiempo. Cada proyecto, cada tarea que se realiza, se encuadra en un lapso intencional dado por el horizonte temporal más largo. El horizonte temporal es una característica muy importante del lapso intencional. A su vez, cada individuo posee un marco temporal, que se correlaciona con su capacidad, que le es propio, y en el cual vive y trabaja. Se trata de la perspectiva más larga que alguien puede avizorar y en la que organiza su experiencia de modo coherente al darle forma de proyecto. Los marcos temporales más prolongados para una tarea o un proyecto suponen mayor contenido discrecional, que se correlaciona con el nivel de responsabilidad, el nivel de complejidad. En una situación de empleo, corresponde al tiempo durante el cual se ejerce la discrecionalidad (autorización para comprometer recursos de la organización de manera autónoma), que culmina con la revisión del resultado por parte

---

9. Al considerar esta relación entre capacidad individual y el nivel de complejidad del proyecto desarrollado, Jaques se refiere al "Principio de Arquímedes de la Organización", que remeda la ley física del mismo nombre según la cual las aguas buscan alcanzar su propio nivel. Reafirmando el principio anterior, el autor sostiene que la empresa crece hasta el nivel que le permite la capacidad de trabajo de su ejecutivo principal. Ver Jaques, Elliott: *La organización requerida*. Ediciones Granica, Buenos Aires, 2002.

del superior inmediato. Los roles y los trabajos pueden ordenarse en una escala creciente de horizontes temporales, que van desde unas horas para las tareas rutinarias y/o manuales hasta varios años para la consecución de proyectos complejos.

Nivel de complejidad y abstracción. Señala la forma en que la gente enfoca, percibe o resuelve un mismo problema. Obviamente, varía de individuo a individuo y, por eso, en una misma población pueden convivir grupos que se diferencian entre sí por el nivel de abstracción con que encaran o resuelven problemas. Este nivel incide también en la forma en que un individuo percibe, planifica, ordena y manipula el objeto de su trabajo, el mundo externo y la incertidumbre implicada en su actividad.

Ordenar las tareas y los roles según el horizonte de tiempo que suponen permite observar cambios cualitativos en su naturaleza a determinados incrementos temporales. Identificar las diferencias cualitativas es consistente con una jerarquía discreta de niveles o estratos necesarios para cumplir con los objetivos globales del proyecto de una organización ejecutiva. De acuerdo con Jaques, esto se denomina "estructura profunda o subyacente" de niveles o estratos. Su número varía entre un emprendimiento y otro. Está determinado por el nivel de trabajo más alto requerido para cumplir con los objetivos que, como se señaló, se correlaciona con la complejidad. La estructura subyacente se diferencia de la superficial, que es la que se muestra formalmente a través de un organigrama. De esta forma, al compararse las dos estructuras, las organizaciones empresarias concretas pueden mostrar más o menos niveles que los necesarios. Esto, que ocurre frecuentemente en la práctica, constituye una disfunción que obstaculiza el cumplimiento de los objetivos con eficacia.

En un emprendimiento concreto, la estructura subyacente refleja la cantidad de estratos que la empresa necesita para cumplir con sus objetivos de acuerdo con el nivel requerido. Todo lo anterior ofrece la posibilidad de clasificar los emprendimientos según la estructura profunda, de manera que, por ejemplo, una empresa que comprende un nivel de trabajo máximo correspondiente al estrato III puede ser clasificada como un emprendimiento de tres estratos, independientemente del número de niveles que se muestren formalmente en el organigrama. A continuación, presentamos con más detalle la descripción que hace Jaques de los primeros cinco niveles. Estos nos ofrecen las bases para una clasificación de distintos emprendimientos. La clasificación surge de la visión que tiene el ejecutivo principal acerca del proyecto global y la extensión en el tiempo necesaria para cumplirlo. Desde nuestra experiencia y de acuerdo con la visión del ejecutivo principal, las PyMES requieren para su funcionamiento de dos o cuatro estratos ejecutivos. En la descripción, se postula una correlación entre horizonte temporal del rol, nivel de abstracción de las tareas involucradas y capacidad requerida para hacerles frente.

Jaques concluye que se necesitan ocho estratos requeridos para hacer frente a la complejidad de una gran empresa corporativa internacional. Las unidades de negocios de las empresas grandes pueden estar estructuradas en cinco niveles: operarios y/o empleados; supervisores de primera línea; gerencia de unidad organizativa descentralizada (o jefatura departamental); gerencias especializadas; y conducción general.[10] Los tres estratos ejecutivos adicionales (VI, VII, VIII) corresponden a las corporaciones más grandes. A partir del estrato V, se entra en el nivel llamado "*collegium* corporativo". Allí el trabajo es predominantemente estratégico; se ocupa de la formulación de planes dentro de un contexto internacional abierto complejo de mercado y medio ambiente. Por lo general, las formulaciones estratégicas de planes y proyectos involucran factores competitivos de mercado, aspectos sociales, económicos y políticos que comprometen al ambiente internacional mundial. Esto requiere hacer previsiones y formular políticas contemplando un (largo) plazo de, por ejemplo, 20 a 50 años para las empresas más grandes. Dentro de estos horizontes temporales, se requieren ajustes permanentes entre la intencionalidad de los proyectos y los sucesos contextuales ambientales políticos y económicos que van aconteciendo.

A continuación, presentamos la descripción de los cinco primeros niveles o estratos que son necesarios para encuadrar a las PyME. Para la descripción completa de los tres estratos adicionales mencionados, que se corresponden con el colegio corporativo y que fueron omitidos en el cuadro anterior, véase *La organización requerida*.[11]

---

10. Jaques, Elliott: Íd., capítulos VIII y IX.
11. Jaques, Elliott, Íd., Tercera parte, Sección 1, pp. 132 y subsiguientes.

Cuadro 1. Elliot Jaques: niveles de abstracción y estratos ejecutivos jerárquicos (para una empresa de hasta cinco estratos ejecutivos)

Tiempo	Rol	Estrato	Tipo de tarea	Capacidad requerida	Decisiones discrecionales
Más de cinco años	• Empresario • Ejecutivo principal • Director general	V. TEORÍA INTUITIVA	• Orientación al contexto • Definición de un campo de actividad • Manejo empresario • Desarrollo de un negocio	• Formulación de principios generales innovadores • Aplicación de modelos teóricos complejos • Visión de futuro al servicio de un proyecto organizacional	• Modificación sustancial del campo de actividad • Manejo del contexto • Lectura de amenazas y oportunidades • Influencia al directorio PLANEAMIENTO ESTRATÉGICO
Hasta cinco años	• Gerente de empresa mediana • Gerente especializado de área	IV. MODELAMIENTO ABSTRACTO	• Definición de políticas • Definición de sistemas • Proyectos de desarrollo • Desarrollo de productos • Invenciones y reformas	• Innovación, genuina creatividad • Pensamiento abstracto • Manejo a través de indicadores • Elaboración de principios generales • Recombinación original de elementos	• Resolución de problemas generando principios preventivos • Innovaciones, cambios, reformas originales • Varios proyectos en paralelo PLANEAMIENTO LOGÍSTICO DENTRO DE LA ESTRATEGIA

Hasta dos años	• Empresario gerente • Gerente departamental • Jefe de planta • Jefe de producto • Superintendente	III. EXPLORACIÓN CONCEPTUAL Mutuo reconocimiento hasta 350 individuos Estructura de comando directo	• Campo de actividad amplio • Control y liderazgo directos • Manejo de secciones concatenadas • Planificación de costos y recursos • Manejo de una organización	• Retención mental de un objeto organizacional; manejo de una serie • Detección de tendencias, diagnóstico y predicción • Atención a ruidos emergentes • Extrapolación de consecuencias	• Cambio de rumbo con visión de futuro • Manejo de relaciones gremiales • Relaciones institucionales • Provisiones y recaudos PLAN TÁCTICO
De tres meses a un año	• Jefe de sección • Jefe de oficina • Supervisores	II. IMAGINATIVO CONCRETO Mutuo reconocimiento hasta 50 individuos	• Manejo agregado de tareas • Trabajo a través de otros • Atención de problemas emergentes • Conducción de gente • Delegación-evaluación • Inducción-capacitación	• Tolerancia, ambigüedad dentro del marco de reglas establecidas • Elección entre alternativas y distintas soluciones posibles • Retención mental de un conjunto de tareas • Manejo de canasta de problemas, tareas y definición de prioridades	• Medios y prioridades • Resolución de problemas y conflictos • Evaluación y seguimiento de empleados a cargo • Selección CUMPLE CON UN PROGRAMA ESTABLECIDO
Hasta tres meses	• Encargados • Capataces • Coordinadores • Empleados de oficina • Operarios	I. OPERATIVO CONCRETO	• Tareas simples guiadas por procedimientos establecidos • Manejo de una variable por vez • Ejercicio discrecional que afecta la calidad y el tiempo de la tarea	• Declarativo • Aseveraciones disyuntivas	• Afectan la cantidad y la calidad del trabajo realizado

- **Estrato I: operativo concreto.** El horizonte temporal de las tareas involucradas llega hasta tres meses. El ejecutante tiene un contacto directo con su objeto de trabajo. Este se realiza de una manera concreta y esta dirigido a la transformación de cosas o a la producción de efectos determinados. Este estrato comprende el trabajo manual o el trabajo administrativo sencillo. La toma de decisiones discrecionales afecta la cantidad y la calidad del trabajo realizado. Se maneja dentro de un procedimiento establecido. Y si tiene dudas, consulta al jefe.

- **Estrato II: imaginativo concreto.** El horizonte temporal abarca de tres meses a un año. Las tareas específicas y las resoluciones tienen un grado mayor de ambigüedad. Corresponde a las jefaturas de los niveles más bajos e implica la realización del trabajo a través de empleados a cargo. El individuo que trabaja en este estrato debe reunir la información que le es pertinente para resolver el problema o la tarea que tiene a su cargo y necesita sacar conclusiones que contienen una cuota de elaboración propia. La incertidumbre y la responsabilidad por el trabajo de otros juegan un papel muy importante. El objetivo de la actividad está dado, pero hay libertad en la manipulación de los recursos disponibles, la definición de prioridades, la redistribución y rotación de personas, etcétera. Se asumen responsabilidades de conducción tales como selección, evaluación, promoción, inducción y capacitación.

- **Estrato III: exploración conceptual o seriada.** El horizonte temporal va de uno a dos años. Se trata de un nivel de conducción en el cual el jefe controla una unidad organizativa compleja, compuesta por un conjunto de secciones a su cargo por la cual es *accountable* y que no puede abarcar en su totalidad sino a través de una actividad mental exploratoria seriada, de parte por parte del campo total. El objetivo debe ser elaborado, para lo cual se requiere el uso de extrapolaciones de experiencias previas. La relación cara a cara puede conservarse; todos los miembros de la unidad organizativa se conocen. De un mismo gerente dependen varios jefes de departamento o sector. En este estrato, comienza a ejercerse el rol de liderazgo del gerente del gerente (llamado en la denominación anglosajona "*Manager Once Removed*").

- **Estrato IV: modelamiento abstracto.** En las unidades de negocios grandes, el rol gerencial involucrado en este estrato puede denominarse director de un área especializada. El horizonte temporal que lo enmarca es de dos a cinco años. Se corresponde con un nivel estratégico porque contiene proyectos de innovación y/o reforma que comprometen la producción, el enfoque comercial, las ventas, la tecnología, el manejo de los sistemas dirigidos a las personas, etcétera. Requiere, además, de la implementación de sistemas globales de auditoría, consideración de aspectos legales, relaciones públicas, políticas de sustentabilidad, y demás. En este estrato, se formulan políticas para orientar los proyectos basadas en conclusiones que surgen de la experiencia.

La cantidad de personas involucradas en una organización de cuatro estratos impide que todas se conozcan entre sí. Emerge el anonimato. Las tareas que se realizan para la formulación y el manejo de los proyectos son de naturaleza abstracta. Requieren datos estadísticos, fórmulas que exigen establecer distancia con la realidad sin perder contacto con ella. El resultado esperado y el proyecto no pueden definirse concreta y absolutamente de antemano. Predomina la creatividad, la adopción de decisiones de largo plazo y el planeamiento estratégico. El gerente que ocupa este nivel puede manejar varios proyectos en paralelo que tiene que coordinar y armonizar entre sí.

- **Estrato V: teoría intuitiva.** El horizonte temporal supera los cinco años. El gerente que lo ocupa puede ser denominado –según nuestra experiencia profesional– como presidente de la unidad de negocios o gerente general. Se trata de un rol generalista, que maneja la totalidad de la organización como una unidad real y concreta, velando por su integración y coordinación. En las grandes corporaciones, rinde cuentas ante un vicepresidente corporativo. En este estrato, se requiere el uso y la formulación de conclusiones basadas, con frecuencia, en teorías sobre la naturaleza y la finalidad de la empresa. Se trabaja con principios universales, manteniéndose el contacto tal vez mediato con los detalles concretos de la implementación. El trabajo requiere también el uso intuitivo de teorías construidas a partir de la experiencia.

El modelo de los estratos ofrece, como surge de lo anterior, un esquema para la clasificación de las PyME cuya denominación es un tanto ambigua para caracterizar su tamaño y nivel de complejidad. El tamaño constituye un factor significativo que hace a la naturaleza cualitativa de una entidad organizacional determinada. Anteriormente hemos postulado la existencia de empresas PyME de dos, tres o cuatro estratos. ¿Cuál es la característica diferencial de cada una de ellas asociada con la cantidad de estratos que poseen? El crecimiento, la transición y la transformación de los emprendimientos señalarían diferentes tipos de organizaciones y de cambios acordes con la transición dictada por la cantidad de estratos. En términos generales postulamos que las empresas a las que denominamos PyME son de tres estratos. Estas son compatibles con lo que se ha denominado el "factor de mutuo reconocimiento". Como una cualidad emergente del tamaño, todos los que trabajan en una PyME pueden conocerse entre sí y tener acceso directo al empresario presidente que, en muchos casos, es también el ejecutivo principal. Esto aporta a un clima relacional y de trabajo muy particular que, en muchas ocasiones, es considerado un factor de satisfacción laboral y de integración. Ligado con el desarrollo, un gran número de PyMEs exitosas puede evolucionar hasta convertirse –a través de una transición muy significativa– en una empresa de cuatro, cinco y hasta más estratos. Cada transición representa un cambio importante y cualitativo de la entidad, que compromete la planificación estratégica, la estructura organizativa y la naturaleza de los perfiles necesarios para afrontar la complejidad creciente. En esta transición, se juega la profesionalización gerencial, ligada con la creación de nuevas gerencias especializadas de Producción, Comercialización, Tecnología, Investigación y Desarrollo, y otras. Estas comprometen una formación profesional gerencial concomitante con el estrato de los nuevos roles gerenciales que se van desarrollando.

Organizaciones de dos y tres estratos

Jaques llama a estas organizaciones "sistemas de comando directo", porque en ellas se perfila una figura central claramente identificada y personalizada a cargo de la totalidad, que ejerce una supervisión y control directos. Un taller mecánico, un supermercado de barrio o una librería son algunos de los muchos ejemplos de esta clase de sistemas.

En las organizaciones de dos estratos, la figura del patrón o el jefe asume en forma personal las principales funciones ligadas al desarrollo, la producción, las ventas y el servicio. Así, conserva no solo un contacto directo con todos sus empleados sino también con clientes y proveedores. El rol principal se ocupa de la calidad de los servicios, de la introducción de otros nuevos y de las posibles innovaciones. Delega, a su vez, las tareas de producción propiamente dicha y también, parcialmente, las relacionadas con la venta. De este modo, el dueño abarca todo su campo de actividad trabajando codo a codo con sus empleados. El tamaño permite que el sistema adquiera las características de un grupo, así como la dinámica, el clima y la relación interna particulares que este implica.

En las PyME de tres estratos, si bien el empresario no puede abarcar visualmente el campo total de su actividad ni estar en todos lados al mismo tiempo, puede mantener un contacto directo con cada parte del sistema en forma seriada, es decir, supervisar personalmente el desarrollo del trabajo, los niveles de *stock*, la calidad de los productos, las relaciones con los clientes, etcétera. Para compatibilizar toda la información, debe realizar una recorrida mental investigativa de parte por parte de la organización para lograr, a partir de este análisis imaginativo concreto, elaborar una síntesis. Se trata de una forma muy particular de supervisión y control, que permite tomar decisiones en forma ágil, producir rectificaciones rápidas, adoptar previsiones, etcétera. El contacto directo del empresario con los responsables del segundo estrato ejecutivo jerárquico los hace sentir comprometidos en el proceso, al tiempo que tienen más oportunidades de informarse, advertir el rumbo del negocio, conocer las intenciones del dueño y, en esa medida, participar en las decisiones más globales.

La instancia de conducción máxima concentra las tres funciones principales (Desarrollo, Producción y Ventas), mientras que otras (Contabilidad, Mantenimiento o similares) pueden ser delegadas o tercerizadas.[12] Aunque, como indican los tres estratos, la instancia ejecutiva

---

12. Es muy frecuente encontrar en una PyME de tres estratos (aun en aquellas de niveles de producción y ventas voluminosos y complejos) que la conducción máxima esté ejercida por un grupo de socios pares. Como es autoevidente en estos casos, el principio de la unidad de mando encuentra un límite en la existencia de una instancia de autoridad pluricéfala que necesita un alto grado de coordinación. La integración interpersonal necesaria puede dar lugar a conflictos e inefectividades variadas, que se constituyen en factores disruptivos y disfuncionales para la organización en su conjunto. Esto se da en

máxima cuenta con jefes o gerentes intermedios en las distintas funciones especializadas que colaboran para que el o los dueños conserven la visión, la información y el contacto de primera mano con las tareas de las áreas principales.

Después de la primera edición del libro *Análisis Organizacional y Empresa Unipersonal,* en el que utilizamos el esquema de los estratos ejecutivos y la clasificamos como una empresa de tres, volvimos a considerar esta categoría clasificatoria en estudios posteriores. Efectivamente, en el año 1990, analizando distintos casos de PyMEs a los fines de la investigación, aplicamos juntamente con el Dr. Atilio Penna esta misma clasificación a dalgunos de ellos. Confirmamos así la hipótesis de que la empresa de tres estratos ejecutivos constituye un tipo particular y dedujimos distintos atributos de la entidad, dimensiones del rol del empresario y habilidades requeridas para el desarrollo de las entidades bajo análisis. Los resultados fueron presentados en distintos eventos científicos de la especialidad.[13]

El liderazgo empresarial de la PyME de tres estratos

En la PyME de tres estratos, la estructura organizativa con frecuencia está orientada de acuerdo con un liderazgo carismático. Para Max Weber, este tipo de autoridad descansa en la persona individual, a la cual se le reconocen cualidades excepcionales, un carácter ejemplar o un heroísmo particular. La adhesión se hace extensiva a normas, modalidades y tipo particular de orden que esa persona genera. Se obedece al líder carismáticamente orientado por la confianza depositada en él o por los lazos emocionales que se establecen, producto de sus cualidades supuestamente excepcionales.[14]

---

particular cuando las funciones ejecutivas ejercidas por los socios que son pares pueden cruzarse dando mensajes, instrucciones e indicaciones eventualmente contradictorias al resto de los niveles ejecutivos de la estructura organizativa.

13. Schlemenson, Aldo; Penna, Atilio: "Dimensiones del rol del empresario. Habilidades requeridas para el desarrollo empresarial de las PyME". Congreso Nacional de Profesionales de Ciencias Económicas, Mendoza, Argentina, octubre de 1992. Puede verse también por los mismos autores: "Habilidades requeridas para el desarrollo empresarial de PyMEs Dimensiones del rol del empresario", en Simposio de Análisis Organizacional, Facultad de Ciencias Económicas, Universidad de Buenos Aires, octubre de 1992.

14. Weber, Max: "Sociología de la dominación", en *Economía y sociedad,* tomo II, Capítulo IX. Fondo de Cultura Económica, México, 1972.

El dueño concentra la suma del poder y toda la racionalidad del sistema descansa en su propio juicio. La personalidad del empresario marca la tónica de la dinámica y la organización interna del sistema viéndose acentuado el ejercicio de una conducción estelar. El cuadro podría ser descrito mediante una fórmula breve y contundente: "la organización soy yo". De hecho, este supuesto se transforma en un principio que rige la racionalidad del sistema. Los empleados responden a la autoridad de una persona particular, no a la autoridad (impersonal) atribuida a un rol. El control descansa en una cabeza concreta, visible, no anónima, que impone un estilo particular basado en actitudes, sentimientos y motivos individuales. La totalidad de la organización se torna, entonces, altamente dependiente. Según Weber, el empresario moderno ofrece en nuestra sociedad el único tipo de autoridad que ha sido capaz de mantenerse relativamente inmune a la influencia del tipo de autoridad racional legal, burocráticamente orientada, que es la que tiende a hacerse dominante. Las PyME conducidas por un líder carismático se mueven por la simpatía personal, el favor o la gracia.

Esta modalidad de conducción suple un sistema organizativo formalizado, una delegación clara de funciones y responsabilidades. La estructura está poco definida. No hay organigrama. O, si se definió, no es tenido en cuenta. Los sistemas de información y control son llevados en forma personal por la autoridad central. Aun cuando existan un sistema jerárquico y distintos niveles de jefatura, el empresario suele conectarse en forma directa con la totalidad de la organización, lo que le facilita cambiar decisiones, alterar proyectos o modificar prioridades según su propio criterio. Dentro de esta informalidad, suele encontrarse un cierto grado de ambigüedad en las responsabilidades, así como áreas grises, referidas a decisiones sin responsables claros. La falta de delegación nítida de funciones y responsabilidades acentúa la organización tipo estrella, donde el empresario participa de una gama muy variada de decisiones sin considerar importancia ni prioridades. En la mayoría de los casos, falta a su vez un plan estratégico, así como una discriminación precisa entre decisiones de corto, mediano y largo plazo.

En este marco, la proximidad de los empleados con el empresario y los contactos informales constituyen fuentes adicionales de poder que pueden influir en las decisiones.

La orientación carismática se convierte en un factor resistencial cuando se trata de afrontar un cambio hacia una organización de cuatro estratos, porque esta decisión requiere un cambio cultural muy significativo que involucra el estilo pero también la estructura y el gerenciamiento profesional.

Orientación hacia una audiencia externa

Como se desprende de lo anterior, el proyecto emprendedor se manifiesta hacia fuera: el mercado, los clientes, el público, la audiencia. Este se construye a partir de la percepción intuitiva de necesidades de esa audiencia, que –a su vez– se integra a la experiencia, el conocimiento y el contacto con la realidad.

La audiencia externa constituye un *abstractus*: una síntesis conceptual de un determinado grupo social, que tiene existencia real y rasgos culturales precisos. Ese *abstractus* se transforma en el blanco (en inglés, *target*) del cual el emprendedor infiere sus objetivos y hacia el cual dirige sus acciones, que van asumiendo la forma de una oferta de bienes o servicios. Todo esto forma parte de un procesamiento parcialmente inconsciente. La aceptación de esa oferta por parte de la audiencia externa representa un éxito, que retroalimenta positivamente la acción emprendida. Esta dinámica del trabajo empresarial explica por qué la relación con el cliente está primera en sentido lógico: la empresa existe porque existe un público para su oferta. De esta realidad se desprende la racionalidad del sistema.

Por definición, la empresa tiene un objetivo lucrativo, en función del cual se comprometen medios. El empresario asume riesgos calculados –que involucran, entre otras cosas, su capital– en aras de una expectativa de poder y ganancia económica. Orientado hacia una audiencia externa elegida como objetivo, desarrolla estrategias tendientes a conseguir su aprobación en el marco de un mercado conformado por otras entidades económicas similares con las que disputa la preferencia de los clientes. La conducta competitiva no es otra cosa que la lucha entre intereses en pugna.

Podemos describir patologías organizacionales más o menos agudas a partir de la ruptura de la racionalidad propia de la orientación hacia una audiencia externa. Por ejemplo, aludiéndose a la organización burocrática, se señala como habitual la tendencia al ritualismo, consistente en un apego excesivo a las normas administrativas internamente orientadas, que transforma lo que debería ser un medio en un fin en sí mismo. Cuando esto ocurre, la organización da la espalda a sus clientes externos y a los requerimientos del contexto, volviéndose rígida e inflexible y resintiendo su eficacia. Con frecuencia, el crecimiento en tamaño de la organización puede incrementar esta tendencia. Dado que la flexibilidad es un valor positivo para la adaptación a las demandas externas, existe una correlación inversa entre burocratización y orientación al mercado. Dar la espalda al contexto y, con él, a la audiencia externa puede significar un aislamiento, que se traduce en falta de planes o proyectos adecuados. La ausencia de una actitud alerta, receptiva, abierta puede producir también –como veremos– dificultades para adaptarse a los cambios provenientes de un contexto turbulento.

En el otro extremo de las patologías organizacionales, se ubican las vinculadas con la dependencia excesiva de las audiencias externas que llega a afectar la autonomía de la organización. La actitud excesivamente complaciente hace en estos casos que la organización comience a ser gobernada desde afuera. Los clientes "invaden" la organización generando situaciones de confusión y falta de contención. Algo similar ocurre con los entornos recesivos e inflacionarios, que ponen también en peligro el equilibrio entre organización y contexto.

Organizaciones de cuatro y cinco estratos

En las empresas que se desarrollan y trascienden el estrato III, un cuarto estrato ejecutivo jerárquico es demandado para enfrentar un nivel de trabajo más complejo, que involucra un plazo superior a cinco años dado por proyectos y planes de nivel estratégico. Esta transición representa un cambio cultural muy significativo, asociado –entre otros factores– a la pérdida del factor de mutuo reconocimiento, característica dominante de la forma de integración y coordinación previa. Este naciente tamaño empresarial necesita una estructura claramente definida, basada en un análisis de roles sistemáticamente realizado. Asimismo, la empresa necesita encarar un cambio cualitativo en la naturaleza y el estilo de la conducción. El crecimiento de la organización más allá de ciertos límites trasciende la necesidad de la integración que aporta, en el estadio previo, el factor de mutuo reconocimiento, dando paso a la necesidad de coordinación ligada a la existencia de roles y funciones formalmente definidos.

Al ejecutivo principal o a la conducción general se les dificulta el conocimiento de todos los empleados. Cada nivel ejecutivo mantiene un contacto asiduo con sus colaboradores directos y con otros que están en su misma área geográfica, pero no con todos los sectores de la organización al mismo tiempo. Al no poder ejercerse un control mental de lo que ocurre, debe recurrirse a fuentes y sistemas de información para tomar decisiones.

En el manejo de empresas de cuatro y cinco niveles, el ejecutivo principal requiere cierta distancia de la operatoria concreta. La obtiene –por una parte– a través de gerentes, quienes se ocupan de dirigir las unidades de Producción, Ventas o Desarrollo y otras como Recursos Humanos o Tecnologías de la Información y la Comunicación, Logística, y Asuntos Públicos y Legales.

Algo más sobre el factor de mutuo reconocimiento

Como se explicó, en las organizaciones pequeñas, todos los miembros pueden conocerse, memorizar sus nombres y hasta saber de los aspectos más significativos de la historia personal y laboral de cada uno. Se trata de un vínculo "cara a cara" que, como explica Alfred Schutz[15], dan lugar a un tipo muy particular de experiencia, que configura una orientación específica y significativa en lo social: se trata del "mundo de la experiencia directa". Las relaciones cara a cara permiten un intercambio fluido, un acceso inmediato a los demás y, de esta manera, un conocimiento particularizado de los motivos e intenciones de la conducta del otro, que es tenido en cuenta en el proceso de intercambio de mensajes.

Las personas involucradas en la relación cara a cara comparten una comunidad de espacio y de tiempo. Cada una tiene conciencia de la existencia del otro, puede captarlo tanto en sus pensamientos como en su corporeidad. Como observa Schutz, en la relación cara a cara, las personas involucradas están conscientes una de la otra, y participan recíprocamente en sus vidas. Se trata del mundo de la realidad social directamente vivenciada, que posibilita el desarrollo de la relación "nosotros".

---

15. Schutz, Alfred: *Fenomenología del mundo social*. Paidós, Buenos Aires, 1972.

La vivencia compartida en un tiempo determinado permite que cada involucrado tome contacto con los contextos subjetivos de significado del otro, ampliando el conocimiento objetivo de las demás personas. La relación "nosotros" es espacial y temporal; implica al cuerpo y a la conciencia de la otra persona. Toda expresión y todo movimiento forman parte de la vivencia. Las relaciones "nosotros" concretas muestran una diversidad de grados (de inmediatez, de intensidad, de intimidad, etcétera). Sin embargo, lo más importante es que el conocimiento del otro adquirido en la inmediatez de la relación directa incluye el conocimiento de sus esquemas interpretativos, sus hábitos, su lenguaje y algo que Schutz destaca: los motivos "para qué" y los motivos "por qué". Estos motivos –sean reales o no– se suponen siempre en la relación cara a cara.

El desarrollo de la relación cara a cara exige que las personas compartan el ambiente. Por lo tanto, el mundo del "nosotros" no es privado sino común, indiviso e intersubjetivo. Compartir el ambiente permite a cada individuo controlar constantemente sus interpretaciones, los conocimientos que va adquiriendo y, de esta manera, corregir y ampliar la comprensión y las vivencias. Las personas pueden apreciar recíprocamente el contexto motivacional, así como participar activamente en su constitución y orientar su acción en función de él.

El mundo de los contemporáneos

El pasaje del mundo de la relación social directa al de la indirecta implica, según Schutz, la entrada al "mundo de los contemporáneos": la otra persona deja de ser alguien inmediato, al alcance de la percepción y de la vivencia directa, para comenzar a convertirse en alguien anónimo, cuya existencia se conoce y se percibe de una manera completamente distinta a las relaciones cara a cara. Entre contemporáneos, la visión y la vivencia se hacen más remotas; y el conocimiento, por ende, más impersonal.

De esta pauta de relación y de experiencia indirectas surge, de acuerdo con Schutz, la orientación "ellos". Cuanto más anónimo se vuelve el contemporáneo, más se pasa del contexto subjetivo de significados que caracterizaba a la relación "nosotros" a una serie de contextos objetivos de significados muy complejos y sistemáticamente interrelacionados. Estos últimos constituyen interpretaciones, a las cuales se recurre cuando no se tiene una vivencia directa de los otros. Los contextos objetivos de significado se configuran a partir de la experiencia pasada y contienen un grado de abstracción, generalización y formalización, una síntesis de conocimientos que se estructuran en un conjunto de tipos ideales que se construyen continuamente en la vida cotidiana. Están sometidos a constante ajuste y revisión sobre la base de la experiencia directa o indirecta del observador.

La forma de relacionarse en el mundo de los contemporáneos es a través de la configuración y el uso de tipos ideales, es decir, del empleo de un contexto de significados para interpretar las motivaciones "para qué" y "por qué" de los otros remotos, anónimos, de cuya existencia se sabe pero con quienes no se comparte un espacio inmediato. En esa relación, cada uno espera que el esquema interpretativo del otro sea congruente con el propio, como tipo ideal.

Weber indica que toda conducta se orienta en forma habitual, es decir, bajo la creencia en la validez de un orden. Ese orden constituye un contexto de significados, que otorga un esquema interpretativo y apoya conductas requeridas, pautas de acción y tipos ideales.

Mientras cada uno de los partícipes en la relación cara a cara revisa, amplía y rectifica el conocimiento que tiene del otro, esto se hace más dificultoso en la relación "ellos". Al no compartir el ambiente inmediato, la identificación interpersonal directa queda excluida. A pesar de que el conocimiento en el mundo de los contemporáneos se amplía, se enriquece y cambia continuamente, esto ocurre en forma más lenta e incierta.

En el mundo de los contemporáneos, el anonimato y la utilización de signos a la manera de esquemas expresivos e interpretativos resulta de importancia capital. A mayor anonimato entre los participantes de ese mundo, más "objetivamente", dice Schutz, deben utilizarse los signos. En la experiencia social indirecta, no puede preguntarse a un partícipe qué quiere decir porque no está presente. Por lo tanto, la única manera de averiguarlo es utilizando un sistema compartido de convenciones semánticas. Si bien Schutz desarrolló estos conceptos con relación al tema más amplio de la acción social desde una perspectiva intencional, resultan de gran importancia para el análisis organizacional.

El acercamiento y la intimidad que permiten las relaciones directas cara a cara en las organizaciones pequeñas (de uno a tres niveles ejecutivos jerárquicos) tienen un efecto fácil de observar en ellas: relaciones poco formalizadas. En la mayoría de los casos, no existe un organigrama –esquema de tipos ideales que alude a los roles–, ni normas o políticas de funcionamiento escritas. Los roles son intercambiables. La distribución de funciones, flexible. La coexistencia en un ambiente inmediato, donde todos están en disponibilidad entre sí, y el grado de acercamiento e intercambio que implica la relación directa permiten una regulación veloz de expectativas y una ratificación o rectificación instantánea de las intencionalidades. De este modo, el proyecto organizacional es un proyecto compartido en lo inmediato que se va configurando y plasmando en forma rápida y flexible.

En una organización de gran tamaño, en cambio, el organigrama cumple con la necesidad de coordinación de un grupo masivo de personas a través de un sistema de roles formales y de expectativas definidas oficialmente. Estos roles, en tanto definiciones abstractas, son independientes de las personas. Sin embargo, lo masivo, lo anónimo y la pérdida del mutuo reconocimiento condicionan otro fenómeno propio de las relaciones entre grupos: la existencia de un sistema representativo, que funciona en forma paralela al sistema ejecutivo. De esta manera se da la relación orientada en términos de "ellos". La mayoría de los empleados del nivel I (cfr. el cuadro 1) no se conocen entre sí o se han visto solo en circunstancias muy fortuitas. Muchas menos posibilidades de interactuar tienen con el ejecutivo principal. Poseen intereses en juego en la situación, a la que cargan de una gran expectativa. La falta de información y lo escueto de los mensajes hacen que un nivel ejecutivo jerárquico configure esquemas interpretativos respecto de los otros, que los lleva a establecer presunciones y, eventualmente, a incurrir en distorsiones o malentendidos que entorpecen las comunicaciones.

Perturbaciones de las comunicaciones en el ámbito organizacional

Dos factores se conjugan en una organización grande, de varios niveles ejecutivos jerárquicos:

- la pérdida del factor de mutuo reconocimiento, que trae como consecuencia el anonimato y el extrañamiento entre individuos; y
- la dependencia funcional recíproca de los sectores y niveles jerárquicos.

Tales circunstancias se potencian a fin de facilitar la emergencia de ansiedades y conflictos que se conjugan para hacer que las instituciones se tornen muy refractarias a los cambios.

Los aportes de la teoría[16] permiten abordar el problema de las perturbaciones en las comunicaciones. Los sectores, las áreas, los niveles jerárquicos y los grupos significativos de poder que constituyen una organización están insertos en un proceso de interrelaciones recíprocas caracterizado por un activo intercambio de mensajes. En las organizaciones de gran tamaño, las condiciones muy particulares para la comunicación dan lugar a un modo especial de relacionarse, cuya importancia se hace particularmente evidente en situaciones de cambio. Entonces, es muy común escuchar quejas con respecto a las comunicaciones formales, mucho más lentas, pesadas e ineficientes que las informales –por ejemplo, los rumores–, que circulan y llegan a todos velozmente.

La forma habitual de comunicar en la organización de varios niveles es desde los superiores a los colaboradores inmediatos, los cuales deben a su vez retransmitir los mensajes al nivel ejecutivo jerárquico a su cargo: es decir, la comunicación de los cambios sigue la línea jerárquica. La información, por lo general, es escueta. El mensaje es predominantemente verbal y escrito, o sea, basado en un código digital. De esta manera, aun cuando sea transmitido por personas, el mensaje se torna impersonal debido a la marcada distancia entre la fuente originaria y el receptor o destinatario.

Esa distancia deviene, asimismo, en una importante fuente de distorsión. Imaginemos un gerente general que pide a sus subordinados directos que transmitan un mensaje con respecto al cual ellos tienen puntos de vista opuestos. Aun cuando lo rechacen, no les quedaría más remedio que transmitirlo. Sin embargo, probablemente lo hagan tratando de deslindar la responsabilidad por su contenido diciendo, por ejemplo, "el gerente general

---

16. Watzlawick, Paul; Beavin, Janet H.; Jackson, Don D.: *Teoría de la comunicación humana*. Tiempo Contemporáneo, Buenos Aires, 1971.

quiere que yo les transmita que…". El mensaje podría hasta reproducir en forma textual las palabras del gerente general, pero la forma de presentarlas, con un énfasis en determinados gestos o inflexiones de la voz, comunicaría también las dudas, las sospechas o los reparos del comunicador: así, el mensaje habrá cambiado sensiblemente. Los mensajes emitidos a través de terceros y de un código digital no resultan suficientemente explicativos de los aspectos relacionales y dan lugar a varias interpretaciones posibles. "¿Cuáles serán las verdaderas intenciones del gerente general?", comenzarán a preguntarse quienes no tengan acceso directo a él.

Si la comunicación se refiere a cambios que afectan en forma directa al sistema y a los intereses sectoriales de los miembros, se incrementa el riesgo de distorsión en los mensajes. Las personas involucradas o afectadas suelen introducir elementos subjetivos en la transmisión o comprensión que provienen de la proyección de ansiedades y conflictos en el mensaje comunicado, a raíz del compromiso emocional que suscita el cambio. En estos casos, se observa asimismo un sistema o red informal de comunicaciones que, siguiendo el mecanismo del rumor, tiende a llenar los baches comunicacionales con contenidos ajenos a la intención de la información primaria.

En las organizaciones de gran tamaño, suele darse un bloqueo de la comunicación personal directa. El director general y los gerentes del nivel IV son solo nombres para los empleados de los niveles inferiores. Aun cuando están recibiendo a diario impactos comunicativos de naturaleza digital, los interlocutores no suelen verse y el cuerpo como vehículo de comunicación queda completamente de lado. De esta manera, se hace difícil entender la situación general y las intenciones que motivaron la emisión de la información. Simétricamente, para los niveles superiores, existe una marcada dificultad para obtener una retroalimentación de sus mensajes. Se ven afectadas así las comunicaciones ascendentes, que configuran datos fundamentales para la toma de decisiones porque ofrecen información sobre las condiciones del contexto organizacional en que deben adoptarse. Para zanjar esta perturbación, Wilfred Brown propone introducir un tipo de mecanismo de reunión amplio al que llama "contracción de las líneas de mando", por el cual el ejecutivo principal de una unidad organizativa de al menos cinco estratos se comunica con la totalidad de los miembros de la unidad para hacerles llegar un mensaje en forma clara y, si es posible, recibir una retroalimentación directa de la audiencia a la que va dirigido el mensaje. Este mecanismo no es utilizado para discutir un tema sino para hacer llegar una comunicación en forma directa y diáfana.[17]

Preservación de lo pequeño

Un común denominador en los abordajes clásicos de la organización es su foco en las empresas de gran tamaño. Así ocurre, por ejemplo, con Max Weber[18], Frederick Taylor y Henry Fayol[19]. Ernst Schumacher señala que el pensamiento económico y organizativo así orientado está imbuido de un ideal de crecimiento como incremento de tamaño: cuanto más grande la organización, mejor es. En consecuencia, tenemos en la actualidad organizaciones tan grandes como no las hubo nunca.[20]

Psicólogos y sociólogos coinciden al advertir los daños a la integridad del individuo cuando este se transforma en un pequeño engranaje dentro de una gran máquina. Para Melvin Seeman[21] y Paul Blumberg[22], entre otros, la tendencia al crecimiento, la automatización, la centralización del control, la división del trabajo y la especialización son condiciones promotoras de alienación. Seeman distingue cinco variantes de conducta en los individuos como respuesta a esas tendencias organizacionales: sentimientos de impotencia, falta de sentido, anomia, aislamiento y autoextrañamiento. La alienación no solo tiene implicaciones morales o éticas: acarrea también costos económicos como consecuencia de la pasividad y la falta de interés y de identificación que promueve.

Sobre este particular tipo de impersonalidad, anonimato y distancia afectiva que caracteriza el plano de las relaciones interpersonales en este tipo de sistema, Schumacher señala: "A nadie le gustan realmente las organizaciones en gran escala, a nadie le gusta recibir órdenes de superiores, que reciben órdenes... aun cuando las reglas derivadas por la burocracia sean predominan-

17. Brown, Wilfred: *Exploration in Management.* Heinemann Educational Books, Londres, 1960.
18. Weber, Max: *op. cit.*
19. Taylor, Frederick W.; Fayol, Henri: *Principios de administración científica. Administración industrial y general.* El Ateneo, Buenos Aires, 1980.
20. Schumacher, Ernst F.: *Lo pequeño es hermoso.* Blume, Madrid, 1982.
21. Seeman, M.: "On the meaning of alienation", en *American Sociological Review,* 24, 1959.
22. Blumberg, Paul: *Industrial democracy: the sociology of participation.* Constable, Londres, 1968.

temente humanas; a nadie le gusta ser regulado por reglas, es decir, por gente cuya respuesta ante toda queja es: 'Yo no he hecho las reglas, yo meramente las aplico'…".[23] Cuanto más grande es la organización, mayor es la necesidad de encontrar orden en ella. Todas las acciones necesitan ser predichas y planeadas. Se trata de preservar un sistema de control, centralizado en la cúspide, que generalmente tiende a reducir la discrecionalidad y la iniciativa.

La necesidad de previsión, eficiencia, acatamiento y homogeneidad en el cumplimiento de metas comunes hace que todo esté armado y hecho. La organización en sí misma surge como un objeto totalmente configurado, en el cual pareciera que no queda para el individuo la posibilidad de ejercitar la intuición creativa o la iniciativa empresarial. "Lo que realmente se necesita", señala Schumacher, "son pequeñas unidades de trabajo porque la acción es una cuestión altamente personal y se preserva mejor en un tamaño reducido".[24] Desde el punto de vista humano, las condiciones requeridas se logran mejor en organizaciones pequeñas o en unidades descentralizadas dentro de otras de mayor tamaño. En los trabajos del Tavistock Institute of Human Relations, "los grupos autónomos" constituyen una propuesta tendiente a preservar la libertad y la innovación, al tiempo que responden al problema de la alienación.

Una persona singular puede estar en contacto con un número limitado de personas a la vez. Solo en estas condiciones puede conservar su identidad. En consecuencia, no tenemos que pensar en términos de economía de escala sino de organizaciones a escala humana, que pueden ser bastante más grandes que un grupo pequeño. Desde nuestra perspectiva, creemos que esta alternativa puede cristalizar en organizaciones de tres niveles, o en unidades descentralizadas autónomas de tres niveles. Una unidad descentralizada autónoma concentra en sí las tres funciones principales (producción, ventas y desarrollo) e integra también algunas de apoyo (administración, personal, mantenimiento, compras, etcétera). Todas estas funciones se centralizan en el ejecutivo del nivel III a cargo de la unidad.

Nuestra propuesta se articula bien con el modelo de PyME de tres niveles que hemos descrito. La preservación de un tamaño reducido permite conservar la vigencia del factor de mutuo reconocimiento (límite para la

---

23. Schumacher, E. F.: *op. cit.* Capítulo XVI.
24. Schumacher, E. F.: *op. cit.* Capítulo V.

posibilidad de contacto y conocimiento directo) y el mundo de la experiencia directa como nivel específico de interacción humana. Las PyME y las unidades descentralizadas autónomas de tres niveles, en tanto sistemas de comando directo, facilitan el acceso al nivel donde se toman las decisiones que afectan a las personas y sus condiciones de trabajo. De este modo, en contraste con la gran organización ejecutiva jerárquica, el tamaño reducido permite un orden menos formalista y un sistema de control que descansa más en toda la gente y en la iniciativa individual.

En una actitud superadora de la aseveración valorativa "*lo pequeño es hermoso*" de Schumacher, han surgido otras posturas fundamentadas. Entre estas se cuenta la de Gregory Bateson, quien –en su libro *Espíritu y naturaleza*– relativiza la aseveración de Schumacher en un acápite que se denomina "A veces lo pequeño es hermoso", expresando lo siguiente: "Tal vez no haya ninguna variable que plantee de manera tan clara y vívida para el analista los problemas de estar vivo como el tamaño. Al elefante lo afligen problemas derivados de su gran tamaño; a la musaraña los de su tamaño diminuto. Pero para uno y otra hay un tamaño óptimo. Ni el elefante se hallaría en situación mucho mejor si fuera mucho más pequeño ni a la musaraña la aliviaría ser mucho más grande. Podemos decir que cada uno de ellos tiene adicción al tamaño que es".[25]

Dado que la referencia al tamaño reducido forma parte de la denominación de las PyME, nos parece oportuna esta última digresión que confronta dos pensamientos contemporáneos clave. Según nuestro punto de vista, la cita de Bateson que compara dos entidades biológicas destaca que, más allá del tamaño, la diferencia entre ellas es la estructura, aunque no la llame así. Autor fundamental en ciencias sociales, Bateson se formó originariamente como biólogo, hecho que le permitió reconocer que la estructura hace a la diferencia, y que esta variable se relaciona con la función del sistema total.

Como corolario de este capítulo, podemos destacar que no hay nada bueno o malo en el modelo de las grandes empresas ejecutivas jerárquicas en comparación con el de PyMEs con relación al tamaño, siempre y cuando unas y otras hayan acompañado su nivel de desarrollo con una estructura acorde con la complejidad que manejan. Ni más ni menos que los estratos requeridos que, en primera instancia, surgen del análisis de la estrategia

---

25. Bateson, Gregory: *Espíritu y naturaleza*. Amorrortu Editores, Buenos Aires, 1997.

global relacionada con la complejidad necesaria para conducirla a los objetivos que la definen. Esto implica reconocer, a su vez, que las diferencias cualitativas entre un modelo y otro deben analizarse a partir de la estructura subyacente coincidente con los estratos reales en funcionamiento, siendo este un principio de diseño fundamental del cual hay que partir para analizar las diferencias cualitativas.

En el Capítulo 2, referido a las siete dimensiones, dedicamos a la estructura un lugar fundamental para considerar el desarrollo. A modo de conclusión, conviene enfatizar que el pasaje de una empresa de tres niveles a una de cuatro o cinco niveles en un proceso de desarrollo constituye un punto de clivaje fundamental que representa una transición. La anterior está dada por la incursión en el mundo del planeamiento estratégico de la empresa acompañada por un diseño de estructura acorde y una profesionalización diferenciada de las funciones gerenciales requeridas. Este pasaje, asimismo, debe estar acompañado por el nivel de capacidad del ejecutivo principal, que –en el caso de la PyME– es un individuo o un grupo de socios. La capacidad del equipo de dirección superior aparece como un límite para el desarrollo. De más está decir que todo esto representa para la empresa un cambio cultural profundo, que solo puede abordarse si está acompañado por las condiciones antes descritas.

CAPÍTULO 5

PRESENTACIÓN DEL CASO

En los capítulos que siguen, presentaremos un caso (la empresa Envases de Azul) que surge de la práctica de la consultoría organizacional y que responde a demandas típicas realizadas por una PyME dirigida por su dueño. La exposición permitirá caracterizar una empresa dirigida por su fundador e ilustrar la implementación del análisis organizacional a través de la conceptualización de una experiencia.

La consulta inicial

El contacto se estableció a partir de la invitación del dueño de una PyME dedicada al diseño y la fabricación de envases para productos destinados a la venta masiva. La empresa estaba muy vinculada con la comunicación, la imagen y el marketing. A fin de hacer más sencilla la exposición, nos referiremos a esta organización con el nombre supuesto de "Envases de Azul".

La consulta se originaba en algunas dificultades que la organización estaba atravesando en esta etapa de su desarrollo, vinculadas principalmente con tensiones interpersonales y la búsqueda de colaboradores para desempeñar algunas roles clave.

Luego de tres entrevistas iniciales con el dueño –a quien llamaremos "Damián"–, se realizaron algunas adicionales con el grupo de sus colaboradores directos: el gerente de Administración, el de Planeamiento de la

Producción y el de Ventas. Ellos hicieron llegar sus recomendaciones a Damián. Esta segunda ronda tuvo por finalidad ampliar el panorama para poder inferir objetivos para un posible proceso de consultoría.

Como resultado de estos encuentros, Damián decidió iniciar un proceso de análisis organizacional. El objetivo de la intervención acordado fue el abordaje de cuestiones ligadas a:

– la organización de la empresa;
– la estructura;
– su gente;
– la dotación actual y la necesaria.

A estos temas, debido al particular interés demostrado por Damián y sus colaboradores directos, se añadió el tema de las relaciones interpersonales dentro del equipo gerencial, conformado por los roles que participaron de las entrevistas preliminares (Administración, Planeamiento de la Producción y Ventas).

Se pactó un período inicial de trabajo de alrededor de tres meses, con una concurrencia de tres veces por semana. El propósito era tomar contacto directo con la mayor parte de la empresa y establecer una relación de consultoría, asesoramiento y ayuda. Con este fin, se intentó entrevistar al mayor número de empleados de todos los niveles y sectores.

Como suele ocurrir en los contactos preliminares de una relación de consultoría, se presentaron dudas, desconocimiento e inquietudes que abonaban una suerte de desconfianza inicial. El ingreso de los consultores despertó un sentimiento de ajenidad[1] y desconfianza, un fenómeno común a casi cualquier caso. Por eso, durante la primera etapa, se jerarquizó considerar las ansiedades iniciales. Se promovió el conocimiento recíproco, se brindó la información pertinente y se establecieron ciertas cláusulas contractuales, basadas en criterios éticos y valorativos. El consultor fue explicitando los acuerdos en que se sustenta la práctica, los cuales ofrecen garantías a los participantes para reafirmar su seguridad personal y su carrera en la empresa.[2]

---

1. El término se refiere a un sentimiento de extrañeza y la alienación, que despierta alguien que no pertenece al sistema y que es visto como poseyendo algunos poderes especiales de los que se derivan riesgos para el sistema y sus miembros.
2. Sugerimos consultar en el Capítulo 3 las características del contrato y las cláusulas que regulan la relación entre el consultor y el cliente.

Todo esto señala que, además del contrato inicial explícito, establecer una relación de consulta trasciende mucho la etapa de contactos preliminares o los primeros tres meses mencionados. Por lo general, se subestima la importancia y la profundidad de los problemas implícitos, quizás porque no se comprende cabalmente qué significan la confidencialidad, la colaboración, la reciprocidad, la autonomía de las partes para decidir respetando la individualidad y la salvaguarda de los involucrados. Todas estas condiciones de seguridad para los protagonistas pueden definirse y, en el caso que estamos presentando, fueron explicitándose a través de un contrato. Allí se estipularon objetivos, actividades, entrevistas a realizarse, frecuencia, resultados, tiempos, honorarios, condiciones de devolución de la información recogida y elaborada, interlocutores, cláusulas de confidencialidad, y otros aspectos conexos. Este enfoque tiene como ventaja que, en la medida en que el proceso y el vínculo de confianza se afianzan, se va desplegando ante el analista organizacional información cada vez más rica e ilustrativa de la problemática profunda, esencial y genuina de la organización: así, la información aumenta en calidad. Si bien todo esto insume tiempo, compromiso y dedicación, el esfuerzo se ve justificado por los resultados cualitativos del relevamiento.

Durante la primera etapa, se mantuvieron entrevistas individuales y grupales con personas de distintos niveles y sectores. En todos los casos, la información se manejó atendiendo a los principios de confidencialidad estipulados en el contrato. Las entrevistas individuales apuntaron al análisis de los roles de los colaboradores o subordinados directos del dueño con responsabilidades de conducción. Después, las entrevistas se ampliaron a otro conjunto de jefes y responsables. En todos los casos, el objetivo fue:

– relevar la organización existente[3]; y
– observar y recabar información acerca de los problemas más relevantes según los ocupantes de los roles entrevistados.

Sobre estas bases, se elaboró un diagnóstico inicial confiable, que sería el punto de partida de cualquier estrategia de cambio.

Se realizó una devolución al dueño y otros sectores representativos de la empresa a fin de comunicar las principales conclusiones. Durante estas

---

3. Cfr. Capítulo 2.

reuniones, comenzamos a puntualizar los temas de estructura, ya que fueron detectados como útiles para abordar problemas e inconsistencias organizativas existentes. Los contenidos que se expusieron en las reuniones individuales y/o grupales de devolución fueron exactamente los que se habían convenido previamente con los entrevistados. En todos los casos, se priorizaron la pertinencia y la utilidad de la información para los cambios organizacionales buscados, omitiéndose los comentarios evaluativos de individuos particulares.

El número total de los entrevistados rondó las treinta personas. Como modalidad de aproximación, hicimos prevalecer el principio de participación voluntaria, considerando así el interés y la necesidad individuales de intervenir y ser escuchado. La cantidad de entrevistas con cada persona fue variable. En etapas posteriores y en la medida en que la gente se fue familiarizando con el consultor, se amplió progresivamente el espectro de roles que aceptaron participar en el proyecto y que fueron manifestando interés por involucrarse.

Luego de este primer período de tres meses, se produjo una reformulación del contrato que se hizo circular. Se acordó que el proceso de análisis organizacional fuera de mejora continua y sin límite de tiempo. Estos principios fueron fijados y difundidos también a través de un documento de trabajo.

A continuación, nos detenemos en la caracterización de la situación inicial de la empresa elaborada a partir del relevamiento entre directivos y empleados.

Envases de Azul según algunos de sus protagonistas

Envases de Azul se dedicaba a la fabricación de envases por encargo. Sus clientes eran empresas de productos masivos, orientadas al marketing. Dado que cada pedido correspondía a un proyecto singular (una campaña, un lanzamiento de temporada, etcétera) Envases de Azul operaba a la manera de un taller de confección a medida, valiéndose simultáneamente de la tecnología tanto como de un componente artesanal muy importante. Cada encargo exigía un alto grado de conocimiento de las necesidades y estrategias de comunicación de los clientes, pero el número relativamente reducido de estos favorecía las relaciones comerciales estables, basadas en la dedicación personal y la confianza.

Cinco clientes representaban el 70% de la producción anual de Envases de Azul. Con frecuencia, atender un pedido implicaba desarrollar un producto nuevo e invertir sumas importantes en materias primas y mano de obra. Los clientes tenían requerimientos muy precisos. Por esa razón, realizaban un control estricto de la calidad, del cual dependía que aceptaran o rechazaran las entregas. Esto constituía un alto riesgo económico para Envases de Azul, lo que imprimía mucha presión a la gestión y, en particular, a la relación comercial con el cliente, espacio en que se elaboran las principales definiciones y deben preverse las complicaciones.

La situación desde el punto de vista del empresario. En las entrevistas iniciales, Damián (nombre propio que utilizamos para el empresario) hizo hincapié en los cambios que se habían registrado durante los últimos años, la presión financiera y los volúmenes de trabajo, que habían determinado un incremento significativo de las inversiones en materia prima y la complejización de la producción. Estos factores exigían un mayor rigor en los controles y la sistematización de los procesos, cambios que se tornaban difíciles dados el tipo de productos y la tecnología de la empresa.

A propósito, Damián manifestó desde los primeros encuentros el deseo de incorporar a uno o dos gerentes de mayor nivel profesional que el de los actuales para ayudar a zanjar los problemas que atravesaba la organización. Considerando que las búsquedas eran estratégicas, solicitó la colaboración del consultor para definir el perfil adecuado y realizar la búsqueda. Sin embargo, en la demanda, el perfil de la posición en lo referente al nivel era tan borroso como el de las personas para ocuparlos. Por momentos, hablaba de un gerente general; en otros, de un coordinador general; en ocasiones, de un gerente administrativo o de un gerente de planta.

La posibilidad de reemplazar a algunos de los colaboradores actuales por otros de mayor nivel de profesionalización y capacidad sumaba conflicto y ansiedad a la consulta. La mayoría de esas personas trabajaban en la empresa desde hacía bastante tiempo y allí se habían desarrollado: eran épocas en que empleo y carrera eran pensados como un proyecto de vida a desplegar en una misma organización. Los lazos de apego afectivo entre los empleados y la empresa eran fuertes, así como los que ligaban a Damián con quienes eran sus más viejos colaboradores. Aunque era capaz de describir en tono crítico las equivocaciones y los errores en general, se sentía inhibido de decidir el reemplazo de personas que lo acompañaban en la gestión desde hacía años.

Tenía la sensación de que existía una marcada brecha entre él y sus subordinados directos. Los consideraba faltos de autonomía y propensos a cumplir sus órdenes en una forma poco crítica. De manera reiterada, Damián expresaba abiertamente su disconformidad en las situaciones corrientes de trabajo de un modo que generaba malestar y tensión. En la práctica, resultaba difícil discriminar hasta qué punto la tendencia a la crítica respondía a un estilo personal del dueño u obedecía a un déficit real de los empleados o de la situación organizativa en general.

Como consecuencia de la desconfianza en sus colaboradores directos, el empresario tampoco delegaba plenamente la autoridad necesaria, sintiéndose obligado a permanecer muchas horas en el establecimiento para supervisar los procesos personalmente. Dos veces por día, recorría las instalaciones de la planta. Revisaba la producción de cada máquina. Impartía órdenes y contraórdenes. Sus recorridas constituían una forma particular de supervisión y de control directo en la que se producía una compresión de niveles ejecutivos que desdibujaba las funciones de supervisión de las jefaturas intermedias.

Se llevaba algunos trabajos para hacer en su casa durante los fines de semana. No lograba desconectarse de la empresa y sus problemas. Visitaba clientes y desarrollaba contactos incluso fuera de las horas laborales. Este despliegue de actividad interfería con el descanso y con sus vacaciones. La situación comenzó a producirle irritación y descontento marcados, que dejaba traslucir abiertamente.

La idea de un gerente nuevo, que se incorporara para ayudarlo, despertaba en él una singular expectativa. Pero, como preveía también dificultades y resistencias, evaluaba al mismo tiempo la posibilidad de desarrollar para el rol a alguno de los miembros del equipo.

Al hablar de su estilo de conducción, Damián lo caracterizaba como muy exigente, crítico, detallista, centralizador de todos los controles. En alguna medida, aceptaba que su modalidad dificultaba la asunción de responsabilidades por parte de sus colaboradores directos. Pero, a pesar de la autocrítica, tendía a justificarse amparándose en una supuesta falta de capacidad de quienes lo secundaban.

Se sentía desmoralizado, objeto de resentimientos. A propósito, contó que, antes de tomar contacto con el consultor, dos viejos colaboradores de jerarquía se habían retirado el año anterior en el marco de una situación de conflicto. Se establecieron por su cuenta, llevándose a parte de la clientela de Envases de Azul. De este modo, se convirtieron en competidores. La separación resultó naturalmente muy enojosa, llena de reproches y acusaciones mutuas. El hecho quedó incorporado como crítico y asociado a la sensación de fracaso.

Las entrevistas preliminares con el empresario permitieron elaborar la siguiente lista de problemas:

- situaciones caóticas en la producción (problemas de calidad que determinan quejas de los clientes y devolución de mercaderías);
- incumplimiento de la programación de la producción y de los tiempos de entrega;
- apremios financieros, fruto de malas inversiones y de la muy fuerte incidencia de la materia prima en los costos;
- poca claridad en la asignación de las responsabilidades;
- sobrecarga de trabajo; desborde y derroche de ansiedad, en especial, en el nivel superior de la empresa;
- falta de claridad en las líneas de conducción: quién dependía de quién y cuáles eran los alcances de la autoridad de cada rol dentro de la estructura. Prevalecía un control directo del empresario sobre los procesos productivos, y niveles ejecutivos intermedios de autoridad y supervisión desdibujados, transformando a la estructura de tres niveles en una de dos durante los momentos críticos;
- ausencia de una estructura organizativa continente de las situaciones complejas;
- falta de asignación sistemática de tareas y objetivos, así como entrevistas entre jefes y subordinados, y de evaluaciones individuales; y
- necesidad de profesionalización gerencial y, eventualmente, de adición de niveles ejecutivos.

En suma, en este primer acercamiento a la organización a través de la mirada de Damián, se trasuntaba la falta de prácticas de gestión centradas en las personas para hacer que la empresa se convirtiera en un buen lugar de trabajo.

La situación desde el punto de vista de los colaboradores inmediatos del empresario. Los entrevistados, consultados en forma individual, insistieron en subrayar el "papel estelar" que ocupaba Damián, así como su injerencia directa en todos los procesos de trabajo: "Esta es y fue una empresa muy familiar, dirigida por un jefe: Damián", señaló un colaborador. Algunos creían que la empresa debía introducir un cargo de nivel superior en la conducción porque, dados el número y la envergadura crecientes de las operaciones, Damián se encontraba sobrecargado de tareas y, por momentos, desbordado. No obstante, aunque advertían que quería delegar responsabilidades y tareas en un gerente general, dudaban de que lo hiciera.

En líneas generales, los entrevistados entendían que los problemas de Envases de Azul se debían a una crisis originada en una franca etapa de expansión, que imponía nuevas actividades y movimientos, situaciones que determinaban a su vez requerimientos de organización hasta entonces no contemplados. En cuanto a la relación con los clientes, el crecimiento espontáneo generaba desconcierto y una demanda de atención adicional a la tarea cotidiana que no siempre resultaba proporcional en cantidad y calidad con los resultados obtenidos. Algunos consideraban, por ejemplo, que la planificación de la producción debía ser un proceso liderado por Envases de Azul y no una reacción ante la demanda específica de cada cliente. Asimismo, estimaban que ciertos encargos debían rechazarse, ya porque superaban la capacidad de la empresa, ya porque eran simplemente irrealizables. Sin embargo, suponían que esta clase de iniciativas encontraría la resistencia de Damián, quien insistía en la necesidad de incrementar la facturación total aceptando todos los pedidos.

Con respecto al estilo de liderazgo del empresario, los entrevistados destacaban la impaciencia como un rasgo que tendía a frenar la capacidad de decisión del equipo jerárquico. Como solución, proponían organizar y fortalecer un grupo de dirección con mayor autonomía con respecto al dueño, aunque dudaban de la viabilidad de esta iniciativa.

En esta ronda de entrevistas, varios consultados hablaron de modo crítico de los colaboradores que habían desertado el año anterior llevándose clientes y convirtiéndose en competidores. Dado que esas personas –según estos testimonios– monopolizaban el acceso a Damián, sus partidas dejaban vacante un espacio de acceso privilegiado al dueño, por el que algunos entrevistados estaban dispuestos a competir. No se trataba de una rivalidad declarada y abierta sino de una disputa latente entre los colaboradores directos, favorecida –según ellos– por el estilo paternalista de Damián. Ante la competencia planteada, los miembros del equipo directivo actuaban como si hubieran sellado un pacto de no sobresalir, lo que desmotivaba para la autosuperación al conjunto.

Por último, entre las fortalezas de Envases de Azul, los entrevistados mencionaron:

- la productividad, la tenacidad, el esfuerzo y el dinamismo como cualidades que, atribuidas a Damián, se transmitían a todos los niveles de la organización;
- la marcada ambición y el afán de superación;
- la conciencia del lugar de liderazgo que ocupaba Envases de Azul entre las empresas del ramo, avalado por el prestigio y la tradicional calidad de sus productos;
- las relaciones sólidas, buenas y estables con los clientes, quienes acompañaban y apoyaban el crecimiento de la empresa;
- el carácter a medida, casi artesanal y no repetitivo de los productos de Envases de Azul, que despertaba el interés y el compromiso de los empleados, quienes hallaban en un trabajo creativo y no rutinario la posibilidad de formarse en un oficio valorizado, orientado hacia la innovación constante en métodos y procedimientos;
- la satisfacción que brindaban el trabajo y la pertenencia a Envases de Azul;
- el tamaño reducido de la empresa, que permitía un contacto directo de los empleados entre sí y con el dueño;
- el acceso directo a Damián, que operaba como un factor motivacional positivo (porque permitía que la gente opinara y se hiciese escuchar) y una instancia de resolución ágil de problemas;
- el reducido grado de burocratización, que hacía que la organización fuera percibida como flexible; y
- la conformidad con las retribuciones, ubicadas entre las más altas del sector.

Síntesis diagnóstica

A partir de las entrevistas, el equipo de consultoría sintetizó los principales problemas de organización y desarrollo detectados en tres grupos.

1. **Complejidad alcanzada por el negocio y la capacidad de contención de la estructura.** El crecimiento abrupto de los últimos años, las inversiones realizadas, el cambio de establecimiento, el incremento de personal y de trabajo, determinaban la necesidad de hacer frente a responsabilidades mayores que aquellas para las que los miembros habían sido elegidos y preparados. Los problemas del crecimiento desbordaban a los protagonistas y los sistemas organizativos existentes. La empresa había crecido en forma desordenada, no planificada y poco acorde con un proceso productivo casi artesanal.

   Las responsabilidades y los riesgos implícitos sobrecargaban de tareas y tensiones a los roles principales, empeorando la situación. El desarrollo individual no acompañaba el crecimiento de la organización, provocando un desequilibrio entre la capacidad del ocupante del rol y la responsabilidad de gestión asignada. Este desequilibrio, a su vez, restaba a la estructura organizativa global capacidad continente de los procesos y los problemas que debía orientar, produciendo las situaciones caóticas y los desbordes de ansiedad típicos de las situaciones de crisis: irritación, intranquilidad, sobreexigencia, desconfianzas recíprocas, alteraciones psicosomáticas, etcétera. Se buscaba salvar este desequilibrio mediante la incorporación de personas capaces de cubrir los nuevos roles y funciones, y la creación de la figura del gerente general.

2. **Cambios en el nivel y el estilo de la gestión.** La intención de incorporar a un gerente general equivalía a introducir una instancia de delegación inexistente hasta entonces. Este crecimiento por extensión vertical añadía un nivel ejecutivo jerárquico con las siguientes consecuencias.

   a. **Pasaje de una empresa de tres estratos ejecutivos a otra de cuatro.**[4]

   El cambio involucraba un estilo de gestión más profesional, la divi-

---

4. Véase Cuadro 1, Capítulo 6.

sión de funciones y la formalización de roles. Asimismo, suponía un cambio cultural muy significativo, ligado a una orientación distinta en la organización y la conducción de la empresa. Damián debería delegar asuntos importantes en un nivel gerencial autónomo, iniciar el pasaje de la conducción directa a la indirecta, e introducir de manera sistemática nuevos sistemas y procesos destinados a mejorar la calidad de acuerdo con las demandas y exigencias de los clientes.

b. **Introducción sistemática del principio de rendición de cuentas**, asociado con la delegación de tareas, fijación de objetivos, sistemas de evaluación, seguimiento y control de las asignaciones. La introducción de este principio traía aparejado un cambio cultural de fondo en la empresa.

c. **Distanciamiento del rol del empresario del área de Producción y, posiblemente, también de otras (Ventas, Compras y demás).** La implementación de un esquema de conducción indirecta representaba un cambio sustancial en las relaciones. En las nuevas condiciones, el acceso directo a Damián se vería limitado, lo que despertaba en el empresario y los miembros del equipo gerencial cierta ambivalencia y resistencia, detonadas por la pérdida de un esquema vincular conocido y familiar.

3. **Centralización, personalidad y organización.** Damián ejercía un liderazgo centralista y dominante, con un estilo de gestión crítico, que inhibía y despertaba tensión entre sus colaboradores directos, quienes se sentían limitados en la explotación de su potencial. Todo esto resultaba incompatible con las exigencias planteadas por el crecimiento de Envases de Azul. En esta etapa, la personalidad de Damián impactaba en forma dominante en la organización sin que sus colaboradores lograran revertir ese efecto mediante un esfuerzo proactivo suficiente para defender su autonomía. Si bien la rendición de cuentas constituye un principio organizativo fundamental, en este caso, estaba eclipsado por la discrecionalidad individual en la toma de decisiones autónomas.[5] Aunque la comprensión del estilo

---

5. El estilo y la personalidad individuales, y la forma de encararlos dentro de un proceso de cambio, constituyen un tema controversial para la teoría y la práctica del análisis organiza-

y las conductas particulares son útiles para entender ciertos fenómenos organizativos, no alcanzan para deducir la necesidad de implementar un tratamiento individual de los aspectos disfuncionales de la personalidad. Por ejemplo, en el caso de Damián, la sobrecarga que experimentaba la empresa incidía en los riesgos personales que el dueño debía asumir. Había aspectos de su *accountability* que no podía descargar sobre sus subordinados directos. Este fenómeno determinaba que debiera rendir cuentas directamente ante los clientes (porque estos, en última instancia, confiaban en su gestión) y que, en esa medida, corriera personalmente con los riesgos financieros involucrados. ¿Cómo enfrentaba Damián la inseguridad que todo esto genera? Tomando decisiones de comando ampliado, es decir, dirigiendo en forma personal a los empleados y operarios, lo que desdibujaba la función de los mandos intermedios y convertía de hecho a la organización en una de dos niveles jerárquicos.

Desde luego, esta forma de conducción exigía intensamente a Damián; lo hacía sentirse preso. Mientras, los colaboradores directos e inmediatos respondían a la situación de forma ambivalente: por una parte, comprendían a Damián y se resignaban constructivamente frente a lo que sentían como inevitable; por otra, se quejaban de manera solapada por el desdibujamiento de su discrecionalidad. La falta de consolidación de un área de autonomía y la reducida cuota de autoridad conferida a los integrantes del sistema ejecutivo eran visualizadas como problemas que podían resolverse median-

---

cional. Introducirlos como variables explicativas de disfunciones organizacionales ha llevado en las primeras etapas de esta disciplina a implementar recursos de consultoría dirigidos a actuar sobre las actitudes individuales. Como sugerimos en varias partes de este texto, el mejor ámbito para trabajar en los cambios relacionados con la personalidad no es la empresa sino, eventualmente, un encuadre clínico, que asegure la protección de la individualidad y la privacidad como condición de un análisis profundo de las motivaciones que orientan la conducta. Para que esto pueda lograrse, es necesario, en primer lugar, el compromiso voluntario (no impuesto por la empresa) de un individuo persuadido de que esto puede colaborar positivamente con su desarrollo; y, en segundo lugar, un ámbito protegido y ajeno a la dependencia jerárquica y al contrato de trabajo que implican una situación de evaluación permanente de las personas en la empresa, que afecta su carrera en la misma. Si bien existe una interdependencia entre las motivaciones individuales y la forma de asunción de un rol en la organización, la relación entre ambos no es lineal. Para modificar una disfunción manifiesta, se hace necesario –además del abordaje individual– la elección de estrategias para el cambio organizacional que deben contemplar la intervención sobre el encuadre y el nivel organizativo y que tienen una gran incidencia en las conductas individuales.

te la incorporación de un gerente general con la capacidad y la profesionalización necesarias para desempeñar un rol jerárquico intermediario entre el equipo gerencial existente y Damián.

Sin embargo, existían antecedentes de personas que habían sido contratadas como gerentes generales pero fracasaron en el rol debido –según los ejecutivos entrevistados– a los rasgos autoritarios de la personalidad de Damián. Desde nuestra perspectiva, la explicación simplificaba un fenómeno esencialmente complejo. La empresa necesitaba incorporar una estrategia de impacto múltiple, que contemplara claramente la posibilidad de operar a través de niveles que trascendieran la manifestación de una problemática supuestamente individual. Como veremos a continuación, la estructura organizativa, en tanto que es uno de los determinantes de la conducta, demanda su propio nivel de análisis a fin de dar cuenta de su importancia clave para entender el funcionamiento global y encontrar soluciones a los problemas.

CAPÍTULO 6

SURGIMIENTO DE LA EMPRESA: DESARROLLO DEL PROYECTO PERSONAL POR CUENTA PROPIA

En este capítulo abordamos el desarrollo original del proyecto empresario de Envases de Azul a partir de una asociación de iguales (grupo de pares). Este desarrollo nos permitirá tratar cuatro temas interrelacionados:

– el proceso de nacimiento y desarrollo de una PyME;
– la correlación entre el desarrollo de la empresa y el desarrollo del empresario, que sigue las vicisitudes de la maduración de su capacidad individual;
– la dirección de un grupo colegiado de pares en la etapa fundacional; y
– el surgimiento de una estructura ejecutiva jerárquica concomitante con el desarrollo de la empresa, que desmiente el supuesto igualitario inicial del grupo de pares.

Estos asuntos son cruciales para entender el desarrollo de la entidad considerada. El crecimiento impulsado por la capacidad individual de quienes protagonizan la etapa fundacional está reflejado en el ya mencionado principio de Arquímedes de la organización,[1] según el cual toda jerarquía gerencial se desarrolla hasta el nivel que la capacidad de su

---

1. Jaques, Elliott: *La organización requerida*. Ediciones Granica, Buenos Aires, 2002.

ejecutivo principal le permite. La etapa que se describe es anterior a la consulta y abarca un lapso de 17 años.

El nacimiento de la firma

En las décadas anteriores a la fundación de la empresa propia, Damián trabajaba en otra del ramo, líder en su género, donde aprendió el oficio. Allí se desarrolló con mucho reconocimiento por parte de los dos socios principales. Ingresó a la organización con 20 años de edad y, a los 25, ya se había convertido en un presupuestista valorado. Este oficio inicial lo llevó a incursionar en el área de Ventas, donde se ganó también el aprecio de los clientes.

El desempeño y la capacidad demostrados hicieron que fuese reconocido por los socios como un empleado con potencial de desarrollo, situación que le permitió gestar y consolidar su autoimagen y, con ella, fuertes expectativas de carrera en la empresa. Como ocurre con los jóvenes de alto potencial, las posibilidades de seguir progresando en su desarrollo laboral le interesaban aún más que las remuneraciones inmediatas. En esa línea, uno de los socios le prometió enviarlo al extranjero para recibir la capacitación necesaria, e ir ocupando puestos de mayor jerarquía en la empresa. Sin embargo, ese jefe falleció repentinamente, antes de poder cumplir con su promesa. Los demás socios –en especial, el gerente directo de Damián– percibían su alta aspiración y lo trataban con cierto resquemor. Sintiéndose en una situación desfavorable, nuestro protagonista fue perdiendo confianza, hasta dejar de percibir a los dueños como interlocutores capaces de liderar su desarrollo. Así fue gestándose en él el sentimiento de que su carrera en la empresa tenía un techo. La incertidumbre sobre su futuro creció hasta el límite de impulsarlo a buscar un cambio más acorde con el potencial autopercibido, sin preocuparse por su estabilidad laboral.

Tomó la decisión de renunciar en forma repentina. "Un día, estando en la puerta de la empresa, vi pasar un coche fúnebre e inmediatamente me pregunté si iba a quedarme allí hasta que fuera yo el que llevaran al cementerio." Entonces, una frustración referida a un futuro deseable que no se iría a cumplir, contradictoria con sus expectativas vitales de crecer y desarrollarse de modo consonante con su capacidad, se transformó reactivamente en un impulso de búsqueda de nuevas oportunidades de trabajo.

La falta de una perspectiva clara de carrera desencadenó en él una frustración que lo impulsó a un cambio acorde con su autoimagen. La repentina decisión de renunciar a su empleo selló un desafío consigo mismo.

Cuando al día siguiente de aquella visión presentó el preaviso de renuncia, todavía no tenía prevista salida laboral alguna. Pero, al saber de su partida inminente, Javier –un compañero de trabajo– le comentó que una empresa competidora tenía interés en vender una máquina usada y sugirió que la compraran en conjunto para establecerse por cuenta propia. También propuso sumar al proyecto a dos operarios especializados muy apreciados en el establecimiento, los hermanos Leandro y Martín, quienes conocían aspectos importantes del proceso productivo. La idea era formar entre todos una sociedad de iguales. Para cuando el plan se concretó, al grupo se había sumado también un quinto socio, Alfredo, el encargado de una de las secciones principales.

Para hacer frente al alquiler de un local y la compra del mínimo indispensable de máquinas, cada uno debía aportar 4.000 dólares. En rigor, ninguno disponía de esa cifra. Damián recurrió a la venta de un terreno de su esposa y a pequeños préstamos de familiares directos. Reunido el capital, los cinco socios celebraron un primer contrato societario por un período de tres años.

Alquilaron un local de 100 m^2 e instalaron las máquinas. Damián, con 25 años, se ocuparía de los presupuestos y de operar una máquina especializada. Javier, de 37, estaría a cargo de las ventas. Leandro y Martín (quienes estaban en sus 40) se responsabilizarían de otra parte especial del proceso productivo y las terminaciones, respectivamente. Alfredo (de 50) cubriría la logística y las entregas.

El primer encargo llegó rápido y les demandó tres meses con una dedicación de tiempo completo. Al principio, todos trabajaban como operarios, repartiéndose las tareas según la especialización que traían. Durante un largo tiempo, no incorporarían otros empleados. No obstante, desde un primer momento, Damián se fue convirtiendo en el *primus inter pares*. Según él, sus socios mostraban una actitud propia de empleados en relación de dependencia. Cuando terminaba cada mes, recurrían a él –que se había hecho cargo de las finanzas del grupo– reclamando un cobro, como si se tratara de un sueldo. El hecho lo irritaba, ya que él prefería reinvertir las utilidades en vez de repartirlas.

Por su parte, algunos asuntos personales de Javier comenzaron a deteriorar su desempeño como vendedor. El descontento de Damián con él alcanzó su punto máximo cuando descubrió que, por negligencia, Javier había retenido el pedido de trabajo de un cliente potencial importante, sin informar al resto de los socios. Cumplidos los tres años del contrato societario, Damián planteó al grupo su descontento con Javier y puso como condición para renovar la sociedad que se lo separara como socio. Martín, Leandro y Alfredo no recibieron el condicionamiento de buen grado, ya que serían menos para enfrentar el liderazgo que –de hecho– se iba gestando. Sin embargo, sabiéndolo un elemento imprescindible del emprendimiento, los demás también aceptaron desvincularse de Javier. "En el fondo, reconocían su debilidad o conocían mis aspiraciones", dirá Damián más tarde. Lo cierto es que todos percibían que un cambio importante se estaba gestando.

Sin Javier, cada socio se hizo dueño del 25 por ciento de las cuotas sociales. Y quedó vacante la función de ventas. Para Damián, confiar las ventas a un empleado importaba el riesgo de que se quedara con la clientela y, por lo tanto, decidió salir a vender él mismo, agregando esta tarea a las que ya desempeñaba (elaboración de presupuestos y compras). Damián resultó un gran vendedor: transcurrido un año, había triplicado las ventas y cuadriplicado las ganancias.

Como las utilidades se repartirían en partes iguales, Damián hizo un nuevo planteo: al haber absorbido las tareas de Javier, se consideraba acreedor de un plus sobre las ganancias. Después de muchas discusiones, lo consiguió y, como contrapartida, ofreció a sus socios que trabajaran medio día mientras que él continuaba cumpliendo un horario completo. También pidió que se le comprara un automóvil para poder atender mejor a la clientela. Este momento es clave, porque fue entonces cuando se estableció la diferencia entre capital (perteneciente a los socios en iguales proporciones) y ganancias (de las que Damián comenzó a recibir el 34 por ciento y los demás, el 22 por ciento cada uno). Para cubrir el trabajo que dejarían de hacer los socios, se fue tomando personal.

La convicción de que debía prescindir de sus socios fue creciendo en Damián, quien poco a poco comenzó a apoyarse en los empleados –alrededor de diez– que ingresaron para cubrir el trabajo que ya no hacían Leonardo, Martín y Alfredo. Este último, quien se desempeñaba como jefe de una de las secciones, planteó poco después incorporar a su hijo a la empresa como condición para continuar en la firma. De lo contrario, se retiraría. La situación, sin embargo, se resolvió por otra vía. Alfredo –un trabajador de casi 60 años, muy capaz y reconocido en su oficio–, cometió un error significativo que afectó la calidad de una entrega. El hecho insólito derivó en la pérdida del cliente. El reproche recibido de parte de Damián llevó entonces a Alfredo a abandonar la sociedad, que así quedó reducida a tres socios: Leandro, Martín y Damián.

Se celebró, entonces, un nuevo contrato societario. El capital se repartiría entre los tres en porcentajes idénticos, pero Damián –debido a lo que consideraba su mayor trabajo– recibiría el 42 por ciento de las ganancias y los otros dos socios, el 29 por ciento cada uno. Para ese momento, la empresa contaba ya con unos 25 empleados. Apenas partió Alfredo, Damián propuso comprar un nuevo local. Adquirieron así una casa con galpón de 300 m². Leandro y Martín, en lugar de asumirse como jefes de sus propias secciones, trabajaban cada vez más en tareas menos jerarquizadas: operando una máquina y ayudando en la sección de terminación, respectivamente. Escapaban –según Damián– a la responsabilidad de conducir, y se aferraban a funciones puramente operativas.

Dos años después, construyeron un nuevo local, ahora, de 600 m². Y siguieron trabajando sin altibajos hasta el año en que volvió a vencer el contrato social y Damián asumió que no tenía afinidad alguna con sus socios. El 58 por ciento del capital en manos de Martín y Leandro hacía sentir a Damián en una posición riesgosa. Considerándolo una osadía, avalada por el poder real que sentía detentar, Damián reclamó el 51 por ciento de la empresa a su nombre, apoyándose en el hecho de que era él quien la dirigía efectivamente. Ofendidos, Leandro y Martín le recordaron que, cuando fundaron la empresa, habían acordado que serían "todos iguales". El planteo no hizo más que agudizar la tirantez entre los socios, cada uno de los cuales nombró a un abogado para que lo representara. Comenzó así la discusión sobre quién compraría su participación a quién.

Damián, por su parte, se preparaba para cualquier desenlace. Si tenía que vender su parte, se llevaría con él a los mejores operarios (daba por sentado que lo seguirían) y se instalaría en un taller chiquito. Pero lo que deseaba en realidad era quedarse con la totalidad de la empresa y con la marca, por las que ya sentía un considerable apego. Por lo demás, creía que Leandro y

Martín tenían miedo de quedarse con la firma porque sabían que, de hecho, era él quien de verdad la manejaba. La negociación con los abogados de sus socios lo apremiaba más de lo previsto y, finalmente, se comprometió a pagar el 50 por ciento de sus partes al contado y el resto a dos años, con un interés de los más altos de plaza. Mientras que sus abogados se preguntaban si semejante costo valía la pena, Damián confirmaba su confianza en la empresa decidiendo vender incluso su casa para hacer frente a la compra: así reúne el efectivo exigido. Por el resto de la deuda, firma documentos avalados por los clientes más importantes, quienes de esta manera manifiestan su apoyo, fuente de su poder real.

Liberado de sus socios, Damián comenzó a producir de una manera que calificaba de "impresionante". Al finalizar el primer año, lo que pagaba a sus ex socios por la compra de sus partes equivalía a las utilidades que habrían ganado si hubiesen continuado en la firma. En dos años, canceló la deuda contraída con ellos, se comprometió en la compra de un nuevo local e inició la construcción de una nueva planta.

Etapa fundacional: vicisitudes en su desarrollo

El relato ilustra el proceso de gestación y desarrollo de una empresa que comienza siendo pequeña, así como las etapas que va transitando y que representan cambios cualitativos en la dimensión del proyecto y en la identidad del sistema.

En la historia, puede identificarse una situación en la que cinco compañeros de trabajo, empleados de una misma empresa, deciden asociarse para encarar un proyecto por cuenta propia en el que confluyen los intereses y las motivaciones de sus miembros. **Al principio, constituyen un grupo de iguales**. La epopeya fundacional, propia de una gesta heroica, disimula la diversidad de perfiles y sus capacidades diferenciales. Predomina en ese momento una cohesión que homologa y nivela. El pacto inicial configura una alianza de intereses.

La distribución igualitaria inicial va sufriendo pequeños cambios que, en hitos significativos del desarrollo, producen mutaciones cada vez más importantes en la entidad que constituyen y que representan estadios nuevos. La estructura de la empresa se va tornando ejecutiva jerárquica. La conducción y el poder se centralizaron progresivamente en la figura de Damián.

Las diferencias en la sociedad comenzaron a hacerse evidentes poco después de iniciado el proyecto empresario, en la medida en que el compromiso acercó entre sí a los integrantes a través del trabajo diario. Empezaron así a observarse fracturas internas que mostraron inestable la estructura del grupo de iguales.

En la relación de dependencia jerárquica propia de la situación de empleo, el sistema gerencial regulaba las diferencias individuales. En esta nueva realidad, en cambio, las capacidades y competencias diferentes que se expresaban en la actividad cotidiana de la empresa iban dando lugar a una dinámica signada por las relaciones de poder entre los participantes.

Como surge de los relatos anteriores, la situación de empleo resultó frustrante y limitativa para el desarrollo del proyecto personal de los socios. La dimensión intencional individual orientada a conseguir algo que se aspira o ambiciona va forjando un desarrollo. Las motivaciones de superación e independencia de Damián no estaban siendo satisfechas en su empleo anterior. Permanecer en dicha situación le acarreaba la sensación de estar vegetando, con el riesgo de entrar en un letargo. El bloqueo de la posibilidad de desarrollo le produce una intensa frustración que –a su vez– desencadena reacciones que lo impulsan a un cambio. La posibilidad de trabajar por cuenta propia se constituye en una opción para el crecimiento personal. Pero en la primera etapa, no puede encarar él solo el proyecto. La asociación de iguales es el primer modelo al que recurren muchos para enfrentar la incertidumbre de un proyecto innovador por cuenta propia. El modelo asociativo ofrece una alternativa de transición sin que los participantes sean claramente conscientes de ello.

Cada uno podría haber intentado buscar otro empleo. Tal vez ingresar en una empresa más grande les hubiera aportado inicialmente más posibilidades de progreso y una certidumbre económica superior a la que encontrarían en un principio en el trabajo por cuenta propia. Pero, en realidad, lo que resultaba limitativo era no poder lograr una consonancia entre el creciente desarrollo personal y las posibilidades que brindaba el empleo en relación de dependencia. La búsqueda de una salida laboral nueva equivalió entonces a un intento por definir un proyecto vital congruente con su autoimagen.

Haciendo foco en Damián, que es quien finalmente asume el rol protagónico, podemos decir que su motivación de cambio se consolida con la capacidad de asumir riesgos personales y de tolerar la incertidumbre que enfrentar circunstancias inéditas conlleva.

La condición de tener socios es sentida por él como menos restrictiva que la de tener jefes que le fijaran un techo limitante para su desarrollo. La asociación le da, a su vez, la contención necesaria a fin de sobrellevar la ansiedad y la inseguridad iniciales generadas por la incertidumbre de un proyecto desconocido. Pero, en la medida en que la empresa nueva se va afianzando en su desarrollo, la relación igualitaria del grupo de pares se transforma también en un obstáculo para la realización plena que otorga un rol protagónico congruente con su autoimagen.

Cabría preguntarse si esta tendencia a la asimetría es inevitable en un grupo de iguales. Distintos conjuntos de trabajadores independientes ven en la asociación de pares una salida para complementarse frente al desafío que representa un emprendimiento. Pero observamos que el *pattern* organizacional igualitario requiere para funcionar que los socios sean efectivamente iguales desde el punto de vista de su capacidad, lo cual se refleja en los aportes y logros que individualmente puedan ofrecer.[2] En efecto, en las asociaciones profesionales, cuando varios colegas se reúnen para desarrollar un proyecto laboral conjunto que se va haciendo más complejo a través de los años, suelen suscitarse situaciones difíciles que generan conflictos.

Ya Max Weber menciona el tema de los grupos de iguales. Los llamó "cuerpos colegiados", por no existir entre sus miembros una autoridad superior ejerciendo la coordinación imperativa. Al tratarlos comparativamente con las organizaciones ejecutivas jerárquicas, el autor señala sus ineficiencias implícitas. Los considera menos precisos y más lentos para adaptarse a circunstancias problemáticas específicas. Exhiben una marca-

---

2. El tema de los grupos de iguales constituyó el objetivo de investigación de nuestra tesis: Schlemenson, Aldo: "Professional Work in Organization with Special Reference to Partnership as an Organizacional Model". Brunel University. School of Social Sciences, Londres, 1971. El mismo tema fue abordado en el libro conmemorativo del 75° aniversario del nacimiento de Elliott Jaques, denominado *Festachrift for Elliott Jaques*. Ver capítulo de Schlemenson, Aldo: "Partnership at Work and People in Partnership". Cason Hall & Co. Publishers, Arlington, 1992. *Partnership* es el término que se utiliza en inglés para referirse a los grupos de iguales. Sugerimos consultar también Schlemenson, Aldo: "Profesionales asociados", en Muchnik, E. *et al.*: *Ensayos sobre psicología institucional*. Editorial de Belgrano, Buenos Aires, 1979.

da necesidad de ajustes mutuos entre voluntades contrapuestas. Asimismo, aparece la tendencia a que uno de los miembros se convierta en el *primus inter pares* del grupo, que representa el ejercicio de la dominación a través de recursos de poder.[3] Desde otra perspectiva, admitir la existencia de capacidades diferentes entre los socios puede enriquecer la comprensión de las relaciones societarias.

El entusiasmo frente al nuevo proyecto, así como el desafío implícito en la necesidad de vencer las dificultades iniciales, constituyeron en efecto un factor de cohesión primaria que disimuló la existencia de las diferencias de aportes. La alianza entre pares, asentada en el supuesto igualitario, se transformó en un ideal fuertemente impreso en la conciencia grupal. Dicho ideal suscitó un compromiso que se hizo parte de la cultura del emprendimiento. De esta forma, cualquier actitud individual que tendía a cuestionar el supuesto igualitario, era fuertemente resistida. En la presión por equipararse, está implícita la negación de las diferencias. No se reconocía en forma realista lo que efectivamente acontecía: que los aportes no eran iguales ni todos los miembros de la asociación se comprometían en forma similar. Luego de un período de funcionamiento parejo comenzó a manifestarse un cambio hacia un *pattern* de responsabilidades diferenciales. En forma imperceptible pero sostenida, Damián avanza en la asunción creciente de responsabilidades de conducción y liderazgo respaldado por sus potencialidades. Pero el hecho no tiene reflejo en la organización formal ni el contrato societario, que establecía responsabilidades y retribuciones igualitarias. En consecuencia, comenzó a emerger dentro del grupo un malestar creciente. El desfasaje entre la estructura formal (grupos de iguales) y la emergencia de una jerarquía determinó un conflicto latente que fue haciendo crisis.

Las decisiones correctivas eran tomadas como acciones en contra de alguno de los miembros y, en esa medida, neutralizadas para preservar el *pattern* igualitario y el pacto de hermandad inicialmente consolidado. Las diferencias pueden tender a mantenerse ocultas. La situación latente a veces se arrastra, pero la realidad estructural básica, dada por un *pattern* diferencial de distribución de las capacidades entre los miembros, determina la emergencia de crisis, escisiones, rupturas y similares. Algunos miembros pugnaban por producir rectificaciones en el recono-

---

3. Weber, Max: *Economía y sociedad.* Fondo de Cultura Económica, México, 1972.

cimiento formal y retributivo. Tal es el caso de Damián, quien presionó para que la realidad externa fuera congruente con la percepción que internamente tenía de sí mismo y de sus contribuciones. El proyecto empresario constituía para él un factor regulador de la satisfacción y la autoestima en la medida en que le permitía corroborar los límites de su propia capacidad.

El establecimiento de un *pattern* organizativo más acorde con la realidad interna –profunda– del grupo implica la creación de niveles diferenciales. Si esto no es posible, frecuentemente se produce la ruptura. La coherencia entre la organización existente "profunda" y la organización manifiesta crea una sensación de equilibrio, que contribuye a la satisfacción individual y a la productividad.

Sobre las motivaciones de cambio en los hombres de negocios, Peter Marris[4] sostiene que el sentimiento de frustración previo que representó en este caso el trabajo en relación de dependencia constituye en un factor muy poderoso para desarrollar proyectos personales independientes. El trabajo por cuenta propia representa así una fórmula organizativa para superar las limitaciones de una situación de empleo particular que es sentida como un obstáculo para la autorrealización.

La capacidad, como motor del desarrollo, alimenta una orientación vital enraizada en una búsqueda proporcional a lo que el protagonista, en este caso, siente que puede lograr. La posibilidad de ser el vértice de la pirámide, el director de una obra, hace que el limitante del desarrollo sea la propia capacidad.[5]

El rol de la clientela

El proyecto empresario por cuenta propia, tal como fue destacado en el Capítulo 4, está orientado hacia la clientela, que forma parte del contexto externo y del mercado, y garantiza una demanda sostenida de los bienes que la empresa produce. El empresario percibe la importancia de este factor y, en consonancia, desarrolla su habilidad para la atención de clientes. Poseer

4. Marris, Peter: *Loss and change.* Institute of Community Studies, Routledge and Kegan Paul, Londres,1974.
5. Marris, Peter: *op. cit.*

esta competencia lo coloca en un lugar destacado. La clientela ejerce el rol del tercero en la relación entre Damián y sus socios, inclinando la balanza del poder a su favor.

El protagonismo de la clientela puede observarse en distintas etapas del desarrollo del proyecto empresario. En momentos clave, cuando se encaró un cambio significativo –por ejemplo, la mudanza a un nuevo local–, el apoyo de la clientela constituyó un factor decisivo, reflejo de un reconocimiento ganado.

La importancia de la clientela suele comprobarse también por omisión. Cuando la empresa deja de atender sistemáticamente las necesidades de los clientes, el proyecto se resiente, pierde coherencia, posibilidad de impacto. Se desdibujan las metas y se incrementa la tendencia entrópica del sistema. La empresa se va haciendo ritualista y puede burocratizarse.

La lectura clara de la demanda y del perfil y la identidad del usuario constituye uno de los principales factores de éxito. La satisfacción del cliente suele constituir un aspecto que las empresas auscultan en forma sistemática para mejorar su impacto. Haciendo foco en la demanda, la empresa modela su proyecto.

Desarrollo de la capacidad individual: impacto en el proyecto individual y organizacional

Como corolario del desarrollo anterior, podemos decir que la capacidad individual es consonante con el proyecto personal y –a su vez– necesita desplegarse a través de un desafío laboral estimulante. Cuando hay un buen ensamble entre la capacidad y el proyecto del ejecutivo principal, se ve favorecida la efectividad empresarial. Con este tema estamos destacando un factor dinámico fundamental para el cambio dentro de un proceso de desarrollo organizacional.

El proyecto por cuenta y riesgos propios se orienta hacia una realización ubicada en un futuro, percibido intuitivamente desde el comienzo. En este desarrollo se va produciendo una adecuación dinámica entre la maduración de la capacidad individual y el crecimiento de la organización, que ofrece un campo propicio para que esa capacidad pueda desplegarse. Esta se expresa en la habilidad para manejar y modelar los problemas que plantea una situación de trabajo a ser realizada dentro de un marco temporal determinado que culmina con el cumplimiento de la meta.[6]

Kurt Lewin señaló que, a medida que un individuo progresa, se producen cambios en su espacio vital, expresados en una mayor diferenciación en el lenguaje, progresos en el conocimiento, en las relaciones sociales, las emociones y las acciones. Afirma también que esos cambios expresan un incremento de la dimensión psicológica temporal que un individuo es capaz de abarcar. Esto significa que, cuanto mayor es el desarrollo alcanzado, los planes se extienden hacia un futuro más lejano.[7]

Esto se expresa, a su vez, en un nivel de abstracción determinado en el manejo de los problemas planteados por la realidad y que revela un particular poder abarcativo individual, una complejidad determinada de variables que se es capaz de articular o recombinar. Se expresa también en la posibilidad de innovar y de ir creando realidades de trabajo más complejas. En el caso de Damián, podemos advertir que, en consonancia con su desarrollo personal, va creando una realidad de trabajo que va sintiendo como más confortable para sí. Cuando la realidad externa no se ajusta o se transforma en un escollo para su realización personal, intenta modificarla. La situación inmediatamente anterior al cambio representa una restricción que –si no se modifica– ocasiona insatisfacción, ansiedad y conflicto. Los cambios que se van produciendo en períodos regulares de tiempo se corresponden con el afianzamiento en un determinado nivel alcanzado por el individuo.

En la realidad del desarrollo de un proyecto personal dentro de un contexto empresario, pueden advertirse claramente los hitos de los cambios. Tomando como marco de referencia los distintos niveles de complejidad en las tareas y en el tipo de problemas que se presentan en una empresa, podemos entender la trayectoria de Damián. Cuando entra en un nuevo empleo a los 20 años para aprender el oficio, trabaja en un plano práctico y concreto preponderantemente operativo, que supone un contacto directo con el objeto de trabajo, orientado por un camino lineal prescrito para llegar a la meta.

En un segundo estadio, cuando va promediando los 23 años y se ubica como encargado de presupuestos, comienza a demostrar internamente su capacidad para analizar solicitudes de proyectos concretos de trabajo, que

---

6. Jaques, Elliott: *La organización requerida, op. cit.*
7. Lewin, Kurt: *La teoría del campo en la ciencia social.* Paidós, Buenos Aires, 1978, Capítulo 10: "Conducta y desarrollo como función de la situación total".

demandan la obtención de información conducente a conclusiones confiables para la realización. Esto implica la capacidad de manejar distintas variables, programar tareas, elegir o decidir los mejores métodos para llevarlas a cabo, definir alternativas, etcétera. Todas estas tareas corresponden a un nivel de complejidad correspondiente al estrato II que anteriormente fue denominado *acumulación diagnóstica*. Como parte de este estadio, comienza a desplegar su capacidad potencial para el desarrollo de relaciones con clientes y para el ejercicio de un liderazgo. Esto hace que sus jefes lo distingan y lo perciban como alguien que puede llegar a desarrollarse para asumir roles de jefatura o gerenciales. La devolución de las evaluaciones que recibe alimenta su motivación de logro y la expectativa de desarrollo de una carrera en la empresa. Alcanza el techo de este nivel a los 26 años y en ese momento vislumbra la necesidad de establecer un cambio laboral para satisfacer su necesidad de progreso.

Al cabo de un tiempo, la falta de nuevas oportunidades se transforma en un límite, que se expresa en la sensación de tener un techo y que coincide, a su vez, con la posibilidad de emprender un proyecto de mayor complejidad y riesgo.

Entre los 35 y 40 años, está comenzando a instalarse plenamente en un nivel correspondiente al estrato III, llamado de *exploración serial*, que implica la capacidad de manejar un sistema complejo, compuesto por distintas secciones encadenadas. El proceso global que enmarca el trabajo de esas secciones en su totalidad continúa siendo de naturaleza operativa y culmina en un *output* concreto. En esta época, cubre la función de un gerente que tiene a su cargo una variedad de sectores, tanto productivos como de ventas. Se manifiesta en este nivel la capacidad de extrapolar tendencias, de detectar "ruidos", anticipándose a situaciones remotas que podrían ocurrir. Puede tomar medidas precautorias cambiando programas o métodos, e implementar decisiones para adecuarse a los requerimientos de los pedidos de trabajo que van variando. Puede a su vez organizar una variedad de secciones involucradas en la realización, que maneja a la manera de una serie de eslabones interrelacionados. Esta capacidad lo habilita para manejar él solo una empresa. En la medida en que se va consolidando en este nivel, la relación con los socios se hace crítica. El ocupante del rol, consciente de su desarrollo y de su aporte a la sociedad de pares, en sucesivas etapas va intentando rectificar la situación igualitaria que siente injusta.

Así va construyendo su propio esquema organizativo, consistente en buscar que el encuadre externo constituya un buen reflejo y que, al mismo tiempo, sea un buen continente de sus potencialidades. De esta manera, se va autorrealizando. El alcance y la complejidad del mundo organizativo externo que construye reflejan el estado actual de capacidad o el modo de aproximarse a la realidad. El crecimiento de esta cualidad individual involucra cambios en el enfoque, que se dan en períodos regulares de tiempo. En Damián, los cambios se producen cada cierto número de años, mostrando una adecuación dinámica entre la capacidad del individuo en proceso de desarrollo y la organización.

El propósito de desplegar con algún detalle, en este capítulo, la trayectoria individual de una persona nos permite subrayar la importancia de la dimensión del desarrollo de carrera. Cualquiera que trabaja en una empresa –en particular, los jóvenes de alto potencial– es consciente de esto. La posibilidad de desarrollo resulta tan importante como el salario que se percibe. Por lo tanto, si se desea retener a las personas que pueden ofrecer los mejores aportes, este aspecto debe tenerse en cuenta y evaluarse en forma periódica su potencial. La dimensión desarrollada permite deducir la necesidad de instaurar mecanismos y procedimientos que garanticen la satisfacción de las personas. Esto permite ayudar a la gente a crecer y a transformar a la empresa en un buen lugar para todos, porque de esta forma ofrece un lugar efectivo desde el punto de vista del trabajo que se realiza en ella.[8]

Como conclusión final y general de este capítulo, enfatizamos que el trabajo es esencial para la vida del hombre, en la medida en que forma parte central de su campo psicológico y de su espacio vital. La realización de un trabajo satisfactorio es sustancial para el desarrollo. Redunda en niveles progresivos de crecimiento y de integración mental, que se producen cuando la experiencia confirma la eficacia personal. Para Freud, el trabajo responde a un apremio de vida por concretar aspiraciones y deseos. Impulsa el establecimiento de relaciones de colaboración para conseguir resultados en común. De esta forma, ofrece una oportunidad primaria para el desarrollo de la sociabilidad y de las relaciones con otros.[9] Estas expectativas están

---

8. Excede los propósitos de esta obra abordar los procedimientos de evaluación del potencial y del desarrollo de carrera. Para obtener información más amplia, se recomienda consultar: Schlemenson, Aldo: *La estrategia del talento*. Paidós, Buenos Aires, 2002.

9. Freud, Sigmund: *El malestar en la cultura, op. cit.*

implícitas en lo que llamamos el proyecto personal laboral. Todo individuo aspira a desplegar sus potencialidades personales. El crecimiento y el desarrollo de la propia capacidad depende de la posibilidad de ir obteniendo niveles diferenciales de trabajo, consistentes además con niveles diferenciales de remuneración equitativa. Este proyecto, que suele jugarse en el ámbito de una organización, es crucial para la experiencia humana individual.[10]

---

10. Schlemenson, Aldo: *La estrategia del talento.*

CAPÍTULO 7

LA ESTRUCTURA ORGANIZATIVA

El diagnóstico inicial sucintamente expuesto en el Capítulo 5 se completa con el análisis de la estructura que proponemos en este. La estructura organizativa fue destacada como una dimensión relevante y estratégica para el desarrollo de una empresa porque provee el marco que encauza la acción en su conjunto.[1] En esa medida se hace necesario partir de un análisis sistemático de los roles y las funciones principales que componen el sistema gerencial, establecer su horizonte temporal y las relaciones con los demás roles. De esta forma se procede para ubicar los roles que componen la estructura dentro del marco global, y clarificar los problemas y las disfunciones que puedan detectarse.[2]

Para orientar este análisis hemos presentado en el Capítulo 2 una metodología de abordaje que cubre las cuatro formas de organización allí tratadas:

– la organización formal;
– la organización existente;
– la organización presunta; y
– la organización requerida.

La experiencia demuestra la conveniencia de comenzar por el relevamiento y la descripción de la organización existente. En el caso que

---

1. Cfr. capítulos 2 y 5.
2. Para el análisis de roles, se utilizó la metodología del horizonte temporal del rol o *time span* que se describe en el Capítulo 2.

estamos considerando, a partir de dicho abordaje se detectaron inconsistencias: superposiciones, áreas borrosas de autoridad, indefiniciones en las líneas de dependencia y en la responsabilidad por la que rinden cuenta los roles ejecutivos. En este proceso de clarificación de la estructura, fue necesario a su vez definir niveles jerárquicos reales, de jefatura o gerenciales, que eran aquellos que agregaban valor al estrato de sus colaboradores directos. El intento de despejar y clarificar estos temas y disfunciones condujo a la definición de la estructura requerida, que es la adecuada a la realidad y a la etapa de desarrollo que atraviesa una empresa. A continuación, ilustramos mediante el caso Envases de Azul[3] la información proveniente del análisis de roles que nos permitió clasificarla como una PyME de tres estratos ejecutivos.

Análisis de roles y la organización existente

Como tantas otras de su tipo, Envases de Azul era una empresa que había ido desarrollando su estructura en forma no planeada, a través de un proceso espontáneo signado por el incremento de la demanda de sus productos y servicios. Los roles que fueron surgiendo respondieron así a la complejidad creciente del negocio, que fue determinando a su vez la emergencia del sistema ejecutivo-gerencial. Describimos en este apartado a cada uno de los roles según la información surgida de las entrevistas aplicadas para su análisis. Posteriormente, ubicamos dentro del esquema general de los estratos ejecutivos los roles previamente descritos, y las líneas de dependencia y autoridad que los vinculaban dentro de un sistema unificado global. El Cuadro 2 presenta los principales roles de la estructura de la empresa en la etapa inicial del proyecto de desarrollo. El gráfico señala la existencia de tres estratos necesarios para organizar el flujo de trabajo, así como tres bandas para cada uno (alta, media y baja).

El rol del empresario

En rigor, el empresario desempeñaba varios roles en forma simultánea: titular del capital, fundador y creador de la organización, autoridad ejecutiva principal. Sus funciones y tareas –dada su condición, autoasignadas– se

---

3. Nombre ficticio, que protege la confidencialidad de nuestro cliente.

organizaban en torno a un proyecto laboral personal, que creaba el marco para el desarrollo de la empresa. Ese proyecto tenía un carácter informal: no poseía objetivos explícitos ni un plan estratégico formalmente formulado, discutido y compartido con sus empleados. Sin embargo el proyecto era claro y podía ser apreciado por todos.

Definición de la estructura y de los roles:

Fijación de tareas y responsabilidades a sus colaboradores directos, y supervisión de las asignaciones para el resto del personal de la empresa, Los objetivos no eran asignados en forma sistemática en términos de: *qué, cuánto, cómo, para cuándo,* y dentro de qué recursos *disponibles.* Por lo tanto también las responsabilidades dentro del marco global eran borrosas. A su vez asignaba y otorgaba en forma personal autoridad a los diversos roles.

Modelación y conducción del proyecto empresarial:

El proyecto global se iba modelando en la práctica a través de comunicaciones y mensajes presenciales que se divulgaban en las reuniones con los colaboradores directos que lo transmitían a su vez a sus respectivas áreas. Entre sus funciones, se incluían las siguientes.

- – Establecer el presupuesto total de la empresa.
- – Evaluar las necesidades de materia prima, y orientar y autorizar el programa de compras a cargo del jefe de presupuestos, teniendo en cuenta criterios de inversión y políticas de precios. Horizonte de planeamiento de la tarea: alrededor de un año.
- – Desarrollar proveedores negociando con ellos condiciones.
- – Atender a los clientes especiales, buscando ampliar los negocios.
- – Mantener e incrementar la facturación global dentro del año en curso y teniendo como mira el siguiente. Horizonte de planeamiento de la tarea: un año y medio.
- – Supervisar la atención a clientes y el nivel de facturación del sector de ventas. Seguimiento mensual y trimestral, y evaluación anual del jefe y de los vendedores.

- Elaborar presupuestos especiales para ciertos clientes y supervisar al resto.
- Definir creativamente ideas para el desarrollo de nuevos productos.
- Asignar la realización de proyectos creativos nuevos y supervisar al equipo creativo.
- Evaluar los proyectos desarrollados en relación con las necesidades del cliente.
- Controlar la producción y al jefe de taller mediante la supervisión directa en recorridas diarias.
- Establecer la política de remuneraciones y el presupuesto global.
- Manejar las finanzas teniendo en cuenta las inversiones a dos años.
- Elaborar un programa de ingresos y egresos específicos para el año.
- Evaluar el desempeño de sus colaboradores directos y con ellos ajustar los salarios de los empleados de cada área.
- Negociar con delegados sindicales, bancos y organismos públicos.

Las tareas derivadas de sus funciones eran tratadas y desarrolladas con el equipo de colaboradores directos, pero las decisiones en última instancia eran tomadas por el empresario.

Mayor nivel discrecional del rol:

- definición de los proyectos de inversión (por ejemplo, cambio de maquinarias o construcción de un edificio);
- supervisión general de los trabajos: detección temprana de problemas y sus posibles consecuencias;
- atención personal de cinco clientes que concentraban una porción importante de la facturación total de un período anual;
- manejo de las relaciones gremiales, y
- desarrollo y atención de relaciones con bancos y posibles financistas.

Los últimos dos proyectos de inversión más significativos habían sido la construcción de una nueva planta y la compra de una máquina automatizada. Este proyecto había requerido investigación previa y análisis de factibilidad, la gestión crediticia y el planeamiento de la financiación. Cada uno de los proyectos anteriores demandó alrededor de dos años de trabajo.

La atención de los clientes especiales revestía capital importancia ya que el crecimiento de la empresa se cimentaba en esas operaciones. En esta tarea, el rol empresario desplegaba su capacidad discrecional máxima para diagnosticar necesidades, y definir y diseñar productos innovadores con calidad artesanal.

Horizonte temporal del rol:

El horizonte temporal más largo abarcado por el rol era de dos años. De acuerdo con el cuadro presentado en el Capítulo 4 este rol estaría ubicado en el estrato III que, según la metodología utilizada, determinaba el nivel de la empresa. El trabajo realizado por el rol era predominantemente *operacional concreto*, asociado a resultados cuantitativos. No obstante, algunas decisiones y proyectos se inscribían en una visión superior a los dos años, por ejemplo, análisis estratégico de amenazas y oportunidades en el mercado relacionadas con posibles inversiones a mediano plazo. Esto no estaba inscrito en un plan estratégico sistemáticamente formulado con objetivos y metas.

Principales relaciones del rol:

Como se deduce de lo anterior, el equipo de conducción estaba conformado por los jefes de las áreas de Presupuestos, Ventas, Administración, Desarrollo de Productos, Preparación Técnica y Taller. La integración de las mencionadas funciones conformando una unidad operativa ejecutiva, convertía a la empresa en una unidad de negocios. La ausencia de una delimitación clara de responsabilidades no solo volvía borrosas las autoridades conferidas sino también las responsabilidades específicas y la rendición de cuentas. Dentro de este nivel considerado de estrato II, dadas las asignaciones ejecutadas por los miembros del equipo y que se detallan más adelante, se apreciaba la necesidad de un mayor desarrollo gerencial marcado por un crecimiento progresivo de la empresa.

El empresario era responsable: ante los bancos, por los créditos tomados, ante las instituciones gremiales, por los salarios y condiciones de trabajo, y ante su clientela por la calidad de los trabajos y la entrega a tiempo.

Rol del jefe de Presupuestos

Los presupuestos constituían en este caso una herramienta clave para la captación y retención de los clientes. El conjunto de los presupuestos permitían la planificación de la producción. De ella surgían programas y órdenes de trabajo que involucraban una perspectiva semestral. No había un plan de producción formulado que, no obstante, se hacía necesario para organizar el flujo de trabajo. Para poder formular los presupuestos, se requería un conocimiento técnico especializado del producto y de los procesos. El ejecutante de este rol gozaba de un poder significativo en la empresa.

Principales tareas y responsabilidades:

–   Cotizar los proyectos sobre la base de un análisis minucioso de los costos de materia prima, mano de obra, y el establecimiento de los márgenes de ganancia;
–   discutir los presupuestos con los vendedores y los clientes;
–   comprometer tiempos de entrega;
–   gestionar la compra de materia prima (los volúmenes eran significativos);
–   confrontar los costos reales con los estimados una vez concluido cada proyecto;
–   confeccionar los programas y las órdenes de trabajo para el taller, prescribiendo las especificaciones técnicas, los estándares de calidad y los tiempos previstos;
–   supervisar las condiciones técnicas de producción (matricería, materias primas, *stock* de insumos y demás).

Mayor discrecionalidad del rol:

La ejercía en la determinación de los costos y en la fijación de precios. El trabajo demandaba estar al tanto de las cotizaciones y de los precios ofrecidos por los competidores. Las decisiones tomadas en relación con el presupuesto se evaluaban una vez realizado el proyecto, contrastando los costos estimados con los efectivos. La formulación de la programación de la carga de trabajo tenía una marcada relevancia, dado que la calidad comprometía los tiempos de las entrega.

Horizonte temporal:

La descripción precedente indicaba una perspectiva precisa para la programación a tres meses, menos precisa para los próximos seis meses y un tanto borrosa para el año. El horizonte temporal de un presupuesto y un proyecto aprobado podía extenderse hasta tres meses para un solo trabajo y hasta un año para la totalidad de los trabajos de un cliente importante, contados desde que se empezaba a trabajar en el presupuesto hasta la evaluación de los resultados. Como surge de lo anterior, el jefe de Presupuestos necesitaba tener en cuenta la programación anual global para realizar su trabajo. En suma, el rol fue ubicado dentro de la banda alta del estrato II.

Principales relaciones del rol:

Establecía, en conjunto con el vendedor y el empresario, el enfoque del trabajo para elaborar el presupuesto. Tenía autoridad para requerir información de las demás áreas. Asimismo, al elaborar la orden de trabajo, fijaba el programa de ejecución para el taller. No era formalmente el jefe del jefe del Taller, pero tenía autoridad para darle instrucciones respaldado por el empresario.

Rol del jefe de Ventas

Se ocupaba de atender a los clientes en coordinación con el empresario para promover las ventas. Asimismo, buscaba nuevos clientes atendiendo pedidos espontáneos y/o realizando acciones de promoción.

Principales tareas y responsabilidades:

- Responder a la demanda surgida de la cartera de clientes;
- asesorar al cliente en la elaboración de los pedidos y recibirlos;

–   gestionar con las demás áreas de la organización la cotización y el desarrollo de los productos solicitados;

–   mantener la relación con el cliente durante todo el proceso de producción;

–   verificar el cumplimiento de los tiempos y los estándares de calidad comprometidos, advirtiendo sobre los eventuales desajustes a los responsables directos de las áreas implicadas;

–   obtener información sobre el comportamiento de la competencia y los cambios en las tendencias de la oferta y la demanda en el mercado.

–   promover la búsqueda y el desarrollo de nuevos clientes.

Mayor discrecionalidad del rol:

Se ejercía en el logro de los resultados esperados de ventas. Mantener la cartera asignada de clientes y desarrollarla a través de nuevos proyectos y clientes.

Horizonte temporal:

El tiempo estimado para los proyectos de mayor envergadura era de alrededor de seis meses. El desarrollo de clientes y el mantenimiento de la relación en el mediano plazo demandaban una visión de un año o más. El rol fue ubicado dentro del estrato II alto.

Principales relaciones del rol:

Dependía en forma directa del empresario para fijar el enfoque del trabajo y evaluar clientes (analizar posibilidades de financiación, descuentos, etcétera). A su vez, consultaba y coordinaba decisiones con los jefes de Presupuestos, Administración y Desarrollo de Productos. Dependían de este rol dos vendedores.

Rol del jefe de Administración

Era el máximo responsable dentro y fuera de la empresa por el desenvolvimiento económico-financiero. Manejaba un plan de ingresos y egresos proyectado a más de seis meses. Creaba y mantenía las relaciones con bancos, tanto para el giro cotidiano como para la obtención de créditos destinados al desarrollo de proyectos productivos, la compra de equipos y la consecución de planes de inversión. Se ocupaba de la liquidación de sueldos y jornales, atención de reclamos sindicales y relaciones con las autoridades impositivas, etc.

Principales tareas y responsabilidades:

- Llevar los registros contables de la empresa;
- confeccionar los balances anuales, por los cuales rendía cuentas ante el dueño y las autoridades impositivas;
- liquidar los impuestos y demás contribuciones;
- liquidar los sueldos y jornales;
- gestionar los aspectos administrativos con el personal (trámites de ingreso y desvinculación, control de ausentismo, administración de licencias, etcétera);
- elaborar y ejecutar el presupuesto financiero cuatrimestral y anual a partir de un plan de gastos que le es dado;
- gestionar las cobranzas;
- atender la relación con los bancos, incluida la gestión de créditos y la realización de inversiones; y custodiar los valores de la empresa.

Mayor discrecionalidad del rol:

Se hacía efectiva en la registración contable, en la confección del balance, el mantenimiento de las relaciones bancarias y el cumplimiento de las obligaciones fiscales.

Horizonte temporal:

Las tareas importaban un horizonte temporal de un año. Asimismo, el rol ejercía un marcado manejo discrecional con respecto a cuestiones económicas y financieras que excedían el ejercicio contable. Se ubicó al rol en la banda alta del estrato II.

Principales relaciones del rol:

Dependía en forma directa del dueño. Asimismo, contaba con la asistencia de un encargado de contabilidad y tres empleados administrativos.

Trabajo en el equipo de conducción

Los cuatro roles descritos desarrollaban una relación sistemática de trabajo en equipo, dentro del cual el empresario se destacaba como la figura ejecutiva central tomando las decisiones finales. El equipo ejercía la máxima representatividad ante los clientes, los bancos, los empleados y los representantes sindicales. Los miembros necesitaban trabajar en forma integrada, mantener comunicaciones fluidas y acciones coordinadas. Se reunían regularmente dos veces por semana.

Rol del jefe de Desarrollo de Productos

El rol correspondía a la jefatura creativa de la empresa, una función clave desde el punto de vista estratégico y competitivo para Envases de Azul. La diferenciación creativa era la fuente de valor agregado para los productos, los proyectos y la imagen de la empresa.

Principales tareas y responsabilidades:

– Desarrollar nuevos productos creativos. Realizar diseños y bocetos de los productos en desarrollo;
– mantener contacto directo con los clientes, detectar necesidades, presentar ideas o bocetos de los productos desarrollados;
– conformar y desarrollar profesionalmente al equipo creativo a su cargo.

Mayor discrecionalidad del rol:

Se desplegaba en la constitución y la gestión del equipo de creativos y en el desarrollo de nuevos productos con un alto valor agregado creativo.

Horizonte temporal:

Comprendía entre tres y cinco meses. Podían llegar a ocho meses el desarrollo de productos y la supervisión de la producción de los mismos en un proyecto complejo, con el área de ventas, a la que prestaba asesoramiento y servicios creativos.

Dependía del jefe un equipo integrado por bocetistas y diseñadores gráficos.

Rol del jefe de Taller

Tenía a su cargo la producción de Envases de Azul. El jefe era asistido por un grupo de colaboradores directos, encargados o supervisores de las cinco secciones principales del taller. La supervisión era necesaria, dada la dispersión y la cantidad de secciones del taller. Los operarios que trabajaban en la planta y que dependían en última instancia en forma directa del jefe de Taller eran el grupo más numeroso de empleados. La producción constituía un área clave del proceso en la que recaían requisitos precisos de cantidad y calidad dentro de los tiempos establecidos y los recursos disponibles.

Principales tareas y responsabilidades:

– Cumplir con el programa de producción establecido a partir de órdenes de trabajo fijadas por el jefe de Presupuestos;
– conducir la producción de la planta a través de los supervisores a cargo de cada sección, ejecutando las órdenes de trabajo;
– seleccionar y entrenar a los operarios a través de los supervisores;
– asignar tareas;
– aprobar los resultados del proceso productivo, controlando la calidad;
– evaluar a los empleados a cargo;
– verificar el estado de las máquinas y trazar un plan de mantenimiento preventivo;
– mantener la continuidad del buen clima de trabajo;
– una responsabilidad importante del rol era el contacto con los representantes gremiales.

Mayor discrecionalidad del rol:

Definido por la carga de trabajo y los programas de producción en cantidad, calidad y tiempo. Conducción del conjunto de supervisores y operarios a cargo, velando por el buen clima de trabajo.

Horizonte temporal:

Se extendía entre seis meses y un año insumido por la carga de trabajo del ciclo.

Principales relaciones del rol:

Dependía directamente del empresario. A su vez, del jefe de Taller dependían los supervisores de sección y, a través de estos, los operarios. Los supervisores de sección no constituían un nivel pleno de jefatura. Mantenían relaciones laborales con el jefe de Presupuestos (quien fijaba los estándares), el jefe de Preparación Técnica y el jefe de Ventas para obtener precisiones sobre cada proyecto, coordinar entregas y verificar los estándares de calidad.

Dependían del jefe de Taller: 5 supervisores y alrededor de 90 operarios.

Rol del supervisor

El supervisor era operario calificado con antigüedad y experiencia que actuaba dependiendo en forma directa del jefe de Taller y como asistente de este último ayudando a dirigir un área numerosa de operarios dispersos en secciones distintas y separadas en la planta.

Principales tareas y responsabilidades:

– supervisar como especialista, por delegación expresa del jefe de Taller, a los operarios de una sección y el proceso que allí se realizaba;

- constatar el cumplimiento por parte de los operarios de las especificaciones establecidas en la orden de trabajo;
- ayudar a los operarios en la preparación del trabajo;
- ejecutar un programa de mantenimiento preventivo de las máquinas;
- controlar la calidad de lo producido en la sección a su cargo;
- monitorear y sostener el ritmo de trabajo;
- colaborar en la evaluación de los operarios y en la determinación de los ajustes salariales; y
- entrenar a los operarios nuevos.

Horizonte temporal:

Se ejercía en el seguimiento de los proyectos de mayor envergadura que tenían una duración máxima de dos meses.

Mayor discrecionalidad del rol:

Lo ejercía en la relación con los operarios, previniendo errores y garantizando la calidad de los productos y el cumplimiento de los tiempos y ejerciendo tareas de entrenamiento.

Ubicación del rol en la estructura:

El supervisor como se consigna más arriba, dependía directamente del jefe de Taller. El rol estaba ubicado en la banda alta del estrato I en el que se ubicaban también los operarios. Su relación con ellos era de tipo asesora y supervisora. En esa medida estaba limitado en sus decisiones ejecutivas y en las atribuciones de autoridad que tenía. A pesar de no poseer autoridad plena, propio de una primera línea de jefatura, podía asignar trabajos transmitiendo lo establecido por el jefe, impartir indicaciones, controlar la calidad, supervisar el ritmo de los procesos, etcétera. Pero cuando tropezaba con un percance o un problema de calidad, debía recurrir al jefe, quien tenía plena autoridad para resolverlo, dar una indicación etc. Tampoco seleccionaba o evaluaba a los operarios de su sección ni disponía rotaciones, traslados o remociones del rol. En todos estos asuntos actuaba como asesores del jefe, ejerciendo influencias, entrenando, advirtiendo o llamando la atención de errores. El rol tenía mucha relevancia como puente de comunicación directa entre los operarios el jefe de Taller y el empresario. Pero, como instancia de resolución y contención de los operarios, su autoridad era limitada.

Caracterización de la PyME como organización de tres estratos

Tomando como referencia la descripción anterior, confirmamos la clasificación previa ya anticipada que ubica a Envases de Azul como una empresa de tres estratos ejecutivos jerárquicos. La conclusión está basada en las consideraciones siguientes. De acuerdo con el principio de Arquímedes de la organización, la cantidad de estratos de la empresa está limitada por el techo que fija el rol del ejecutivo principal.[4] En este caso, el rol del empresario fue ubicado en la banda alta del estrato III. Algunas de las tareas vinculadas con el desarrollo de la empresa y las inversiones, hacían que su horizonte temporal debiera incluir una visión superior a los dos años involucrada en el análisis estratégico del mercado. Esto reflejaba una transición presionada por el desarrollo de la empresa. No obstante consideramos que correspondía situar al rol, en el estrato III en función de las tareas recurrentes de naturaleza fundamentalmente operativa, signadas por un ciclo anual al que le da contexto un horizonte de planeamiento de dos años. En un capítulo anterior señalamos que una organización de cuatro estratos se caracteriza por la existencia de un nivel de planeamiento estratégico sistemáticamente instalado que dirige y coordina las funciones básicas de Producción, Ventas, Desarrollo de Productos, Administración, ocupadas por un conjunto de roles gerenciales de estrato III. En Envases de Azul, en cambio, las jefaturas que dependían en forma directa del ejecutivo principal estaban enmarcadas por un horizonte de planeamiento de un año condicionado por el ciclo anual de las ventas, la producción el balance, etc. El crecimiento ascen-

---

4. Ver el "Principio de Arquímedes de la Organización", en Jaques, Elliott: *La organización requerida, op. cit.*

dente de los niveles de jefatura estaba limitado por las intervenciones frecuentes del empresario que les restaba autonomía y determinaba una *compresión* en el nivel de conducción superior a pesar de la complejidad creciente y la necesidad de descentralización de ciertas decisiones.

Siendo Envases de Azul una empresa de tres estratos, el empresario ejercía una forma y una modalidad de conducción que llamamos *de comando directo*. Esta modalidad de naturaleza predominantemente operativa enfocada en el ciclo anual constituye un techo en detrimento de roles que requieren de un horizonte de planeamiento más amplio. Aun cuando Damián potencialmente podía continuar desarrollándose, su crecimiento efectivo no se había producido en el momento del relevamiento de los roles. El ejecutivo principal en la práctica operaba en un nivel que denominamos *imaginativo concreto,* que tenía ventajas y desventajas para el conjunto. Gracias al número reducido de integrantes y de sectores (áreas involucradas), el ejecutante del rol podía conocer a la totalidad de los miembros de la empresa, hecho que daba lugar al factor de mutuo reconocimiento,[5] pero, a su vez, a un funcionamiento principalmente operativo, basado en datos accesibles a la experiencia y la apreciación directa de la información necesaria para conducir el emprendimiento. El empresario podía retener mentalmente y manejar los datos reales de la situación. La empresa podía ser recorrida y evaluada a través de una representación imaginativa. En Envases de Azul, Damián conocía personalmente a todos los empleados, recordaba sus nombres y los aspectos más significativos de su trayectoria laboral. Sus recorridas diarias por la empresa permitían que los miembros de la organización pudieran hablar con él, intercambiar impresiones, ideas, comentarios e iniciativas, y anticiparle eventualmente algún pedido o reclamo. Concebido su campo de actividad como un proceso constituido por una serie, esta forma de conducción tenía sus beneficios. Le permitía una forma de control que lo habilitaba a corregir errores detectados primariamente dentro del proceso de trabajo. A falta de procedimientos sistematizados y delegables, intervenía directamente en los procesos y monitoreaba los principales proyectos, desde la gestación hasta la entrega. El conocimiento directo de las exigencias y los estándares esperados por cada cliente le permitía indicar las correcciones necesarias. Acorde con la

---

5. Jaques, Elliott: *A general theory of bureaucracy.* Heinemann, Londres, 1976. Capítulos 20 y 21.

modalidad serial descrita, los errores o ruidos surgidos en una parte de la serie evocaban eventuales consecuencias en un momento posterior. Dado que la calidad artesanal constituía una política del negocio, la modalidad descrita favorecía la atención particular a cada cliente. Esta condición era apreciada por la clientela, que tenía fácil acceso a quien en última instancia tomaba las decisiones. A su vez reforzaba en la relación con los empleados, la motivación y los lazos de identificación con la figura del empresario. El liderazgo carismático ejercitado, lo hacía una figura valorada, reconocida y a la vez temida dentro de la organización interna.

Para Damián, esta forma de conducción y de relación con los ejecutantes y con los clientes era parte de su perfil, que constituía una fortaleza del sistema y, al mismo tiempo, una debilidad, porque le permitía afianzar los lazos de compromiso y apoyo recíproco entre los protagonistas del sistema total, imponiendo –a su vez– un techo bajo para los jefes, a quienes quitaba el nivel de autonomía que hubiese constituido un rol gerencial.

Esta descripción no sería completa si no se destacaran, a raíz de lo recién señalado, dos situaciones de compresión, surgidas en el análisis de los roles. La primera afectaba a aquellos que dependían en forma directa del empresario: los jefes de estrato II que estaban limitados en su posibilidad de planificación y desarrollo gerencial a un año con autonomía y discrecionalidad restringidas. La autoridad que necesitaban los jefes para conducir sus áreas tampoco estaba oficialmente conferida. A falta de asignaciones establecidas a un plazo de más de un año, los jefes a cargo de las funciones involucradas debían cubrir los *ruidos, errores* o emergencias que surgían dentro de los procesos de trabajo a su cargo, ejerciendo una *autoridad informal*, basada en la influencia, el poder, la negociación informal, el manejo político, etc. La mencionada compresión se constituía en un obstáculo para un crecimiento planificado. Una empresa que afronta el nivel de complejidad que estuvimos describiendo necesita en cambio fortalecer el nivel gerencial autónomo para cada una de las funciones principales, lo que representa inevitablemente la profesionalización de dicho nivel. Cuando esto ocurre la empresa trasciende el límite que fija el estrato III.

La segunda situación de compresión se verificaba en la organización del taller. El rol del supervisor se veía afectado por ella. Al no tener definiciones claras, este no se veía convalidado para actuar como un verdadero jefe con la autoridad necesaria para: incidir en la selección de los operarios, asignarles fehacientemente tareas, fijar objetivos, evaluar y sancionar en forma acorde, controlar la disciplina, determinar traslados, o eventualmente iniciar la remoción del rol, etc. A su vez no era una instancia de resolución directa de problemas que estos podían tener ante los operarios. No les aportaba soluciones, o la contención necesaria para recibir y resolver pedidos, atender necesidades, dudas o inquietudes. La condición un tanto desdibujada de representante del jefe del taller les otorgaba autoridad para supervisar los procesos a su cargo, dar indicaciones que se transformaban en sugerencias. Pero cuando se producía un percance, un problema, un incumplimiento, una transgresión, etc., debían recurrir al jefe del taller, que era el único que tenía la autoridad necesaria para corregir. A pesar de esta posición un tanto intermedia del supervisor, la importancia de este nivel estaba dada por la necesidad de mantener un canal de comunicación en este caso indirecta a doble vía entre los operarios y la conducción.

La organización puntualizada consiste en un jefe de estrato II que tiene como colaboradores directos simultáneamente a un grupo de cinco supervisores, ubicados en otras tantas secciones, ocupando una posición definida como de estrato I alto y un grupo de alrededor de cien operarios ubicados en el mismo estrato I. En el caso de una empresa pequeña esta forma de organización puede ser suficiente, pero en el caso de Envases de Azul está en el límite de lo factible. En una situación en la que se necesita coordinar un grupo grande de operarios o, a su vez, cuando se complejizan los procesos de trabajo en un área geográficamente dispersa, la falta de autoridad plena del rol remite a los operarios a una situación anómala alienante al no tener un interlocutor claro con la autoridad suficiente para resolver los problemas que se les presentan. Esta situación da lugar a una serie de perturbaciones en las comunicaciones expuestas también en el Capítulo 3. En estos casos, un rol ejecutivo de estrato II para toda una planta comienza a constituirse en una figura distante un tanto remota. Esta no alcanza para ejercer la contención necesaria de un estrato I de naturaleza puramente operativa compuesto por un grupo de más de 100 operarios realizando procesos de trabajo variado y complejo. En esos casos se requiere que un rol como el del supervisor se transforme en una verdadera instancia de jefatura con todos los atributos de una autoridad plena que los habilita para trabajar como líderes y referentes claros para los operarios o empleados de estrato I.

Las dos compresiones señaladas en los puntos anteriores suelen ser típicas de otro fenómeno que afecta a las PyME de tres estratos y que es parte de la transición que marca la necesidad de un desarrollo más complejo.

Conclusiones

En suma, como corolario de este capítulo, podemos decir que la empresa de tres estratos presenta ciertas cualidades propias del tamaño reducido. Pero, como lo señala Bateson, no hay verdades absolutas. Es decir: *no siempre lo pequeño es hermoso*. A cada tamaño le corresponde una estructura que le es afín. Una empresa impulsada por el éxito puede tender a crecer y a transformarse en una empresa más grande. Pero esta es viable si se dan ciertas condiciones ligadas con el tamaño mayor. El verdadero desarrollo involucra un crecimiento por extensión vertical: nuevos niveles ejecutivos jerárquicos acompañados por gerentes y jefes que posean el nivel de capacidad y con la autoridad necesaria, acorde con el del rol que ocupan. Fuera de estas condiciones lo más grande deja de ser deseable y se transforma en un disvalor. A cada tamaño de empresa le corresponde una complejidad organizacional y de su estructura acordes con un elenco de gerentes que respondan a la complejidad que así las hace factibles, y dirigidos por un ejecutivo principal que posea la capacidad actual para hacer frente a la complejidad requerida.

Cuadro 2. Organigrama de Envases de Azul.

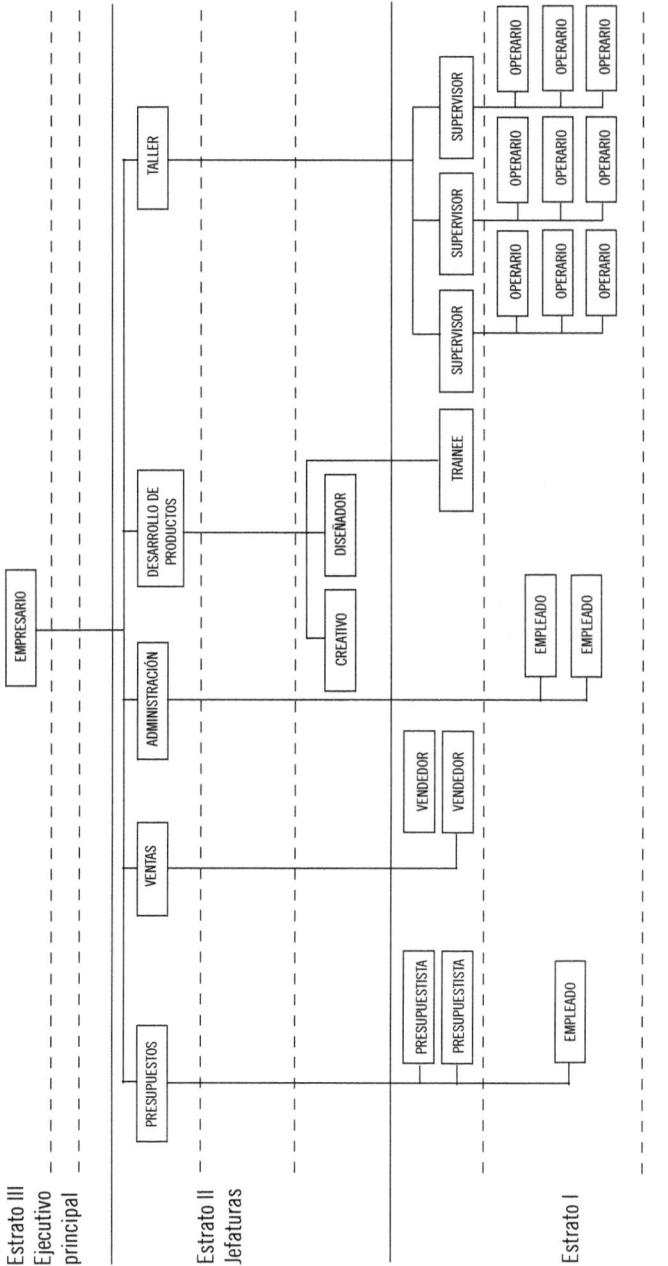

Estrato III
Ejecutivo
principal

Estrato II
Jefaturas

Estrato I

EMPRESARIO

PRESUPUESTOS — VENTAS — ADMINISTRACIÓN — DESARROLLO DE PRODUCTOS — TALLER

PRESUPUESTISTA
PRESUPUESTISTA

VENDEDOR
VENDEDOR

CREATIVO — DISEÑADOR

TRAINEE

SUPERVISOR — SUPERVISOR — SUPERVISOR — SUPERVISOR

EMPLEADO

EMPLEADO
EMPLEADO

OPERARIO OPERARIO OPERARIO OPERARIO
OPERARIO OPERARIO OPERARIO OPERARIO
OPERARIO OPERARIO OPERARIO OPERARIO

Nota: el número de supervisores, empleados y operarios es solo indicativo. No refleja la cantidad real.

CAPÍTULO 8

EL EQUIPO DE GERENCIA:
ROLES Y RELACIONES INTERPERSONALES

El equipo de gerencia, conformado por el ejecutivo principal y sus subordinados directos, constituye una instancia de conducción gerencial fundamental para la empresa y para el seguimiento continuo de los procesos principales del trabajo en los que está embarcada en un momento particular y crítico de su desarrollo. Dada la importancia estratégica de este recurso de organización y conducción, se justifica que le dediquemos este capítulo.

La reunión de equipo de gerencia: dimensiones de análisis

Partir de una definición sucinta del dispositivo "reunión de equipo de gerencia" nos permite fijar sus límites y encauzar en forma correcta el proceso de trabajo enmarcado por ella. Caracterizar la reunión implica ubicarla en el contexto de la empresa y del sistema gerencial, entender su objetivo de constituir una verdadera herramienta de conducción general. Dentro del ámbito temporal y espacial de encuentros regulares que ofrece la reunión, un grupo de personas, que ocupan posiciones gerenciales o de jefatura, mantienen relaciones de trabajo –con la autoridad y colaterales a doble vía– necesarias para producir resultados y poder cumplir de modo efectivo con los compromisos tomados por la empresa. La reunión es dirigida por la autoridad ejecutiva, con la cual el resto de los miembros guarda una relación de dependencia jerárquica como parte de la modalidad que emana del modelo gerencial adoptado.

En el caso de Envases de Azul, Damián es el gerente, el empleador, el ejecutivo principal, el accionista mayoritario y el presidente del directorio. Como parte de este rol múltiple, rinde cuentas y es evaluado por los resultados obtenidos por diversos grupos significativos de poder (*stakeholders*) relacionados con la organización y de los que depende para cumplir con su cometido: clientes, financistas, poderes públicos, competidores, organismos representativos de los empleados, instancias representativas de la comunidad, cámaras de la industria, y similares. Esos grupos son significativos por cuanto en las relaciones de negociación y equilibrio que el empresario mantiene con ellos se sustenta la estabilidad de la empresa en el largo plazo. Por esta razón, puede considerárselos una suerte de asociados que permiten la continuidad.

Las características y los límites de la reunión de gerencia modelan la situación y los roles involucrados. Las personas que ocupan esos roles se comprometen –según las responsabilidades por las que rinden cuentas– ante el ejecutivo principal en la reunión. Lo hacen incluyendo en su desempeño la totalidad de su idiosincrasia y personalidad. Es decir, además de las responsabilidades involucradas que emanan de los roles que ocupan, los reunidos aportan la dinámica interpersonal particular que surge de sus identidades individuales. La interacción entre el empresario/dueño, sus subordinados directos y el vínculo de estos entre sí es fundamental para el establecimiento de las relaciones de colaboración y confianza que les permiten trabajar juntos en forma satisfactoria y eficaz. En cambio, los problemas en este ámbito –tensiones, conflictos, sospechas, y demás– abonan la desconfianza recíproca. De esta descripción, surgen dos dimensiones relevantes que hacen a la interacción en el equipo de gerencia:

– **La dimensión organizativa.** Se refiere a los roles requeridos para el cumplimiento satisfactorio del proceso de trabajo. Sin una definición clara de roles, alcances de la autoridad involucrada y rendición de cuentas (*accountability*), se dificulta establecer relaciones confiables y se crea un contexto desfavorable para generar relaciones de colaboración. Asimismo, la ausencia de definiciones sobre los procesos de trabajo y las condiciones necesarias para que se realicen ofrece una fuente de imprecisiones facilitadoras de la emergencia de errores y problemas.

– **La dimensión interpersonal e intersubjetiva.** Se origina en que el trabajo conjunto y la interacción se realizan entre personas que ocupan roles y aportan la coloratura especial que suelen tener los vínculos laborales. Libradas a su propia idiosincrasia, las personas pueden tener mucha cautela al relacionarse con otros, o hacer prevalecer los impulsos y aspectos menos sociables de su personalidad, que se transforman en obstrucciones para la comunicación y el diálogo. La dimensión intersubjetiva tiñe de emociones –a veces, positivas y otras, hostiles– la interacción. Alude a los aspectos de la identidad de las personas involucradas y a la percepción tanto del "sí mismo" como del "otro" en las relaciones entre pares y con la autoridad.

En este capítulo, queremos destacar la dimensión intersubjetiva a fin de integrarla como dimensión de análisis valedera en el proceso de desarrollo que involucra un proyecto organizacional. Las personalidades individuales en un ámbito laboral aportan un nivel de significación particular a los procesos resultantes. No obstante, ambos aspectos son interdependientes en los hechos cuando se trata de evaluar y observar los resultados del comportamiento organizacional. Por eso decimos que los roles, su contenido y tipo particular de autoridad, inciden en la relación intersubjetiva, siendo esta a su vez potencialmente modificadora de un determinado dispositivo organizacional y de los contenidos que en él se desarrollan.

Dimensión interpersonal de naturaleza intersubjetiva

En el Capítulo 2, referido a las siete dimensiones, ya comenzamos a explayarnos sobre las relaciones interpersonales. Esta dimensión va más allá de la mera lógica de la eficiencia administrativa. Para poder entenderlas, debemos apelar a un nivel de significación y a un código que pasan también por la dinámica de la personalidad de los individuos involucrados.[6] En

6. Como señala José Bleger, "si bien la institución tiene una existencia propia, externa e in-

efecto, los seres humanos comprometen su personalidad en las situaciones en que participan, derivando este hecho en un componente importante de la conducta organizacional.

La dimensión intersubjetiva se juega en función de dos vectores: uno vertical, referido a la relación con la autoridad y que es propio de la dependencia del empleado con su gerente; y otro horizontal, referido a la relación entre pares, ocupantes de roles del mismo nivel o estrato organizacional. El vector horizontal deviene del vertical, en la medida en que la relación entre pares está signada por tener una autoridad común que les da un destino compartido.[7]

En las empresas dirigidas por un empresario, se despliegan en relación con su figura mecanismos de identificación y de idealización similares a los descritos en la cita anterior. Como se deduce de ella, estos mecanismos tienen un carácter que puede entenderse en virtud de emociones o afectos –por lo general, de carácter ambivalente– que prevalecen en la situación.

---

dependiente de los seres humanos individualmente considerados, su funcionamiento se halla reglado no solo por las leyes objetivas de su propia realidad social, sino también por lo que los seres humanos proyectan en ella, por las leyes de la dinámica de la personalidad". Bleger, José: *Psicohigiene y psicología institucional.* Paidós, Buenos Aires, 1965.

7. Freud alude a los dos vectores cuando describe los mecanismos de identificación que signan los lazos de relación entre un líder y su grupo, y el de los miembros pares entre sí. La influencia que una persona puede tener sobre otra se basa en la existencia de un apego, un lazo emocional que se sustenta en una relación objetal primaria y en las vicisitudes de las relaciones tempranas con figuras parentales, las cuales –posteriormente, en el mundo adulto– envisten de contenidos específicos las relaciones con la autoridad, con la empresa, con los colegas y los colaboradores. Por lo general, los individuos no son conscientes de este mecanismo. Este plano de las relaciones es latente o inconsciente. Para Freud, el término "identificación" constituye "la expresión más temprana de un lazo emocional con otra persona". Es el mecanismo por el cual alguien adopta, como propios, valores y rasgos de carácter de otra persona o, por el contrario, les adjudica ciertas cualidades propias a los demás. Decimos que la persona "enviste" a otros y a la situación de trabajo actual de aspectos que devienen de su propia personalidad o situación emocional primaria. La identificación constituye un mecanismo constructivo. En él radica la comunicación, basada en la posibilidad de ponerse en el lugar del otro. A través de la identificación, los individuos se relacionan entre sí, establecen empatía, incorporan rasgos, aspectos que valoran o desean tener de otra persona, aprenden, adoptan un mismo líder. El mecanismo de idealización de la autoridad se sustenta en el proceso por el cual los individuos de un mismo grupo adjudican al líder ciertos atributos que aspirarían a tener como propios y, en un momento posterior, los introyectan en el yo. En la idealización, señala Freud, el líder ocupa el lugar del ideal del yo. Se produce un engrandecimiento del objeto que proviene de haberlo envestido –a través de la identificación por proyección– de valores o ideales que, en realidad, son del sujeto que los proyecta. En esta descripción del mecanismo se aprecian los dos momentos de la identificación: proyección e introyección. Freud, Sigmund: *Psicología de las masas y análisis del yo,* en *Obras completas.* Amorrortu, Buenos Aires, 1976.

En virtud de la subjetividad involucrada, la agresión, la envidia, la rivalidad, son sentimientos que están presentes en las relaciones entre pares y con el empresario. No son menos fuertes que la idealización de los poderes y las virtudes que se le atribuyen al empresario. Por otro lado, el empresario favorece la emergencia de estos sentimientos al asumir actitudes protectoras francamente paternalistas, a través de las cuales canaliza, además, necesidades de control, dominación y sentimientos de omnipotencia. Se produce así, en la situación concreta, una verdadera colusión inconsciente de motivaciones y fantasías cruzadas que en el ámbito organizacional son resistentes al cambio.

El enfoque organizacional de las relaciones dentro del equipo gerencial

Dado que estamos ilustrando una propuesta de cambio organizacional, cabe plantearse ante la existencia de estos componentes cuál es la estrategia de cambio pertinente. En el desarrollo de las metodologías de cambio organizacional, las dos dimensiones (la organizacional y la intersubjetiva) han dado lugar históricamente a estrategias diferentes.

En efecto, en la demanda inicial al Tavistock Institute of Human Relations realizada para la Glacier Metal Company, Wilfred Brown solicitó incorporar la dinámica de grupo de Bion en el análisis de las relaciones entre él –en su carácter de director ejecutivo– y sus subordinados directos, quienes conformaban el comité ejecutivo de la empresa. Existía dentro de ese ámbito de reunión un difundido malestar entre los miembros, proveniente de los supuestos rasgos autoritarios de personalidad de Brown. ¿En que se fundamentaba el malestar? Mientras que, por una parte, el director estimulaba la participación y la consulta, a la hora de tomar decisiones "se cortaba solo", es decir, asumía una posición verticalista y hacía prevalecer su criterio tomando decisiones unipersonales.[8]

---

8. El enfoque de dinámica de grupos bioniano se basa en la teoría de los supuestos básicos, nivel subyacente dinámico o inconsciente de la actividad de un grupo que dificulta que pueda hacer foco en lo que Wilfred Bion denominó "grupo de trabajo". Bion describe tres supuestos básicos: ataque-fuga, dependencia y apareamiento. Mientras estos supuestos prevalecen, se le dificulta al grupo centrarse en la tarea. Ver Bion, Wilfred: *Experiencia en grupos.* Paidós, Buenos Aires-Barcelona, 1980.

Comenzaron en un principio realizando reuniones de libre discusión conducidas por el director del proyecto, utilizando las técnicas de dinámica de grupo, que propendían al desarrollo de la toma de conciencia (*insight*) como estrategia para la promoción del cambio de actitudes enraizadas en la personalidad. Pero al cabo de un tiempo, llegaron a una conclusión muy importante que cambió el rumbo de las cosas. Avanzada la experiencia, pudieron advertir que la centralización de las decisiones en la autoridad principal del equipo no estaba determinada por los rasgos de personalidad de Brown sino por otro hecho, fundamental desde el punto de vista organizativo: el ocupante del rol, en tanto director ejecutivo, era contratado para tomar decisiones individuales, previa consulta con el equipo de conducción. El contrato de trabajo establecía que la responsabilidad por la que rendía cuentas era de carácter individual. En esa medida, el rol era *accountable* ante el directorio por los resultados del equipo y por las decisiones que este adoptaba. Es decir que el sujeto que rinde cuentas lo hace ante una instancia superior que, a su vez, es la que contractualmente lo emplea. Por tratarse de un principio organizativo característico de los sistemas ejecutivos jerárquicos, las conductas que derivan de ese contrato no pueden explicarse por un rasgo de la personalidad. En el caso de Glacier, cuando los participantes de la reunión llegaron a esta conclusión, comenzó a diluirse el motivo del malestar, porque pudieron contextuar y entender la conducta de Brown dentro de otro sistema conceptual organizativo que, así, se hizo coherente.

A partir de esta experiencia, Jaques introduce un cambio fundamental en su orientación. Según lo manifiesta en trabajos de la época, el hallazgo organizacional –entre otros motivos teóricos y doctrinarios– lo lleva a abandonar la dinámica de grupos como estrategia de cambio y determina su alejamiento del Tavistock Institute.[9]

Es muy habitual que esta doble dimensión puntualizada, que hace a las relaciones entre los roles y las personas, esté presente y afecte la productividad, el clima y la motivación de las reuniones de gerencia. Por eso, es pertinente subrayar que la reunión del equipo de gerencia, que consolida las relaciones verticales y horizontales, necesita ser trabajada en forma específica, definiendo con precisión los roles en función de la *accountability* involucrada en las relaciones organizacionales. Las dos dimensiones deben

---

9. Jaques, Elliott: "On leaving the Tavistock Institute", en *Human Relations*, Londres, 1998.

entenderse tanto en su especificidad como en sus interrelaciones para que la colaboración necesaria pueda consolidarse, pero siempre es aconsejable partir de una correcta definición y ubicación dentro de la estructura de los roles involucrados que es la que les da sentido.

Las reuniones del equipo de gerencia en Envases de Azul

Desde el comienzo de la consultoría, Damián –en su carácter de ejecutivo principal– manifestó preocupación por lograr un equipo de gerencia integrado y que actuara como tal. Refirió dificultades en la relación con sus subordinados directos y problemas de rendimiento individual que ocasionaban malestar en la cultura de la empresa.

En su descripción de la situación, se mostró crítico con los miembros del equipo. Habló de falta de autonomía, de imprecisiones y equivocaciones en el trabajo cotidiano, de falta de responsabilidad individual, que lo obligaban a ejercer una marcada centralización de las decisiones. Cuando se le propuso considerar las falencias en la estructura organizativa, en la definición precisa de los roles, en la autoridad necesaria (*accountability*) que estos debían tener o en la posibilidad de un nivel ejecutivo mejor perfilado–, su respuesta fue reiteradamente la misma: "No se trata de un problema de estructura organizativa, las que fallan son las personas". Este tipo de aseveraciones fuertes coincide con una apreciación frecuente en el trabajo con las PyME, porque en ellas el concepto de estructura está ausente. El empresario no concibe claramente al conjunto de roles conformando una estructura como una dimensión y, por ende, como un nivel de análisis independiente de las personas que lo integran. En consecuencia, tiende a buscar la solución de los problemas promoviendo cambios en las personas y no en la estructura.

Por esta razón, al inicio del proyecto de reuniones de gerencia, propusimos al ejecutivo principal realizar un ciclo preliminar breve con el fin de clarificar: la naturaleza y el nivel de los roles involucrados y, de esta forma, darle un sentido más claro a esos encuentros y a la comprensión del dispositivo. Una vez realizado dicho ciclo preliminar, se definió que la propuesta para la actividad tenía como objetivos:

- evaluar la situación de cambio que atravesaba la empresa;
- esclarecer la naturaleza de los roles involucrados y las relaciones entre ellos;
- considerar y mejorar las relaciones de trabajo de colaboración entre los miembros del equipo; y
- consolidar un equipo ejecutivo, que tomara decisiones conjuntas con una visión compartida de los problemas, aceptando que la decisión última le correspondía al ejecutivo principal.

La propuesta fue acogida con beneplácito por los participantes: Damián, en su carácter de ejecutivo principal; el jefe de Presupuestos; el jefe de Desarrollo de Productos; el jefe de Administración; el jefe de Taller; el jefe de Ventas. Una vez comenzado el ciclo preliminar, se incorporó como participante un nuevo coordinador general, con funciones de planificación y organización. El rol resultaba poco claro, tanto en su denominación como en sus tareas. Obedecía a nuevos perfiles y necesidades de organización definidos por el empresario, quien deseaba reforzar en esta etapa el desarrollo de la empresa.

La reunión contó con la conducción y el asesoramiento del consultor externo. Sus objetivos se basaban, en el momento inicial, en el supuesto de que la comprensión de los aspectos organizativos e interpersonales ayudaría a remover los obstáculos que dificultaban el desarrollo de relaciones de colaboración y el despliegue más pleno de las responsabilidades ejecutivas del grupo. La neutralidad del rol del consultor, oficiando como asesor y como coordinador del grupo, permitió que los problemas se tratasen en un clima de búsqueda de soluciones constructivas.

A los fines de ilustrar las conclusiones que luego se consignan, sintetizamos los principales aspectos de una de las reuniones del equipo de gerencia.

Crónica de la reunión N° 11. Se inició con la presencia del jefe de Ventas, el jefe de Desarrollo de Productos, el coordinador general, el jefe de Taller y el Analista Organizacional. El empresario, demorado, se integró más tarde.

El encuentro comenzó con una charla informal sobre la desvinculación inminente de Ezequiel, un vendedor, y su futuro trabajo en otra empresa del ramo. El asunto fue tratado con reservas y, ante el intento del consultor de incluirlo como un tema explícito de la reunión, los presentes manifestaron su negativa: la desvinculación respondía a un despido negociado en buenos términos, por el cual el empresario había conseguido para el vendedor un puesto en una firma cliente.

De pronto, la conversación fue interrumpida por el sonido de una bocina. Los jefes comentaron con humor que debía tratarse del empresario reclamando que el jefe de Ventas moviera su auto y le dejara el espacio para estacionar el suyo. Alguien sugirió –también con ironía– dibujar un rectángulo en la calle con la inscripción "reservado para Presidencia". Como si se tratara de un tema tangencial, los presentes recordaron que, para esa fecha, se les había prometido considerar un aumento de sueldos. Podía percibirse que era un asunto delicado del cual no hablaban abiertamente.

El jefe de Presupuestos, que se había demorado por atender a un cliente, fue el último en llegar. Se dio comienzo entonces al encuentro con la lectura del acta de la reunión anterior. En eso estaban cuando se les sumó el empresario. Terminada la lectura, se produjo un silencio bastante prolongado y tenso.

Después de algunos intentos vagos de aportar temas, alguien recordó que había quedado pendiente tratar la propuesta de organización traída por el coordinador, recientemente incorporado. Se trataba de una planificación que abarcaba y relacionaba a todas las áreas. Sin considerar la sugerencia, el empresario planteó la urgencia de abordar un tema que lo preocupaba y, sin más, comenzó a explicarlo. El foco de la reunión cambió.

El problema que traía el ejecutivo principal se refería a la entrega de un trabajo que, unos días antes, no había podido cumplirse. En aquel momento, de modo repentino y por considerarse un problema importante, se había reunido en su oficina con el vendedor, el jefe de Taller y el coordinador para discutir por qué había fallado la entrega. "A pesar de tanta organización y planificación", señaló el ejecutivo principal, "una máquina estaba parada por falta de insumos. Esto es algo que no se pudo resolver a pesar de toda la organización que se está haciendo". El comentario era crítico y expresaba cuestiones vinculadas con la asunción y el cumplimiento de responsabilidades individuales que, para el ejecutivo principal, eran previas a una propuesta de organización.

A continuación, desestimó considerar temas aportados por los presentes, señalando que había otras prioridades. Todos lo aceptaron. Pero el diálogo –hasta entonces más o menos fluido y espontáneo– disminuyó sensiblemente. El ejecutivo principal agregó que había traído la anécdota de la entrega fallida porque se había quedado con una sensación negativa después de ese episodio. Esta observación –que profundizó la incomodidad– dificultó elaborar alguna respuesta. Dicho esto, el clima se tornó aún más denso y, en consecuencia, poco adecuado para el desarrollo de una actividad reflexiva tendiente a abrir el problema e incluir aspectos que aportasen soluciones constructivas.

El consultor preguntó su opinión a los participantes sobre el suceso comentado por el Ejecutivo, y propuso analizar reflexivamente el hecho, haciendo asimismo una referencia al clima inquietante vivido en la reunión. El jefe de Taller respondió con tono sincero y conmovido, aludiendo a errores y problemas internos de coordinación. Pero agregó, además, que consideraba que el jefe de Ventas se había equivocado al llevar el problema a consideración del ejecutivo principal de la empresa. "Eso debió ser resuelto en otro nivel", afirmó.

Mientras que el clima de la reunión continuaba centrado en la búsqueda de responsables, el consultor hizo un comentario sobre el rumbo que iba tomando la discusión: encontrar un culpable no parecía ser la manera de resolver las situaciones de base que favorecían la emergencia de los errores. Alguien manifestó con cautela que a los participantes les costaba confrontar opiniones con el empresario porque se inhibían frente a él, quedándose sin respuesta y considerando de antemano que sus argumentos no serían escuchados. Este vocero espontáneo del malestar del grupo agregó que el Ejecutivo no les tenía confianza ni estaba conforme con ellos; que no se sentían valorados y que, por eso, se encontraban muy a menudo a la espera de una sanción.

En este tipo de situaciones y discusiones, resulta frecuente un acostumbramiento progresivo al clima de tensión y a eventuales malos tratos en el trabajo cotidiano que la gente va aceptando como algo inevitable. Y aunque se resignen, la insatisfacción no es menor.

Otro participante reconoció que la situación planteada en la oficina del ejecutivo principal había sido muy incómoda, y que su actitud había sido similar a la de ahora: criticar y tratar de determinar quién fue el responsable. Se coincide, entonces, en que lo sucedido en la reunión del equipo de gerencia constituía un ejemplo de la centralización existente: todos los inconvenientes y problemas de trabajo terminaban siempre en el escritorio del ejecutivo principal. Esto le molestaba, lo preocupaba, lo llevaba a involucrarse en todo. Como resultado, la autonomía de los equipos se veía restringida.

Para el ejecutivo principal, el responsable de la entrega cancelada era el jefe de Ventas, porque en lugar de recurrir al coordinador general y al jefe de Taller, había recurrido a él. También lo responsabilizó de la tensión posterior: "volcó adrenalina en la sangre, provocando una situación innecesaria".

Cuando el ambiente se hizo más reflexivo, los reunidos empezaron a desentrañar el problema. El trabajo en cuestión había estado retenido durante ocho días en el área de Desarrollo de Productos. Esta demora retardó la entrada en máquina, viéndose postergada la entrega al cliente, a quien se le había prometido una fecha ya de por sí difícil de cumplir. Haciéndose cargo de las quejas del cliente, el vendedor decidió llevar el problema al ejecutivo principal porque él no tenía autoridad para acelerar el ritmo de las entregas.

Según el jefe de Ventas, solo por casualidad había advertido la demora del trabajo en el área de Desarrollo de Productos. Agregó, además, que su responsabilidad era realizar el seguimiento del pedido, ya que todos los problemas ulteriores con el cliente recaerían inevitablemente sobre él. Dirigiéndose al ejecutivo principal –y en respuesta a la recriminación que este le hiciera–, le recordó una oportunidad en que el vendedor dio una fecha de entrega a un cliente después de consultar a todos los miembros del equipo, y que, no estando conforme con esa fecha, el cliente se dirigió directamente a él, quien prometió la entrega diez días antes sin comunicarlo a Ventas.

A modo de explicación, el ejecutivo principal le recordó el compromiso financiero que los ligaba a ese cliente. Pero otro de los presentes señaló que, de todos modos, ese proceder implicaba restarle autoridad al vendedor, y que el ejecutivo principal podría haber postergado la decisión explicando al cliente que debía consultarlo. De esa forma, el vendedor no hubiera quedado desautorizado. El ejecutivo principal reconoció su error y dijo no haberse dado cuenta en el momento de las implicaciones de esa conducta.

Los participantes de la reunión se refirieron entonces a las reacciones proverbiales del ejecutivo principal. Alguien arriesgó que tal vez se debieran a una sobrecarga de preocupaciones –en particular, de tipo financiero–, que dificultaban seguramente resolver los problemas con calma. El jefe de Administración, sintiéndose involucrado en este comentario, intervino para señalar que no se reconocían todos sus esfuerzos con respecto a los asuntos financieros. "Pero tu situación no es la misma que la mía", acotó el empresario, quien había tomado un préstamo en moneda extranjera para la compra de maquinarias importadas y temía una eventual devaluación. Para el jefe de Ventas, era natural que, siendo el ejecutivo principal el dueño de la empresa, padeciera la sensación de riesgo mucho más que el resto del equipo: de allí que exacerbara los controles, haciendo que todo recayera sobre él.

Sobre el final de la reunión, el clima era mucho más distendido. El jefe de Presupuestos recordó que el año anterior había dos empleados que obstaculizaban el acceso directo al ejecutivo principal, haciendo imposible discutir con él los problemas. Pero ahora, recuperada la fluidez del contacto, los errores eran mucho menos frecuentes a pesar de la gran cantidad de trabajo y de gente nueva. Como quien señala una contradicción, recordó la oportunidad en que, estando cuatro jefes reunidos en torno a un problema, el ejecutivo principal irrumpió diciendo que no era necesaria tanta gente para tratar un tema.

El consultor, a manera de síntesis, comentó que las tensiones y los conflictos tratados formaban parte de un proceso de cambio que atravesaba la empresa. Agregó que la sensación de inestabilidad recaía aparentemente en el empresario, desbordado por momentos ante una situación organizativa general presionada por una demanda que no lograban contener. A su vez, aludió a la imprecisión en la definición clara de las responsabilidades que le correspondían a cada uno de los roles allí presentes dentro del proceso general del trabajo. La falta de responsables claros no permite que se vea con nitidez a quien le corresponden las decisiones en cada momento del proceso

En la reunión siguiente, el nuevo coordinador presentó un informe sobre la organización interna, que incluía una serie de propuestas tendientes a introducir un ejercicio de planeamiento con la participación de las áreas de Ventas, Taller, Desarrollo de Productos, Presupuestos y Administración. Las recomendaciones del informe fueron recibidas con frialdad por el resto del equipo de gerencia, a pesar del afán demostrado por el coordinador en ser cauto y no herir susceptibilidades. El tema dio lugar a diversos comentarios sobre la situación de cambio de la empresa y a la necesidad de establecer con mayor precisión los métodos y sistemas de trabajo.

En síntesis, la empresa se hallaba ante una disyuntiva que el ejecutivo principal y su equipo de conducción debían resolver. Una alternativa era seguir con el ritmo de crecimiento actual. En este caso, se imponía la necesidad de una estructura más adecuada a la complejidad creciente. Este crecimiento exigiría más aún contar con una estructura ejecutiva bien definida, lo que implicaría una reorganización amplia de la empresa, con un gerenciamiento profesional acorde con lo que representaba un verdadero cambio cultural. De elegirse esta alternativa, el ejecutivo principal –y empresario– pasaría a ocupar la posición de un presidente, con funciones de representación y con la consecuente restricción de su rol ejecutivo actual.

La otra alternativa consistía en desacelerar el crecimiento y mantener el equipo reducido de jefes en estrecha interdependencia con el dueño, conformando un equipo de conducción de comando directo más acotado.

Principales temas y problemas que enfrenta la empresa en su desarrollo

La consideración de los temas tratados permite destacar siete cuestiones relevantes que detallamos a continuación:

1. **Omisiones y errores en los trabajos que ocasionan dificultades con los clientes.** Los trabajos solicitados por clientes particulares a la empresa constituyen un "servicio a medida", que responde a necesidades específicas y altos niveles de exigencia y calidad. Por su volumen, cada trabajo es significativo para la facturación. Los errores ocasionan no solo roces en la relación con el cliente sino también riesgos económicos y financieros que la empresa debe absorber.

   Se observa una frecuencia alta de rechazos e incumplimientos de los plazos establecidos, que ocasionan demoras en la facturación y la cobranza, así como una amplia variabilidad en el cumplimiento de los estándares de calidad fijados. Los errores suscitan frecuentemente reuniones de trabajo imprevistas e informales en un clima de tensión. El énfasis suele ponerse en una afanosa búsqueda de los responsables que invita a la actitud complementaria individual de tratar de librarse de la responsabilidad. El clima de la reunión y los errores incrementan el temor a equivocarse. Ante los hechos concretos, hay dificultad para individualizar a los responsables.

El foco puesto en el error se centra en la evaluación de cada uno de los individuos involucrados. La consideración se sustenta en un análisis retrospectivo que impide llegar a tomar las medidas y adoptar las soluciones preventivas basadas en la planificación, en la responsabilidad de cada uno de los roles dentro de un sistema de trabajo, un enfoque que trasciende a cada uno de los individuos.

Encarar este tema a fondo implicaría desarrollar preventivamente una política de mejora de la calidad del servicio al cliente partiendo de una reconstrucción analítica y sistemática de cada proceso de trabajo. Se concluye que este es un enfoque que la empresa tiene que empezar a transitar.

2. **Cambios en la organización y en la estructura.** Esta empresa unipersonal constituye un tipo de organización en la cual la figura del dueño impone una impronta muy fuerte. El empresario constituye una figura dominante, desempeña un rol estelar con gran centralización y absorción de responsabilidades. Fuertes lazos emocionales lo ligan con sus colaboradores, quienes se amoldan a sus directivas y acciones. La estructura organizativa se encuentra poco definida. Esto se manifiesta en la ausencia de un organigrama oficial, con roles claros y *accountabilities*. Esto es reemplazado por la configuración estelar generada alrededor del dueño, quien permanentemente toma decisiones correctivas *ad hoc*. Los intentos tendientes a definir una estructura encuentran resistencias en los protagonistas. Predomina el supuesto de que la estructura es innecesaria. La organización centrada en las personas vendría a tratar de evitar una supuesta burocratización de una organización más formalizada.

Esta característica del funcionamiento conduce a una variedad de síntomas organizacionales: superposición de funciones, líneas imprecisas de dependencia, atribuciones de autoridad no especificadas, áreas grises de responsabilidad, asignaciones dadas simultáneamente a varios roles que terminan por no estar firmemente arraigadas en ninguno, roles operativos que reciben indicaciones, controles y órdenes de más de una fuente de autoridad.

Las situaciones mencionadas dan cuenta de una ambigüedad en el plano de las definiciones formales. A falta de una estructura sistemáticamente establecida, se producen vaguedades y confusiones determinantes de estrés organizacional, tensión y conflictos que impactan en las relaciones interpersonales.

La empresa atraviesa una transición propia de un crecimiento no planificado. El cambio cuantitativo en el volumen de la operación debiera conducir a una complejidad organizativa consonante. Utilizando el esquema de los niveles/estratos ejecutivos del Capítulo 4, una de las alternativas podría ser la definición de un nuevo rol gerencial de estrato IV que centralice la actividad. Debería comenzarse por redefinir la estrategia del negocio, con tiempos comprometidos a más largo plazo que incluyan una visión a futuro de las necesidades del mercado, seguido por un rediseño de la estructura organizativa. Esto representaría incursionar en la planificación estratégica que implica un horizonte de dos a cinco años.

Introducir el rol de un gerente general representaría un cambio por extensión vertical, que obligaría al empresario a delegar el rol ejecutivo principal para concentrarse en el de presidente y accionista principal, redefinir las funciones gerenciales de estrato III, etcétera. El desarrollo de esta alternativa promueve latentemente resistencias y ambivalencias notorias en el equipo de gerencia. Se descarta que alguien en el plantel actual tenga el potencial necesario y la destreza ejecutiva para ocupar una gerencia general; no se acepta fácilmente que venga alguien de afuera a resolver la situación.

Después de varios intentos orientados a desarrollar esta alternativa, se incorpora un coordinador general con una autoridad no precisa. Esto representa un intento con recaudos, una solución intermedia. La prudencia lleva al empresario a desdibujar el cambio. En la dificultad para implementarlo está implícito el límite que ofrece el nivel actual del empresario, quien ocupa un estrato III, potencial IV (techo bajo para la complejidad actual). Aquí se corrobora la hipótesis antes expresada que señala que el límite para el crecimiento/

desarrollo de la empresa está dado por nivel actual del principal rol ejecutivo, quien tiene amplios poderes en este modelo.

3. **Planificación y toma de decisiones.** Ante la ausencia de una estructura definida con roles cuya *accountability* sea clara y oficial, el empresario se ocupa de decisiones de muy variado peso y de tareas que comprometen un horizonte de tiempo igualmente fluctuante. De esta forma, no hay una diferenciación clara en toda la organización entre lo urgente y lo importante. La tendencia es a quedar absorbidos por lo urgente, lo que impide abocarse a un ordenamiento racional y de más largo plazo. Las decisiones de corto plazo no se discriminan de las estratégicas, que hacen a la fijación del encuadre operacional general, quedando relegadas y postergadas.

Como puede advertirse, tampoco existe un sistema de planeamiento que permita contener y conducir la demanda en forma ordenada. Las decisiones vinculadas con estos asuntos se improvisan sobre la marcha, guiadas por reclamos inmediatos, urgencias, vencimientos no anticipados, etcétera.

El programa de trabajo acordado entre los jefes no resiste la entrada imprevista del empresario, que puede variar cualquier disposición previa. Así, un compromiso acordado por él con un cliente puede determinar el cambio de un programa ya establecido para la producción del taller.

4. **Organización de la producción.** Predomina la ausencia de procedimientos estandarizados en la producción. Tampoco los controles operan en el momento preciso y en forma anticipada. La *accountability* de los responsables por los controles en los distintos momentos del proceso no está expresamente formulada. La mayoría de los sistemas de control son informales. El criterio subjetivo y personal, espontáneamente asumido por distintos jefes o gerentes, reemplaza la norma reconocida y asumida por todos.

El dueño retiene gran parte del control de la producción. Esta forma de control se hace disfuncional a medida que la empresa se torna cada vez más grande y compleja, lo que indefectiblemente obliga a delegar. La pérdida del control directo representa para el empresario incertidumbre, le genera desconfianza y configura una amenaza.

5. **Sistema de información-comunicación.** Se verifica la ausencia de canales institucionalizados para la transmisión de información. La cercanía, que permite el comentario directo o sencillamente el rumor, suple la comunicación formal. La proximidad con el empresario constituye una fuente informal para la obtención de información. Para centralizarla, él se vale de todos los medios a su alcance, como lo son, por ejemplo, las visitas amistosas e informales. Son muy frecuentes, asimismo, las comunicaciones directas entre niveles mediatos. El empresario puede obtener información de un operario "puenteando" a su jefe directo. Esto se transforma en una fuente de desautorización. Dentro de la modalidad imperante, un jefe puede llegar a ser observado y evaluado o criticado por el dueño en presencia de otros empleados que dependen de él. Estas actitudes tienden a convertir a la organización en una de dos niveles. En el superior, se ubica el dueño; en el otro, el resto de la empresa. Tienden a perderse así las instancias de delegación y autoridad intermedias.

6. **Trabajo en equipo.** Cada función básica o sector principal que contribuye al negocio de la empresa tiene la tendencia a actuar en forma independiente sin una clara conciencia de la responsabilidad conjunta y de integración. No se trata de definir una responsabilidad grupal sino de articular las distintas funciones a través de un verdadero trabajo en equipo.

El protagonismo de la relación con el cliente suele tenerlo Ventas, la cara de la empresa. Pero el área no posee toda la autoridad necesaria para hacer frente a los compromisos. ¿Quién puede comprometer fechas? ¿Qué autoridad tienen las áreas involucradas en el proceso de producción para controlar la calidad o alertar frente a una falla que puede interrumpir un proceso? Faltan dispositivos internos de coordinación y un mecanismo concertado para aprobar planes y tiempos. Los clientes tienden a utilizar el fácil acceso al empresario, obviando los niveles intermedios. Nuevamente, la acción directa del dueño suple la organización.

7. **Relaciones interpersonales en el equipo.** A partir de la descripción anterior y de lo central del tema de los errores, suele crearse una dinámica interpersonal interna que coloca al protagonista de esta historia en un lugar especial desde el punto de vista de las relaciones. Por el poder que adquiere, se convierte en una figura de autoridad preponderante, que suple con sus decisiones supuestas ineficiencias de los miembros individuales del equipo. Los jefes dan cuenta de una marcada sobredependencia, que se convierte en un supuesto básico de funcionamiento del grupo. Esta relación es acompañada por un clima de exigencias y desconfianzas, que se expresa en la afanosa búsqueda de responsables considerados –desde un punto de vista un tanto simplista– culpables de los errores. Predomina subyacentemente un montante de ansiedad que obstaculiza el establecimiento de relaciones de confianza y colaboración recíprocas. La ansiedad se convierte en un factor de disgregación y de tensión. Impide que el grupo se centre en los supuestos realistas que exige el trabajo y que se consolide el proceso de aprendizaje a través de la experiencia, dentro del cual los errores constituyen oportunidades para el análisis y la elaboración de cambios.

En este clima, el influjo de la personalidad del empresario se hace más ostensible. Fuertes lazos emocionales lo ligan con sus colaboradores, quienes se amoldan a sus directivas y acciones.

En las empresas unipersonales, los mecanismos descritos se despliegan ampliamente. El empresario-dueño (el "patrón") es el jefe formal. Pero, a su vez, constituye una figura carismática, revestida de connotaciones afectivas, que promueven un nivel emocional intenso. El empresario-dueño adquiere una connotación fuerte, aumentada para los empleados y gerentes, que le asigna un marcado poder. El ejemplo permite concluir que la creación de un ámbito adecuado para la reflexión sobre aspectos de la conducta organizacional va permitiendo una disminución progresiva de la desconfianza básica. Posibilita elaborar conclusiones y la rectificación de las situaciones organizativas que necesitan cambiarse.

Conclusiones: estos siete puntos, surgidos de la reunión del equipo, concentran los temas críticos para el crecimiento organizacional ante una nueva etapa de desarrollo.

Si bien las dos dimensiones enunciadas desde un principio –la puramente organizativa y la interpersonal, plena de connotaciones intersubjetivas– son igualmente válidas para caracterizar el fenómeno, debemos concluir que, en un ámbito organizacional como el descrito, corresponde estratégicamente, desde el punto de vista del cambio, priorizar los aspectos organizativos relevantes que llevarían a establecer una estructura más adecuada para la complejidad que se desarrolla.

Se hace claro a través del desarrollo del capítulo que la empresa, para afrontar un crecimiento cualitativo consistente en una complejidad mayor, debería incorporar un gerente general de estrato IV que pudiera desarrollar más plenamente, a su vez, un estrato gerencial III a cargo de gerentes especializados en las diversas funciones básicas de la empresa para elevar el nivel de la gestión actual, promotora de problemas organizativos que afectan a las distintas áreas. El mismo Damián podría ocupar este rol. Pero los desarrollos expuestos permiten suponer que el ejecutivo principal actual, para que esto ocurra, ofrece un techo bajo desde el punto de vista del nivel de complejidad que es capaz de manejar. Luego, la tendencia al crecimiento de la empresa se ve frenada por ese límite. Lo que aparece en primer plano como un rasgo de personalidad autoritaria o dominante responde, en realidad, a una restricción que pasa por el nivel requerido para un eventual crecimiento a futuro.

TERCERA PARTE

CONFLICTO Y CRISIS EN CONTEXTOS TURBULENTOS

Cuando el contexto de la organización se hace variable e incierto, se pone de manifiesto que la empresa constituye un sistema abierto a las influencias del ambiente, realidad que se expresa en interrelaciones complejas. Durante las últimas décadas, la teoría organizacional ha ido prestando mayor atención a esta temática, recogiendo la influencia ejercida por la teoría de los sistemas,[1] que define a la organización, precisamente, como un sistema abierto que intercambia energía con el ambiente en forma continua, actividad que constituye un aspecto central de su supervivencia. Por eso, en la perspectiva sistémica, el énfasis está puesto en los problemas de interrelación e interdependencia con el entorno más que en las propiedades constantes de los elementos componentes.

Como señala Russell Ackoff[2], los sistemas organizativos guardan una relación de permeabilidad con el ambiente, aunque esa apertura no es total porque, en tal caso, la organización dejaría de existir por la indiferenciación y la desaparición progresiva de sus límites. En contextos turbulentos[3],

---

1. Emery, F.E. (comp.): *Systems thinking*. Penguin, Harmondsworth, 1959.
2. Ackoff, Russell: *Un concepto de planeación de empresas*. Limusa, México, 1978.
3. Emery, F.L.; Trist, E.L.: "The causal texture of organizational environment". En Emery, F.E. (comp.): *op. cit.*

en particular, las organizaciones se encuentran expuestas al riesgo de la pérdida y la desintegración, situación de amenaza que exige investigar estrategias de supervivencia en circunstancias externas de extrema variabilidad, conflicto y crisis. Este es el tema que nos ocupa en esta tercera y última parte de nuestro libro.[4]

En los capítulos siguientes, siguiendo con el caso Envases de Azul, veremos conflictos internos que reflejan –en parte– un contexto sectorial, nacional e internacional que se ha tornado crisógeno (es decir, generador de crisis en el sistema interno) y que desestabiliza a la empresa amenazando su continuidad. El caso nos permitirá observar cómo cambia profundamente el clima organizacional, se incrementa de manera abrupta la insatisfacción laboral, y se pierde la confianza recíproca entre empleados y dueño, tornándose una relación hostil. El análisis organizacional del sistema político interno explicitará el modo en que el conflicto entre grupos significativos de poder se vuelve crítico. Para esto, nos centraremos en las dimensiones de poder y contexto explicadas en el Capítulo 2.

---

4. Para ampliar el tema, sugerimos ver Schlemenson, Aldo: *Remontar las crisis*. Ediciones Granica, Buenos Aires, 2007. Capítulo 1: Individuos, grupos y organizaciones en un contexto de crisis. También recomendamos Bateson, Gregory: *Pasos hacia una ecología de la mente*. Carlos Lohle, Buenos Aires-México, 1972; y del mismo autor: *Espíritu y Naturaleza*. Amorrortu, Buenos Aires, 1979.

CAPÍTULO 9

CRISIS, REPRESENTACIÓN Y PARTICIPACIÓN: EL CASO ENVASES DE AZUL

Antes de abordar el caso, conviene formular algunas consideraciones preliminares que permitan encuadrarlo.

Como muchos lectores saben, la historia argentina registra varios períodos de marcada inestabilidad social, política y económica, traducidos en crisis de distinta intensidad en el seno de las organizaciones productivas. Estos cambios disruptivos en el contexto ejercen siempre un impacto que compromete el estado de ánimo, los proyectos y la motivación para trabajar, al tiempo que determinan la emergencia de conflictos que detonan actitudes y estilos de conducción muy diferentes, desde modalidades autoritarias hasta derrotistas, expresión acabada del desborde y el desaliento. Desde hace décadas, circunstancias de esta clase y su impacto en las organizaciones han devenido para nosotros en un foco de interés y estudio.[1]

El análisis organizacional en el marco de una crisis generada por un contexto turbulento permite entender una variedad de situaciones para las cuales no existen criterios de conducción firmemente establecidos. Los episodios que a continuación se relatan ponen de manifiesto algunas de las vicisitudes adaptativas de las organizaciones que tienden a hacerse

---

1. Schlemenson, Aldo: "La crisis como generadora de cambios permanentes". Disertación, Centro Argentino de Dirigentes de Producción, octubre de 1976. También Schlemenson, Aldo: *Remontar las crisis*. Ediciones Granica, Buenos Aires, 2007.

crónicas, ilustrando los puntos vulnerables que aparecen con la crisis y cómo esta mella el sistema interno (estructura organizativa, relaciones interpersonales y de poder), actuando sobre aspectos no requeridos de la organización (debilidades, falencias, inflexibilidades y demás) que, en épocas de mayor estabilidad contextual, se mantienen latentes sin causar perturbaciones ostensibles. Sabemos que las exigencias adaptativas se tornan mayores en los períodos difíciles, sobre todo en lo que respecta a políticas y mecanismos claros de comunicación con los públicos internos y externos, y de participación de los empleados en el proceso de resolución de conflictos. Esto último, en particular, quedará bien ejemplificado en nuestro caso de estudio, en el que asistiremos a la génesis de un sistema representativo, que se irá consolidando y convirtiendo en mecanismo institucionalizado de participación, negociación y búsqueda de soluciones consensuadas y compartidas.

Espacios de diálogo, debate y participación

Antes de presentar el caso Envases de Azul, resulta conveniente detenernos en algunas consideraciones conceptuales.

Los datos que constituyen el referente empírico del caso surgen de dos fuentes:

- las reuniones del equipo de gerencia; y
- las reuniones participativas, esto es, del equipo de gerencia con la comisión interna.

A continuación, se caracterizan la dinámica y el propósito de estas reuniones en tiempos de crisis, así como el papel que cabe al analista en esos espacios.

Reuniones de gerencia. Durante un período crítico, la reunión de gerencia constituye el ámbito adecuado para pensar reflexivamente lo que acontece fuera y dentro de la organización, mensurar su impacto, y realizar y revisar un diagnóstico sistemático de oportunidades y amenazas a fin de introducir la reorientación estratégica más conveniente.

El diagnóstico parte de leer las tendencias dominantes que operan en el contexto. Para que sea de calidad, quienes lo elaboran deben tener la capacidad de:

- realizar predicciones sensatas;
- distinguir entre información relevante, por una parte, y rumores, visiones apocalípticas, signadas por emociones comprometidas que se movilizan, y de mensajes derrotistas o paralizantes, por otra.

Si bien el diagnóstico debería ser una rutina en cualquier organización, resulta vital en las situaciones de crisis. Las reuniones de gerencia ofrecen el espacio natural para que los participantes compartan la información relevante. No obstante, una reunión periódica que cuente con la presencia de un consultor o analista externo agrega la posibilidad de contener las ansiedades, condición indispensable para pensar de manera creativa y responder con realismo y actitud constructiva, sobre todo ante hechos inéditos.

De las reuniones deben participar los gerentes o jefes con responsabilidades de conducción, presididos por una autoridad jerárquica, ejecutivo principal, socio, dueño o similar. Como señala Wilfred Brown,[2] a diferencia de las reuniones de comité, aquí la responsabilidad no es compartida por igual porque la decisión final recae en el ejecutivo de mayor jerarquía. Este hecho refleja el grado de compromiso diferencial que tienen los participantes frente al riesgo de un eventual fracaso del proyecto organizacional.[3]

En la reunión, se estimula a los miembros a expresar sus puntos de vista y a defenderlos activamente. El hecho de que no tengan la misma cuota de autoridad y que la decisión final –en el caso de no alcanzar un consenso– recaiga en el ejecutivo principal, no quita el carácter participativo a las reuniones, ya que el responsable último y máximo puede modificar sus puntos de vista a través de la consulta y la reflexión colectiva. Por eso, es importante alentar la asunción de posturas independientes, funcionalmente críticas y no complacientes con la figura de mayor autoridad. Dado que las conclusiones de la reunión tienen el carácter de instrucciones que, en ese

2. Brown, Wilfred: *Exploration in management*. Heinemann, Londres, 1960.
3. Jaques, Elliott: *A general theory of bureaucracy*. Heinemann, Londres, 1976. En particular, sugerimos consultar: "Part four: Social justice and bureaucratic employment".

mismo acto, se imparten a los participantes, deben enunciarse en términos prospectivos o de logros por conseguir.

Como puede inferirse, los períodos de crisis convierten a las reuniones de gerencia en un ámbito imprescindible para la conducción de la organización. Por una parte, fortalecen los lazos de identificación entre los gerentes y de estos con la autoridad. Por otra, permiten a los responsables máximos (accionistas, CEO, dueños, etcétera) encontrar el respaldo de sus colaboradores inmediatos para enfrentar cualquier situación difícil.

El analista organizacional en la reunión de gerencia. Como se indicó en los capítulos referidos a la metodología, el analista organizacional desempeña un rol de consulta y colaboración con el cometido que el equipo se ha fijado. Antes de la reunión, debe trabajar en forma conjunta con los gerentes y el ejecutivo principal en el diseño de este ámbito, ayudando a percibir la necesidad de utilizarlo en forma continua y sistemática, clarificando sus objetivos y también los roles y los comportamientos esperados de los participantes. El analista consultor contribuye a confeccionar la agenda de trabajo, fijando los límites de la reunión y verificando que los participantes se ajusten a ellos.

Mediante su observación, propende al logro del objetivo de reflexión, haciendo pensar en los acontecimientos no como hechos aislados sino dentro de una totalidad de sucesos que tienen una unidad de sentido. Esta cuota de análisis reflexivo estimula al grupo en tal dirección. De esta forma, las decisiones de acción quedan sustentadas en hipótesis que, durante la reunión, han sido sometidas a pruebas de consistencia lógica y al principio de realidad.

La no pertenencia al sistema organizacional otorga al consultor una distancia óptima, que confiere a sus observaciones una mayor independencia y objetividad. El consultor ayuda a identificar dificultades, bloqueos determinados por emociones y puntos ciegos generados por las ansiedades en juego, al tiempo que instrumenta tácticas para resolverlos. Estimula la consideración de eventuales problemas interpersonales –rivalidades, competencias, ambivalencia con la autoridad y demás–, componentes universales de la conducta de los grupos de trabajo. Esto lo hace bajo la doble perspectiva implícita en los objetivos: por un lado, configurar un verdadero equipo de trabajo con espíritu de cuerpo; por otro, favorecer la realización de la tarea. Solo bajo esta doble premisa los señalamientos vinculados con las conductas individuales tienen sentido. En las PyME, donde la personalidad dominante del ejecutivo principal puede ejercer un efecto inhibitorio, el consultor ayuda a sobrellevar la situación, marcando límites y señalando conductas que comprometen tanto al grupo de gerentes como al líder.

Por último, el consultor colabora con el grupo para que sintetice las conclusiones elaboradas, las cuales pueden asumir el carácter de políticas y convertirse en una suerte de guía o constitución interna de la organización.

Las reuniones participativas. Convocan a la comisión interna, al líder máximo (ejecutivo principal, dueño o similar), al encargado de las relaciones con la dotación (gerente de Recursos Humanos, jefe de Personal) y, si lo hay, al analista organizacional. Las reuniones participativas constituyen un sistema representativo, que se institucionaliza durante las crisis como resultado de la agudización de los conflictos. En tales momentos, las relaciones con el personal y la comisión interna cobran una importancia central, pues en ellas impactan las tensiones sociales de contexto y el protagonismo de los sindicatos en la dinámica del poder.

En un sistema representativo democrático, la elección de una comisión interna es una decisión del personal, por lo general, motivada en la necesidad de tener voceros que transmitan las situaciones de tensión y/o malestar que se atraviesan. Esto significa que las opiniones de los delegados no tienen carácter personal ni expresan necesariamente su propia posición frente a los asuntos: representan la voz de la mayoría de los empleados, quienes instruyen a sus representantes para que hagan oír sus ideas y demandas y, eventualmente, negocien acuerdos. El sistema de representantes busca preservar el anonimato de las fuentes de opinión, brindando garantías de protección a los representados para poder expresarse. En épocas de crisis, la interrelación entre el sistema ejecutivo y el sistema representativo se hace muy intensa: del libre juego de estos sistemas, de la fluidez de las comunicaciones dentro de cada uno y entre ellos, depende la estabilidad de la organización. Así, la interrelación adquiere una importancia estratégica. Como veremos a continuación, para evitar las perturbaciones es preciso entender la naturaleza intrínseca de cada sistema y las leyes que rigen sus procesos de comunicación y organización.

Crónica del conflicto en Envases de Azul

El episodio crítico que presentamos a continuación tuvo lugar en la Argentina de las últimas décadas. Se desarrolló en un contexto político caracterizado por la violencia y el autoritarismo extremo, al que se le sumó una crisis económica recesiva de envergadura, determinante de desajustes económicos, que impactó en la seguridad y amenazó la estabilidad general.

El cuadro. Una inflación persistente, el inicio de las negociaciones paritarias y un panorama económico sombrío repercutieron sensiblemente en el funcionamiento de la empresa. Estos temas habían devenido en un motivo de preocupación permanente en las reuniones de gerencia, instauradas como parte de la estrategia de conducción de esta PyME desde hacía unos meses.

El personal reclamaba por entonces un aumento de salarios y, para conseguirlo, había comenzado a tomar medidas de fuerza inéditas en la historia de las relaciones internas de la empresa. No se trataba de un fenómeno aislado. Por el contrario, procesos similares, de mayor o menor envergadura, se desarrollaban simultáneamente en otras empresas. Por esta razón, las relaciones con el personal y la consideración de la situación gremial imperante en la actividad habían ganado el centro de interés de las reuniones de gerencia, generando intercambios acalorados entre los miembros del equipo. En ocasiones, las discusiones cobraban una intensidad significativa.

En este marco, el dueño de la empresa adoptó un rol protagónico. Enfrentaban un conflicto y también una situación contextual preocupante con características inéditas y debían tomar decisiones, pero sus esquemas previos se revelaban incompletos, incapaces de responder a una coyuntura de gran inestabilidad en las relaciones con el personal. Poco a poco, los enfrentamientos internos se hicieron más pronunciados y se instaló una visión dicotómica, de poca tolerancia a posiciones intermedias. La tradicional tendencia del dueño a empatizar con el personal poco ayudaba a resolver el conflicto. Había que hacer algo, pero nadie tenía claro qué.

Primera reunión de gerencia. Tomaron parte de ella el dueño, cuatro gerentes y un coordinador general en temas de programación de la producción, al que se le había encomendado también el manejo de las relaciones con el personal. Por la complejidad de las asignaciones conferidas, este último se mostraba activo y había adquirido un protagonismo relevante. Él, como representante de la organización, había tomado contacto con las cámaras empresarias y con el sindicato para recabar información acerca del nuevo convenio laboral que en esos días se estaba discutiendo.

El tema central de la primera reunión fue las medidas de fuerza adoptadas por los empleados. Los gerentes y el coordinador general presionaban al dueño para que adoptara una posición más dura que la sostenida hasta entonces. A propósito, el coordinador general comunicó que había emitido, por iniciativa propia, una circular donde se advertía que la empresa aplicaría descuentos y sanciones a quienes se plegaran a alguna forma de protesta. El dueño, por su parte, se mostraba decepcionado por lo que consideraba una actitud negativa del personal ya que, a su modo de ver, no se correspondía con las relaciones y las condiciones de trabajo tradicionalmente buenas que se habían mantenido en la empresa hasta ese momento.

Frente a las medidas de fuerza, los participantes de la reunión de gerencia fueron invitados a manifestar sus puntos de vista. Alguno expresó sus sospechas sobre posibles influencias externas. Algunos delegados despertaban la desconfianza del coordinador general.

La discusión acerca de la táctica a seguir con la comisión interna insumió casi toda la reunión. Mientras que el coordinador general se mostraba partidario de no dialogar y presionaba al empresario para que no recibiera a los delegados, otros consideraban que la comisión era el único interlocutor reconocido por el personal y, por lo tanto, negarse a recibirla significaría romper el diálogo. La discusión fue rica. Finalmente se decidió tomar un contacto directo con los representantes del personal.

Primera reunión participativa. Allí se encontraron cara a cara el dueño, el coordinador general y los delegados que conformaban la comisión interna.

El titular de la empresa abrió su intervención señalando cuánto se había resentido la productividad en los últimos tiempos. Y agregó que, sobre esa base, no estaban dadas las condiciones para otorgar aumentos salariales. Propuso encontrar soluciones beneficiosas para todos a través de algún sistema de incentivos a la producción, aclarando que esto implicaría un plus en función de la superación de los resultados actuales.

La oferta surgía de la perspectiva de una retracción económica que, combinada con una inflación alta, colocaba a los costos fijos en el centro de las preocupaciones del equipo de conducción. En este cuadro, otorgar incrementos ligados a la productividad parecía la única alternativa –chequeada, incluso, con otras empresas– para fortalecer el nivel de ingresos del personal sin debilitar la economía de la organización.

Los delegados, entendiendo que se deslizaba una crítica a sus actuales niveles de producción, plantearon que la mejora en el desempeño solo sería posible incorporando más operarios. Incluso, uno de ellos propuso trabajar horas extras: después de todo, si había trabajo, las horas extras permitirían a todos ganar tiempo y dinero. La idea denotaba cierta voluntad negociadora –ya que el personal, a causa del quite de colaboración, no estaba trabajando horas extras–, que el coordinador general aprovechó para sugerir la apertura de un segundo turno de producción. La propuesta era innovadora, pero los delegados continuaron reclamando la incorporación de nuevo personal.

El dueño, por su parte, insistió con la instauración de un "sistema incentivado". Utilizó los términos "salario incentivado" y "participación" alternativamente, confundiéndolos. En rigor, se refería a establecer un plus de retribución variable en función de los niveles de producción que se establecieran. No obstante, el encuentro concluyó sin que las posiciones de las partes experimentaran grandes cambios.

Segunda reunión de gerencia. El empresario comunicó lo conversado en la primera reunión participativa, a la que caracterizó como muy positiva. Pero el coordinador general señaló inmediatamente que las peticiones formuladas en esa ocasión por la comisión interna habían sido desmedidas e insistió en su posición de no dialogar con gente que consideraba malintencionada. No obstante, el dueño continuó con su relato, comentando que había anunciado a los delegados la intención de otorgar incrementos salariales ligados a una mayor productividad, y que estos no habían rechazado de plano la propuesta.

Aunque el dueño insistía en la necesidad de consolidar las relaciones con el personal como una forma de fortalecer y preservar a la empresa frente a la crisis que se avecinaba, lo cierto es que el premio variable por productividad chocaba con la demanda de los delegados de incluir ese concepto en el sueldo como un ítem fijo.

Tercera reunión de gerencia. El dueño planteó su intención de empezar a probar el sistema de participación económica llamando a la gente de cada sector para explicarles de qué se trataría. El coordinador general se opuso, argumentando que existían delegados deshonestos que podrían tergiversar la propuesta. El debate entre las dos posiciones no permitió alcanzar un acuerdo.

Durante los meses siguientes, los signos de retracción económica se agudizaron y, por lo tanto, las reuniones de gerencia se enfocaron en la creación de un plan para enfrentar la crisis que, entre otras medidas, incluyó aumentar la eficiencia interna y crear un clima de trabajo acorde.

Cuarta reunión de gerencia. Trató tres temas principales: un pedido de aumento salarial, el reajuste de precios y el abordaje de la siguiente reunión con la comisión interna.

En cuanto al primer punto, se consideró que dar un incremento en ese momento sería apresurado dado que los convenios salariales –en discusión por entonces entre el gobierno y los gremios– estaban por firmarse. Para el coordinador general, además, esperar a la resolución de las negociaciones paritarias ofrecía la ventaja adicional de ligar el aumento a un logro del gremio y no de la comisión interna.

Con relación al segundo tema, se puso en común la resistencia de los clientes a aceptar el reajuste de precios ya convenidos, así como los riesgos que correría la empresa si no los actualizaba. El dueño se ofreció a acompañar personalmente a los vendedores para enfrentar con ellos las negociaciones más difíciles.

Finalmente, se discutió el enfoque que se daría a la próxima reunión con la comisión interna. Por decisión del dueño, se resolvió realizar una reunión tan extensa como fuera necesario para tranquilizar los ánimos.

Segunda reunión participativa. Luego de un intercambio sobre cuestiones menores, uno de los delegados tomó la palabra y declaró: "El tema central que queremos tratar es el de los sueldos". La propuesta surgía de una asamblea realizada días antes, que había resuelto solicitar un aumento por fuera del convenio, aunque este no hubiese sido firmado aún.

Mientras que el coordinador general rechazaba hablar de cualquier incremento salarial adicional a lo que establecieran las negociaciones paritarias, los delegados parecían desconfiar de los resultados de las negociaciones que llevaba adelante el gremio. En un intento por conciliar posiciones, el dueño convocó a todos a colaborar para superar la coyuntura. "Tenemos que capear el temporal", afirmó. Y propuso adelantar el pago del medio aguinaldo. Pero otro delegado de la comisión interna explicó que esa posibilidad ya había sido discutida y rechazada por la asamblea.

La discusión se generalizó. El tema de los incrementos por productividad volvió a plantearse, pero los delegados –además de criticar ese mecanismo por abrir la posibilidad de resentir la calidad del trabajo– insistieron en el reajuste directo de salarios. Aun planteando críticas al coordinador general, los representantes del personal reafirmaron su vocación de diálogo. Sin embargo, la reunión concluyó sin que se lograran mayores avances.

Quinta reunión de gerencia. Semanas después de la última reunión con la comisión interna, se firmó el convenio paritario. Pero el resultado lejos estaba de satisfacer al personal. De hecho, los delegados habían realizado un planteo perentorio muy exigente, que el dueño y sus gerentes consideraron inviable. Al mismo tiempo, los conflictos, las huelgas y los quites de colaboración se extendían a otras empresas competidoras, mientras crecía la preocupación por la caída progresiva de las ventas en todo el sector.

La dirección de la empresa resolvió avanzar en la negociación. Se intentaba así evitar el paro. El dueño y los gerentes decidieron transmitir una oferta intermedia negociada dentro del marco de una discusión del nuevo convenio y su impacto en las retribuciones internas. Lo hicieron en una reunión ampliada, a la que se invitó a los empleados, los supervisores y los jefes de sección.

Tercera reunión participativa (ampliada). Tal como había resuelto la reunión de gerencia, de este encuentro participaron empleados, supervisores y jefes.

El coordinador general abrió la reunión describiendo las características del nuevo convenio y los aumentos correspondientes a cada categoría. En particular, detalló la recategorización prevista en ese acuerdo ya que, según sospechaba, no había sido interpretada correctamente por el personal. Una vez explicado todo esto, informó sobre el incremento adicional que la empresa estaba dispuesta a otorgar. El coordinador se ocupó cuidadosamente de hacer notar que la propuesta indicaba el mejor y máximo esfuerzo posible de la empresa en el contexto de una situación económica crítica para el país y la actividad que, entre otras cosas, producía una importante caída de la demanda. Con tono vehemente, lanzó una apelación a los presentes para que pusieran lo mejor de sí al servicio de arribar a una salida constructiva y neutralizar las amenazas externas.

Sin embargo, la recepción del personal fue fría. Sospechando que el panorama no era tan lúgubre como se lo pintaba, la gente comenzó a preguntar por la rentabilidad de la empresa, la posibilidad de trasladar los aumentos a los precios y otras cuestiones similares. En esta línea, uno de los empleados más antiguos reprochó que "se llame al obrero cuando la cosa anda mal, pero nunca cuando anda bien".

Dado el carácter informativo de la reunión, no hubo respuestas concretas a las propuestas formuladas.

Sexta reunión de gerencia. El gerente de Administración informó sobre la gravedad de la crisis y sus posibles repercusiones en el país. El coordinador general, por su parte, comunicó que el personal no aceptaba el aumento propuesto y que demandaba una cifra superior. Esto ocasionó fastidio e irritación, al tiempo que fortaleció las sospechas sobre algunos delegados, a quienes se atribuían acciones de mala fe destinadas a impedir cualquier acuerdo.

La falta de confianza crecía, así como los enfrentamientos y las actitudes reactivas. En la planta, los operarios continuaban trabajando a reglamento, manteniendo las medidas de fuerza. El desconcierto y hasta el pesimismo se apoderaron del encuentro.

Séptima reunión de gerencia. En esta ocasión se manifestó un cambio. Los gerentes encargados del presupuesto y la administración, por iniciativa propia, habían mantenido conversaciones con los jefes intermedios y algunos supervisores con el propósito de destrabar la negociación, alertando sobre lo que podría sobrevenir si se prolongaba el trabajo a reglamento.

Según explicaron, esas conversaciones habían logrado sensibilizar a los mandos medios y generar un clima de preocupación conjunta. De pronto, la reunión fue interrumpida por los jefes intermedios, quienes traían una propuesta elaborada por ellos. Todos los presentes la aceptaron, menos el coordinador general, quien se mantenía contrario a un arreglo por fuera de los acuerdos con el sindicato.

En este estadio del conflicto, la imagen que las partes tenían de la empresa comenzó a transformarse lentamente en la de un objeto compartido que requería para su preservación que todos lo cuidaran. Este cambio era fruto del considerable esfuerzo diplomático desarrollado por grupos que, hasta este momento, se habían mantenido como espectadores.

Cuarta reunión participativa (ampliada). El empresario decidió, por fin, convocar una reunión del personal en pleno para hablar de la situación existente. Todos concurrieron con gran expectativa. En su mensaje, pintó un cuadro completo de lo que estaba ocurriendo dentro y fuera de la empresa, la retracción de las ventas, el impacto negativo de las medidas de fuerza. "No tenemos seguridad de hasta cuándo podremos continuar abonando regularmente los sueldos como hemos hecho siempre hasta ahora", declaró. Explicó la iniciativa de los mandos medios, elogiando su consistencia y sensatez. Para cerrar, instó a los presentes a esforzarse por hallar una solución definitiva, que alejara a la organización de su disolución inminente.

La reunión surtió un gran efecto en todos. A pesar de que las posiciones no eran unánimes, comenzó a apreciarse entre el personal una mayoría que deseaba volver a trabajar normalmente. Así, un episodio crítico que duró varios meses culminó con la instauración de la "reunión mensual": un nuevo mecanismo participativo en el que confluían a dialogar periódicamente el grueso del personal, el dueño de la empresa y su equipo de gerencia.

Sistema representativo y legitimación del poder

El caso permite observar que el sistema representativo constituye una dimensión organizativa de importancia, que legitima el sistema ejecutivo. Sin el apoyo manifiesto del sistema representativo, las decisiones de la dirección no surten efecto y la organización deja de funcionar. El fenómeno descrito se basa en la existencia de grupos significativos de poder, definidos por Elliott Jaques como "[...] todo grupo organizado que, a través de una acción colectiva, puede ejercer un poder coercitivo efectivo al punto de causar la paralización de la empresa".[4] En el caso presentado, operan distintos grupos significativos de poder que las crisis ponen en evidencia al intensificar las contradicciones y/o los conflictos de intereses.

En una empresa, los principales grupos de poder que surgen como relevantes son tres: los accionistas o dueños, los empleados y los clientes. Los grupos se constituyen alrededor de intereses, ideas y puntos de vista compartidos. No necesitan una autoridad común directa, ni siquiera compartir un mismo espacio. Su poder proviene de la capacidad de impedir eventualmente el funcionamiento de la organización a través de una resolución gerencial, una decisión de compra, una medida de fuerza o el retiro de la colaboración en situaciones extremas. En el caso de Envases de Azul, esta última posibilidad constituye un riesgo concreto, que obliga a negociar, conciliar y articular intereses.

---

4. Jaques, Elliott: *A general theory of bureaucracy, op. cit.*

Todo cambio organizativo, esté motivado por decisiones internas de la conducción o por el impacto de circunstancias externas, puede producir la ruptura de los acuerdos previos que definían un equilibrio e impulsar la movilización efectiva tendiente a la defensa de los intereses particulares. Se ingresa así a una situación de conflicto declarado. Si bien los grupos significativos de poder se articulan a través de la negociación, esta puede estar acompañada en momentos críticos por la irrupción de fuerzas que no alcanzan a ser contenidas a través de los mecanismos habituales de control. De este modo, el conflicto deviene en un factor de movilización, que puede dar lugar a nuevos y mejores desarrollos como, por ejemplo, formas institucionales más logradas para contenerlo dentro de límites constructivos.

Los grupos significativos de poder interactúan en el seno de la organización conformando un sistema diferenciado que responde a dinámicas, leyes y formas de comunicación propias. Tienden a actuar a través de representantes, quienes integran un sistema que funciona de manera paralela al sistema ejecutivo. Como señala Wilfred Brown, "allí donde exista un sistema ejecutivo, se encontrará operando dentro de él y a través de él un sistema representativo".[5] Por eso, para este autor, el principal desafío para el sistema ejecutivo consiste en reconocer la existencia de ese sistema representativo y en avenirse a interactuar con él.

Las concepciones clásicas de conducción y administración tienden a negar el sistema representativo y a enfocarse exclusivamente en el sistema ejecutivo. Pero la omisión deja al margen una pieza clave para la construcción de la legitimidad del sistema de autoridad. Por un lado, porque la sanción pública de un acuerdo implica su aceptación por parte de todos quienes lo subscriben. Por otro, porque los acuerdos no se alcanzan de una vez y para siempre sino que requieren de un proceso de negociación constante entre los grupos significativos de poder que legitima la autoridad del sistema ejecutivo.

Comunicaciones entre el sistema ejecutivo y el sistema representativo

La forma y el contenido de las comunicaciones en el sistema ejecutivo y en el sistema representativo exhiben diferencias notables.

---

5. Brown, Wilfred: *Exploration in management, op. cit.*

De acuerdo con el modelo ejecutivo jerárquico, cuando el dueño de una empresa pide opinión sobre un tema a sus subordinados en la reunión gerencial, lo hace esperando de ellos un juicio personal que lo ayude a construir su propia composición de lugar.

En cambio, cuando un representante dialoga con un gerente o con el dueño en una reunión representativa, no se encuentra envuelto en una situación de evaluación, ni recibiendo instrucciones u órdenes desde el punto de vista formal. La intencionalidad de las partes es persuadir y negociar. De acuerdo con el modelo representativo, el representante expresa lo que sus electores le han encomendado transmitir, sin identificar a individuos. La fuerza y la validez del mensaje se cimientan en el consenso alcanzado entre los representados y no en el punto de vista personal del representante. Las comunicaciones canalizadas a través del sistema representativo son anónimas, a diferencia de las comunicaciones altamente personalizadas en el sistema ejecutivo.

Otra diferencia importante se relaciona con la delegación. Mientras que en el sistema representativo opera desde las bases hacia los roles de liderazgo, en el sistema ejecutivo la representación es centrípeta: el dueño o ejecutivo principal delega en sus colaboradores directos instrucciones, confiriéndoles un mandato para actuar pero reteniendo la responsabilidad final por las tareas delegadas.

Dada la significación que tienen el sistema ejecutivo y el sistema representativo para la vida de las organizaciones, se advierte la necesidad de institucionalizarlos, prescribiendo obligaciones, derechos y garantías explícitas, así como conductas y actitudes esperadas para quienes desempeñan esos roles. Estas normas, definidas y consensuadas para toda la organización, garantizan una comunicación fidedigna y dan respaldo a las partes para actuar en forma franca y directa.

Conviene insistir en la necesidad de que los miembros de ambos sistemas mantengan actitudes claras y acordes con sus roles. Incidir en la organización del sistema representativo, ya sea en su conformación o intentando manipular el contenido de sus mensajes, afecta la claridad de las comunicaciones entre los sistemas e introduce perturbaciones. Por eso, establecer procedimientos claros y respetar las normas constituye la mejor garantía y salvaguarda para estas eventualidades. La transparencia y el libre juego de las comunicaciones constituyen una condición necesaria para la integración de cualquier organización como sistema social.

Conflicto y teoría social

George Simmel otorga al conflicto un lugar central en las organizaciones porque constituye la parte dinámica en la vida de los grupos.[6] No lo considera la perturbación de una situación idealmente estable sino el resultado de una interacción de fuerzas opuestas que hace a la esencia de un sistema social: el conflicto constituye un componente insoslayable del fenómeno organizacional; y la oposición, una consecuencia inevitable del movimiento y el cambio. Aun en el caso de oposiciones hostiles, el conflicto está llamado a lograr alguna forma de unidad, resolviendo la tensión entre los contrastes a través de la síntesis. Por lo tanto, la contradicción y el conflicto son operativos dentro de la unidad. De ellos fluyen la vitalidad y la estructura orgánica del grupo. La sociedad es resultado de la interacción entre las partes, pues no existe unidad social sin corrientes convergentes y divergentes entre sus miembros. Un grupo centrípeto, una unificación pura, es imposible ya que no tendría desarrollo ni cambio.

Los conflictos en los grupos forman parte de la dinámica del poder: no están determinados meramente por la oposición de intereses. La problemática del poder excede el mero juego político habitual en la vida de las organizaciones: se enraíza en la dinámica profunda de la personalidad, formando parte de la identidad de sus integrantes. Julien Freund define al conflicto, como "[…] el enfrentamiento de dos o más voluntades –individuales o colectivas– que manifiestan una con respecto a la otra una intención hostil a causa de un derecho y que, para mantener o recuperarse de este derecho, tratan de quebrantar la resistencia del otro, recurriendo eventualmente a la violencia".[7] El mismo autor aclara que, desde el punto de vista etimológico, "conflicto" significa "choque y, por consiguiente, enfrentamiento de dos fuerzas que se prueban".[8] Y destaca los siguientes aspectos.

– El conflicto revela la "cristalización de las contradicciones en una bipolarización de amigo-enemigo", la aparición de contrarios en una relación antinómica de voluntades antagónicas.

---

6. Simmel, George: *Conflict and the web of group affiliation*. Free Press, Nueva York, 1955.
7. Freund, Julien: "Observaciones sobre dos categorías de la dinámica polemógena. De la crisis al conflicto". En Starn, R. *et al.*: *El concepto de crisis*. Megápolis, Buenos Aires, 1979.
8. Freund, Julien: ídem

- El conflicto supone siempre un derecho cuestionado, un recurso escaso sin límites jurisdiccionales claros, por ejemplo, el derecho a un salario mayor, el derecho a mejores condiciones de trabajo, el derecho sobre el espacio, el derecho a ejercer un privilegio particular o una autoridad específica, etcétera.

Durante el desarrollo del conflicto, se ponen en juego fuerzas materiales y humanas tendientes a utilizar la coerción y la violencia.

En Envases de Azul, se observa una situación externa que golpea a la organización y potencia una crisis de la cual los individuos y/o los grupos buscan salir –y lo hacen– a través de un conflicto de naturaleza dilemática: el triunfo de una parte en un primer largo período representa la derrota del oponente, sin que se advierta en qué medida el triunfo obtenido podría afectar a su vez en alguna medida al ganador, puesto que –en última instancia– las partes, en un sistema cuya existencia depende de la interacción, se necesitan recíprocamente. Tampoco se conciben soluciones alternativas equitativas intermedias. La duración de la contienda depende de la capacidad de resistir de las partes. El conflicto intenta resolver un estado de desorientación e incertidumbre, que tiende a resolverse en la dualidad dilemática de amigos/enemigos. Si bien las identidades diferentes existían antes de la crisis, se mantenían en estado latente. Solo se hacen manifiestas cuando el conflicto se declara.

Elliott Jaques[9] señala que el conflicto en los sistemas humanos puede suscitarse en tres planos:

- a nivel individual o intrapsíquico (correspondiente al mundo interno del individuo), donde el conflicto se presenta ante dos o más instancias que promueven pulsiones o impulsos conflictivos entre sí;
- a nivel interpersonal, involucrando a dos o más individuos que interactúan buscando satisfacer metas o deseos personales incompatibles entre sí; y
- a nivel de los grupos sociales institucionalizados, los cuales se encuentran comprometidos en una interacción por objetivos opuestos (por ejemplo, la posesión de un mismo objeto o la defensa de políticas u orientaciones diferentes).

---

9.   Jaques, Elliott: *A general theory of bureaucracy, op. cit.*

El autor distingue, además, dos tipos de conflicto. Por una parte, el que se resuelve consensualmente, que reconoce una diversidad de grados. Aquí, si bien cada contendiente busca maximizar el logro de sus objetivos, el proceso culmina en una acomodación mutua, que no representa una resolución plena de las diferencias. El conflicto que busca el consenso requiere debate y persuasión, y conduce a decisiones políticas susceptibles de ser aceptadas o respaldadas. Forma parte de una experiencia humana enriquecedora, que está en el centro mismo de la vida democrática. Actúa como una fuerza centrípeta que mantiene a la sociedad integrada.

Hay un segundo tipo de conflicto que es de una naturaleza muy distinta. Es el conflicto que ha pasado el punto de no retorno y, por lo tanto, los contendientes no pueden concebir la coexistencia con su oponente. Tienden a someter al otro mediante la coerción, la ruptura de la relación, la proscripción, el destierro o la aniquilación. Este conflicto actúa como una fuerza centrífuga que desintegra el sistema social.[10] Esto indica que la resolución consensual del conflicto puede darse solo cuando existen procedimientos acordados por las partes para regularlo en forma institucionalizada. En el caso de Envases de Azul, donde los grupos se debaten entre estrategias consensuales y de ruptura, la adopción de medidas demasiado duras estimula progresivamente entre los empleados un sentimiento de hostilidad que sitúa lentamente al conjunto en un terreno amenazante para la integridad de la organización. Mientras esta actitud se mantiene, cada parte ve a la otra como un oponente irreconciliable. Recién cuando se alcanza un punto de máxima tensión, un tercer grupo (el de los jefes intermedios) emerge y destraba el conflicto devolviéndole su carácter dinámico, interactivo y democrático

Julien Freund trabaja la presencia del tercero como un factor facilitador que descongela la polarización actuando como un árbitro o intermediario y permitiendo que se superen antítesis dualistas. De esta forma, se reestablece una relación negociadora. El rol marginal desempeñado en las etapas iniciales del conflicto se transforma más tarde en la fortaleza del tercero: la distancia le confiere neutralidad para actuar como agente de cambio. A partir de entonces, la modalidad negociadora promotora del consenso se incorpora en forma estable.

---

10. Jaques, Elliott: Íd., Capítulo II.

Grupos significativos de poder y dinámica del conflicto

Para Dahrendorf[11], la autoridad distribuida diferencialmente en las distintas posiciones de una "asociación imperativamente coordinada" (concepto extraído de la descripción weberiana de las organizaciones ejecutivas jerárquicas) acarrea necesariamente un conflicto de intereses entre sus ocupantes, porque las posiciones de dominación y de subordinación comprometen intereses contradictorios referidos al mantenimiento o la modificación del *statu quo*. Las posiciones de dominación tienden al mantenimiento de la estructura social que les otorga autoridad, mientras que las de subordinación aspiran al cambio de las condiciones sociales que las priva de esa autoridad. De estos intereses en conflicto se deriva que la legitimación de la autoridad a través del consentimiento es siempre precaria (recuérdese que, según la definición de Max Weber, la autoridad es poder legitimado, es decir, consentido). Sobre la base de esta caracterización, cabe sostener que la idea de grupos significativos de poder está ligada a una teoría del conflicto y, por lo tanto, que la dinámica del poder y de la autoridad está ligada a la dinámica del conflicto.

PyMEs y manejo de las relaciones de poder

En una organización ejecutivo-jerárquica de gran tamaño, el rol del ejecutivo principal está totalmente diferenciado del directorio, del cual depende. El directorio elige un presidente que, a su vez, designa al ejecutivo principal valiéndose de un contrato de empleo. Este último, por su parte, para hacerse cargo de la complejidad de la responsabilidad que se le delega, designa a un conjunto de colaboradores directos, un grupo de gerentes corporativos, subordinados a él, con quienes define conjuntamente la estrategia e implementa y conduce una estructura de unidades de negocios distribuidas en un medio ambiente regional mundial abierto. El ejecutivo conduce la organización empresaria contemplando la existencia de los diversos grupos de poder que la componen: los accionistas, los clientes y el personal. Todo esto forma parte de una concepción gerencial que

---

11. Dahrendorf, R.: *Class and class conflict in industrial society.* Routledge and Kegan Paul, Londres, 1959.

contempla la dinámica de grupos en interacción que dirimen y resuelven conflictos.

En el caso de una PyME como Envases de Azul, las funciones del dueño son múltiples: es el accionista principal, el ejecutivo máximo y, a su vez, maneja en forma directa las relaciones con el personal. Esta figura multifacética reviste un alto contenido simbólico para los empleados, quienes asignan importancia política fundada a la posibilidad de interacción directa con quien, en última instancia, tiene la capacidad última de decidir. Sin duda, la percepción de la importancia estratégica de un vínculo sin intermediarios impulsa al dueño a reunirse con la comisión interna, a convocar sistemáticamente a las reuniones de gerencia, a buscar asesoramiento y a realizar reuniones participativas ampliadas utilizando el poder de su rol.

El manejo de la situación es complejo, pero también directo, con pocos niveles intermediarios y sin instancias organizativas superiores con poder real como las existentes en las organizaciones de gran tamaño. A los aspectos estrictamente laborales, al dueño se le suman otras responsabilidades, como el manejo de las relaciones con los clientes y con la situación contextual más amplia, incluido el mercado en que la empresa está inserta. Todo ello exige un considerable esfuerzo y capacidad para manejar la complejidad.

Obstáculos ocultos

El manejo del conflicto entre grupos representativos de poder admite una doble lectura: por una parte, aquello que se dirime manifiestamente; por otra, a nivel latente, la dinámica que surge de las relaciones con la autoridad, investida de un valor simbólico, que acompaña ambivalencias conflictivas de naturaleza no consciente.[12] La resistencia al cambio –de naturaleza subjetiva, alimentada por supuestos inconscientes– impide consolidar cambios que parecen razonables. De esta forma, las soluciones necesarias se postergan colocando a la empresa en situación de riesgo.

---

12. Jaques, Elliott: *Los sistemas sociales como defensa contra la ansiedad.* Horme, Buenos Aires, 1960.

En Envases de Azul, puede observarse que las estrategias de acción se basan en las imágenes e interpretaciones que un grupo elabora respecto del otro. Estas percepciones intergrupales cruzadas se asocian en el plano de la fantasía, impidiendo una consideración racional de los argumentos y demorando la instauración de un mecanismo de negociación. Recién cuando la desconfianza pierde su fuerza inicial, comienzan a producirse cambios en la situación de negociación. Lo anterior permite constatar que los diversos planos en que el conflicto se dirime interactúan a veces disfuncionalmente pero, a su vez, se retroalimentan en aras de una elaboración final razonable.

Manejo de grupos grandes

La reunión de comando ampliado permite al líder máximo, que es accionista y el ejecutivo principal, conectarse simultáneamente con todos sus subordinados, directos e indirectos. En la reunión ampliada, la organización en su conjunto se convierte en un grupo grande, integrado por dos niveles: el ejecutivo principal (accionista) y el grueso de los empleados de la empresa. O sea, se desdibujan los niveles intermedios.

En el ejemplo reseñado, la primera reunión participativa ampliada permitió formular una apelación a trabajar unidos en un momento en que la crisis amenazaba con desbordar los cauces constructivos. En esa ocasión, el dueño recibió una respuesta directa de los empleados, que le permitió palpar por sí mismo la opinión prevaleciente. La reunión produjo un vuelco notable ya que, a partir de ella, el diálogo fue retomado. Se observa, así, la emergencia de un mecanismo requerido para enfrentar la crisis. La reunión suministra un marco para la confrontación y la negociación estimuladas por el intercambio directo. La proximidad reduce las distancias física y afectiva, y las especulaciones sobre supuestas dobles intenciones, disminuyendo la sensación de peligrosidad atribuida al oponente.

La capacidad de apelación que tiene un mensaje emitido en forma directa a una audiencia amplia es mayor que la de un canal impersonal como, por ejemplo, una comunicación escrita o a través de la línea ejecutiva. Esto se debe a que los gerentes y los representantes están emocionalmente comprometidos en la situación y, cuando retransmiten los mensajes, resulta inevitable que introduzcan modificaciones. Además, su interés por ser claros y convincentes, en la práctica, no resultó equivalente al de la figura de la autoridad central. La forma en que la mayoría del personal recibe una propuesta incide en la decisión colectiva. La desaparición de instancias intermedias disminuye el riesgo de distorsionar la información y permite mejorar las comunicaciones.

Como señala Wilfred Brown[13], las reuniones ampliadas constituyen un recurso legítimo a disposición del ejecutivo principal. Son particularmente pertinentes cuando:

- es necesario informar cambios significativos y conocer los sentimientos que despiertan en la gente;
- la organización atraviesa una crisis y las tensiones de un grupo social amplio aumentan; y/o
- se necesita difundir una información entre todos los miembros de la organización en forma rápida y sin distorsiones.

En el caso analizado, la reunión ampliada modifica la percepción que cada parte o grupo tiene de la otra. Se convierte en una experiencia significativa que disuelve el anonimato y resta la impersonalidad de lo masivo, características de las relaciones sociales indirectas que suelen introducir perturbaciones importantes en las comunicaciones y entorpecer los procesos de negociación.[14]

Mecanismos de participación: la reunión mensual

Como corolario del conflicto en Envases de Azul, la reunión mensual con representantes de los distintos sectores de la empresa quedó consagrada como una dinámica regular, lo que marcó un hito en la institucionalización del sistema representativo. Esto señala la importancia y la utilidad de esta práctica.

La reunión mensual apunta a fortalecer la política de diálogo y la búsqueda de acuerdos. Ofrece un modelo o diseño, protector y protegido, para la contención de los inevitables conflictos de intereses y las confron-

---

13. Brown, Wilfred: *Exploration in management, op. cit.*, Parte III, Capítulo 8.
14. Schutz, Alfred: *Fenomenología del mundo social.* Paidós, Buenos Aires, 1972.

taciones de poder que se dan en el seno de cualquier organización. Para que opere de manera efectiva, la reunión mensual requiere la búsqueda de consenso de todas las partes involucradas.

A continuación, se presentan algunas respuestas a preguntas clave sobre la reunión mensual.

- **¿Cuáles son los principales objetivos de la reunión mensual?**
  - Desarrollar la política de diálogo.
  - Legitimar la existencia de un mecanismo institucionalizado para resolver asuntos de interés común y negociar acuerdos.
  - Transmitir información referida al desarrollo de la empresa, anticipando y preparando los cambios.
  - Favorecer la transmisión de los estados de opinión que prevalecen en los distintos sectores para asegurar la permeabilidad y la comprensión recíprocas.
  - Establecer canales de comunicación directa a fin de evitar las perturbaciones más frecuentes (rumores, desinformación, manipulación, confusión y similares).
  - Desarrollar el sentido de pertenencia institucional.
  - Desplegar una franja de responsabilidades compartidas entre los distintos grupos y sectores, redefiniendo en forma conjunta y realista los límites de la organización.
  - Fortalecer a la organización ante la incertidumbre del contexto.

- **¿Quiénes participan de la reunión mensual?**
  - Todos los que desarrollan alguna clase de liderazgo. En Envases de Azul, la reunión mensual amplía las realizadas con la comisión interna, el dueño y el coordinador general incorporando a los encargados de la planta y a todos los miembros del equipo de gerencia.

- **¿Cuál es el rol del analista organizacional en la reunión mensual?**
  - Coordinar y facilitar su desenvolvimiento.

- **¿Por qué la reunión es mensual?**
  - Como práctica institucionalizada, la reunión tiene una periodicidad conocida, con fecha y horario fijos que hace que la gente sepa

que existe un ámbito previsto en el que se concentra el tratamiento de los temas representativos. Es un espacio para la contención de conflictos.

- **¿Cómo desarrollar la reunión mensual?**
  - **Coordinación.** La reunión es coordinada por un miembro de la organización destacado para la tarea. Al contarse con un consultor, percibido como un rol neutral que concita confianza, resulta conveniente que él desempeñe esta función. La principal responsabilidad del coordinador es facilitar la comunicación entre las partes, lograr un clima tendiente al respeto recíproco que favorezca la comunicación y mediar en la resolución de enfrentamientos que amenazan irrumpir en el curso constructivo del diálogo. Esto es, favorecer la confianza entre las partes.

  - **Temas.** Al comenzar la reunión, el coordinador lee el acta del encuentro anterior (si lo hubo) antes de solicitar a los concurrentes la propuesta de temas a tratar y elaborar la agenda del día. Todos los participantes pueden proponer temas. El equipo de gerencia, la comisión interna y el cuerpo de delegados pueden realizar reuniones informales previas para identificar los asuntos más relevantes.

  - **Agenda.** Una vez que los participantes plantean sus inquietudes, se acuerda y establece un orden realista de prioridades para el tratamiento de los temas.

  - **Diálogo.** Su organización constituye una responsabilidad central del coordinador, quien invita a la participación. Los principales contenidos y conclusiones producidos se vuelcan en el acta que se lee al finalizar la reunión.

  - **Acta.** No todos los temas consignados allí implican acuerdos o decisiones. De hecho, muchos temas tratados pueden representar simplemente una información que se quiere compartir o el avance en el tratamiento de una cuestión controvertida en proceso de elaboración. Sin embargo, cuando se alcanza algún acuerdo significativo, este se consigna. Si su trascendencia lo justifica, puede formar parte de un documento que, suscrito por la reunión, puede convertirse en una conclusión de políticas para la empresa. Así, las actas de las reuniones mensuales van constituyendo la memoria formal de puntos de convergencia sobre asuntos tales como arreglos salariales, procedimientos de coordinación y/o planificación, normas de trabajo, políticas organizacionales, temas de calidad que involucran la relación con el cliente y demás.

En síntesis, la reunión mensual constituye un mecanismo de participación que emerge en forma espontánea como una necesidad sentida por los distintos sectores de la organización, sobre todo en momentos de turbulencia en relación con el contexto. Constituye un espacio constructivo y sostenido destinado a la búsqueda de soluciones creativas que fortalecen al sistema de cara a una situación interna o externa que preocupa. Por lo tanto, bien aprovechada y llevada, es útil para el funcionamiento de la organización. La participación puede considerarse un derecho de los empleados (en la medida en que garantiza que se los tiene en cuenta en el desarrollo de la gestión) y un mecanismo de estabilidad que busca acuerdos consensuados.

Jaques señala: "La falta de participación en el control de los cambios y en las políticas que afectan a grupos representativos de poder colocará a cualquiera de ellos en la posibilidad de ser sujeto de la coerción por parte del otro".[15] Los mecanismos de concertación –entre ellos, la reunión mensual– responden a una necesidad de las partes y, también, del sistema como totalidad. Permiten neutralizar la tendencia entrópica de un sistema social complejo compuesto por una diversidad de grupos internos que, librados a sus propias tendencias, confrontan intereses en una forma no constructiva. Este planteo general se vuelve particularmente relevante en las situaciones críticas disparadas por un contexto turbulento ya que requieren un mecanismo flexible y ágil que facilite la adaptación de la organización.

La democratización del poder interno no implica la pérdida del perfil y la autoridad específicos de las instancias ejecutivas, pero introduce un cam-

---

15. Jaques, Elliott: Íd.

bio en la concepción del sistema entendido como un modelo monolítico autocéfalo, típico de las organizaciones altamente formalizadas tradicionales. Se trata de reconocer y contemplar las tendencias internas que cuestionan y que, en realidad, expresan sentimientos de justicia social, aspiraciones y defensa de intereses sectoriales. Los esquemas participativos benefician al sistema ejecutivo pues aseguran que los cambios, una vez discutidos y aprobados, se apliquen y se sostengan por la fuerza del consenso. En suma, son una fuente de legitimación del sistema de autoridad interno. La existencia de un ámbito específico y adecuado para el tratamiento de los problemas libera al trabajo cotidiano de las tensiones que, de otra manera, lo invadirían.

A pesar de sus beneficios, conviene advertir que no es sencillo llevar adelante un sistema participativo como el descrito. ¿Cuáles son los principales obstáculos? Por ejemplo, prevenciones y temores vinculados con la eventual pérdida de la identidad grupal. Así, los empleados, los delegados sindicales y los gerentes pueden interpretar que participar de una reunión mensual –por ejemplo– los compromete a buscar soluciones para problemas que los afectan, o que a través de la negociación, quizás, podrían desdibujarse como grupos y socavar sus intereses. La conducción puede sentir que permitir la participación supone resignar algo de su autoridad. Estas y otras ambivalencias constituyen fuentes internas de tensión para cada grupo significativo de poder, provocando oscilaciones en las actitudes que inciden en la consolidación del mecanismo participativo. La práctica demuestra, sin embargo, que un sistema participativo no debilita la identidad de las partes sino que, por el contrario, hacen más patentes sus características distintivas, sus intereses y derechos. Todo esto contribuye fuertemente a un clima de convivencia democrática.

CAPÍTULO 10

TURBULENCIA, CRISIS Y PARTICIPACIÓN

Las crisis son eventos cíclicos y recurrentes que, con frecuencia, guardan entre sí similitudes en sus estructuras y dinámicas. Ningún país está exento de padecerlas, ni siquiera los más desarrollados. No obstante, cada crisis implica afrontar hechos imprevisibles de considerable rigor.

La gravedad y la envergadura de muchos acontecimientos políticos, económicos y sociales ocurridos durante las últimas décadas han convertido a la noción de crisis en un término de uso y referencia cotidianos hasta el punto de despertar la impresión de un repetido telón de fondo de la vida. Sin embargo, esta reiteración no debe ocultar el profundo impacto de las crisis sobre los individuos, las organizaciones y la sociedad, en particular, a la hora de definir sus proyectos y objetivos, construir su visión y sostener la expectativa constructiva para continuar trabajando. La incertidumbre, la inestabilidad, la confusión y las tendencias disgregantes en los sistemas sociales se incrementan, al tiempo que el alcance de las pérdidas potenciadas se vuelve difícil de precisar. La ansiedad propia de la subjetividad humana irrumpe en el sistema social y organizacional, amenazando con desbordar los mecanismos corrientes de contención.

La crisis supone la ruptura de una regularidad. A escala organizacional, esto impide que quienes lideran y quienes allí trabajan puedan tomar decisiones confiables y, en consecuencia, planificar a corto, mediano y largo plazo. El impacto emocional de la crisis sobre los individuos del sistema produce como respuesta dos tipos de actitudes posibles: o bien la resignación pasiva, o bien la búsqueda, para reducir el impacto de mecanismos constructivos tendientes al fortalecimiento del sistema interno de la organización.

La parálisis inicial, corriente ante la crisis, está determinada por el miedo frente a los acontecimientos externos que representan una realidad desconocida y que hace prevalecer una actitud de retracción. A propósito, Bruno Bettelheim analizó esta actitud en relación con la estrategia de supervivencia adoptada por la familia de Ana Frank durante la ocupación nazi de Holanda: víctimas de aquel trance extraordinario (dos familias ocultas y hacinadas durante años en un altillo secreto, rodeadas por amenazas externas ciertas) se replegaron aferrándose a actitudes y rutinas cotidianas del pasado. Para Bettelheim, la creencia implícita de que la vida podría seguir su curso habitual estaba profundamente ligada a la imposibilidad de cambiar los esquemas operantes hasta entonces.[1]

Con esto se vincula la negación, una expresión de la resistencia al cambio que impide reconocer el imperativo de revisar esquemas desactualizados por nuevas realidades. La negación busca evitar el cambio adaptativo porque este afecta los fundamentos de la identidad individual y grupal. Modificar esquemas habituales compromete procesos psicológicos profundos asociados con las pérdidas, con la percepción de que algo ya no existe y de que se está frente a una realidad nueva que debe comenzar a ser reconocida y aceptada aunque resulte doloroso, para poder modificarla. Una actitud constructiva frente a la crisis requiere observar los fenómenos nuevos transformándolos en objetos de indagación, aprendizaje y conocimiento; demanda considerar de manera reflexiva las ansiedades que se activan y que necesitan ser contenidas a través de una forma particular de trabajo llamada "elaboración".[2]

A continuación, se describen algunos conceptos relacionados con el tema de la crisis y los contextos turbulentos inscribiéndolos en un marco teórico, entendiendo que este procedimiento contribuye a echar luz sobre los problemas implicados y a trazar las estrategias más adecuadas para su manejo.

---

1. Bettelheim, Bruno: *Sobrevivir.* Grijalbo, Barcelona, 1981.
2. El proceso de elaboración –en particular, de las ansiedades que se movilizan ante la crisis– es parte de un tipo de trabajo que describe el término en inglés *working through.* Se trata de trabajar con las ansiedades y los conflictos que la desestabilización de la crisis promueve y que conmocionan a los sujetos que la padecen. El trabajo culmina con adaptación y aceptación de la nueva realidad.

Contextos turbulentos

Julien Freund liga la noción de crisis a las alteraciones y las rupturas que pueden producir un cambio.[3] Sin embargo, no todo cambio significa una crisis. Peter Marris[4], identifica tres tipos de cambios vinculados con los sistemas humanos de naturaleza intencional.[5]

- **Cambios incrementales o de sustitución.** No implican una revisión profunda del sistema sino la creación de nuevas formas de enfrentar las necesidades y las metas establecidas.
- **Cambios que representan un crecimiento.** No son una amenaza sino un desarrollo que ubica al sistema en un nivel de complejidad mayor.
- **Cambios que representan una crisis de discontinuidad.** Involucran pérdidas actuales o prospectivas. Son experiencias perturbadoras para el individuo y la organización que implican un cambio sustancial en la identidad del sistema. Estas páginas se enfocan en los cambios abruptos y repentinos que, por su velocidad e intensidad, no permiten una absorción paulatina.

Para Freund, la crisis resulta de la aparición de una modificación inesperada, que altera el desarrollo corriente y suscita un estado de desequilibrio, provocando en los individuos y los grupos una vacilación sobre la línea de conducta que deben adoptar, porque las reglas y las instituciones ordinarias quedan en suspenso sin que sea posible pronunciarse claramente sobre la justeza y la eficacia de las nuevas alternativas.[6]

---

3. Freund, Julien: "Observaciones sobre dos categorías de la dinámica polemógena. De la crisis al conflicto". En Starn, R. *et al.*: *El concepto de crisis*. Megápolis, Buenos Aires, 1979.
4. Marris, Peter: *Loss and change*. Routledge and Kegan Paul, Londres, 1974.
5. El concepto de intencionalidad de la conducta proviene de Franz Brentano, quien planteó las bases para una psicología empírica, reconociendo en las funciones psicológicas un contenido, un objeto y un fin. A diferencia de los fenómenos que estudia la física, los que estudia la psicología son intencionales. Se dirigen a un objeto y se relacionan con un contenido. El mencionado autor se refiere al carácter intencional de la conciencia. Sigmund Freud, al estudiar los instintos, define el carácter objetal de la conducta. (Cfr. Bleger, José: *Psicología de la conducta*. Centro Editor de America Latina, Buenos Aires, 1969). Elliott Jaques retoma también el tema de la intencionalidad de la conducta como cualidad de dirigirse siempre al cumplimiento de metas.
6. Freund, Julien: ídem.

Frente a contextos turbulentos, el conflicto entre grupos significativos de poder constituye una respuesta emergente de situaciones que se juegan fuera de la organización. La crisis se desencadena por una sucesión de cambios que comprometen el campo de las interacciones del sistema con su contexto como, por ejemplo, las problemáticas políticas y sindicales externas. No se trata meramente de un conflicto especular que reproduce internamente un episodio exógeno, porque las relaciones de determinación entre rupturas internas e impacto de los hechos externos no son lineales ni directas. El impacto externo moviliza ciertas dimensiones internas del sistema organizacional produciendo la emergencia de conflictos entre los individuos y entre los grupos ligados a desajustes, deficiencias o problemas que se mantenían en estado latente. Así, el conflicto que se hace manifiesto revela inconsistencias organizativas relacionadas con la estructura, los roles y las relaciones de poder, por ejemplo, la ausencia de mecanismos de comunicación regulares, o la carencia de sistemas instituidos de participación de los empleados que posibiliten tratar y negociar acuerdos antes de que evolucionen en rupturas y discontinuidades internas más serias. De esto se desprende que la resolución de una situación de crisis, en su nivel de mayor complejidad, surge de definiciones de política organizacional y de la instrumentación de mecanismos de concertación y manejo permanente de los eventuales conflictos, parte consustancial de los sistemas humanos.

De acuerdo con la teoría de la catástrofe, siempre que una fuerza continuamente cambiante conduzca a un efecto de transformación abrupta, el fenómeno puede describirse como una catástrofe. Esta teoría constituye un recurso para explicar cómo surgen las discontinuidades a partir de factores causales interrelacionados, que cambian de continuo y provienen de distintas fuentes. La catástrofe se muestra a través de un salto hacia –o una caída abrupta en– otro nivel, cuando el sistema atraviesa cierto punto o región críticos.[7]

La organización es un sistema abierto y complejo con intencionalidad propia, es decir, con metas que lo caracterizan. Busca la realización de sus propósitos relacionándose con otros (clientes, proveedores, organizaciones sindicales, poderes públicos, etcétera), partes de un sistema ex-

---

7. Zeeman, E.Ch.: "Catastrophe theory". En *Scientific American,* 234 (4); y Postman, T.; Stewart, I.: *Catastrophe Theory and its applications.* Pitman, Londres,1978.

terno que componen su contexto. De ellos recibe, a través de una suerte de membrana que delimita el afuera y el adentro, permanentes influencias exteriores que operan como oportunidades y amenazas. Estas pueden provocar desestabilizaciones capaces de traducirse en cambios internos catastróficos, constructivos o regresivos. El concepto de crisis organizacional señala un tipo particular de alteración del conjunto de las relaciones del sistema, disparado por la interacción de variables internas y externas, que cristaliza en una modificación profunda. En el caso de Envases de Azul analizado en el Capítulo 9, por ejemplo, el cambio catastrófico se dispara por la combinación de una convulsión social, política y económica del entorno, con medidas de fuerza del personal que parecen evolucionar hacia la huelga. La decisión de los empleados plantea un hecho inédito para la empresa, que había mantenido tradicionalmente relaciones buenas con sus empleados. A esto se agregan modificaciones abruptas del entorno que conducen a una reestructuración significativa de los marcos de referencia y de los acuerdos previos, impulsando al sistema hacia una configuración de mayor complejidad.

Frederick Emery y Eric Trist, al tratar la cuestión de los contextos turbulentos, los vincularon con el ritmo del avance tecnológico, cuya velocidad habría superado la capacidad de las organizaciones para asimilarlo. Conviene destacar que estos autores distinguieron cuatro tipos de contextos organizacionales cambiantes según su "textura causal": contextos apacibles fortuitos; contextos apacibles agrupados; contextos perturbados-reactivos; y contextos turbulentos.[8] Estos últimos difieren de los anteriores en que, si bien comprenden la conexión entre múltiples factores, sus propiedades no surgen de la interacción de los sistemas componentes identificables que están involucrados, sino del campo en sí. Emery y Trist llamaron a estos ambientes "campos turbulentos". Allí, la turbulencia resulta de la complejidad y el carácter múltiple de las interconexiones causales, que dificultan –cuando no impiden– la predicción y, por lo tanto, incrementan la incertidumbre. Los acontecimientos que rodean a Envases de Azul se corresponden con este tipo de contexto: la crisis que atraviesa la empresa se inscribe en un campo turbulento.

---

8. Emery, F.E.; Trist, E.L.: "The causal texture of organizational environments". En Emery, F.E. (comp.): *Systems thinking.* Penguin, Harmondsworth, 1959.

Los cambios bruscos imprevisibles no son fáciles de asimilar por los sistemas. Su impacto debilita los límites de la organización y, por ende, a los elementos que la estructuran (entre otros, políticas, planes, propósitos, normas, procedimientos, roles). Los cambios contextuales bruscos o masivos quiebran la continuidad, ponen en cuestión la adaptación que había sido eficaz hasta entonces. En situaciones extremas, la especificidad del sistema puede desdibujarse hasta el punto de hacer desaparecer a la organización.

La identidad organizacional, en particular, desempeña un papel clave con relación a los individuos. La identidad hace que se sientan incluidos, pertenecientes y, en esa medida, más seguros. Los contextos turbulentos –y las crisis asociadas– son amenazantes porque ponen en riesgo ese espacio de identidad protegido que representa la organización. Por eso, producen en sus miembros reacciones defensivas ante la eventualidad de la pérdida: se trata de intentos autoafirmativos tendientes a la reconstrucción de los límites del sistema y al restablecimiento del espacio protegido.

Límites y relación con el contexto

El manejo claro de los límites de una organización como sistema constituye una función de conducción y gobierno. Muchos problemas graves derivan, entre otras cosas, de la incapacidad del liderazgo para:

– comprender qué sucede en el contexto;
– predecir la conducta de los grupos significativos de poder, sean internos o externos;
– evaluar el impacto de todo esto sobre el sistema; y
– adaptar sus propósitos, políticas y estrategias a las nuevas circunstancias para garantizar la viabilidad de la organización.

Al operar ignorando la interdependencia con el ambiente y las restricciones que les impone, las organizaciones pueden cometer errores estratégicos. Una organización efectiva es aquella que puede responder a las demandas de su ambiente ponderando el alcance de su interdependencia.

La organización aprende sobre las regularidades que caracterizan a su medio externo a través de la experiencia. Gracias a esta, con el transcurso del tiempo, el sistema va pintando para sí un cuadro del contexto en que se desenvuelve: la calidad de esa pintura influirá decisivamente en la eficacia de la organización a la hora de intentar asimilar las nuevas circunstancias. Sin embargo, como explican Jeffrey Pfeffer y Gerald Slancik, los eventos del mundo circundante no se presentan para la organización de una manera unívoca y nítida. Son aprehendidos por quienes tienen la función de conducción y quienes tienen la responsabilidad de interpretarlos y darles un significado. Los autores mencionados llaman "legitimación del ambiente" a este proceso.[9] Dado que la habilidad para la evaluación del contexto se convierte en un instrumento clave para atravesar exitosamente situaciones de crisis, es necesario desarrollarla metódicamente.

A propósito, Pfeffer y Slancik señalan cuatro errores típicos en la legitimación del ambiente. El primero consiste en no percibir correctamente a todos los grupos externos de los cuales la organización depende y en no evaluar correctamente la importancia relativa y el poder de cada uno de ellos. Ante la crisis, esta equivocación conduce a no tomar medidas y recaudos suficientes. El segundo tipo de error se manifiesta cuando, aun aceptando la interdependencia, se realiza una lectura errónea de las demandas que se formulan a la organización. Si bien toda percepción es selectiva, en ocasiones puede inducir a error cuando los líderes encargados de leer el contexto dejan de lado información clave, la distorsionan o la asimilan incorrectamente. El tercer tipo de error surge del compromiso con el pasado, que genera resistencia al cambio y la compulsión a la repetición, ambos determinados por el apego a viejos patrones de comportamiento. El cuarto tipo de error nace del conflicto entre las demandas que formulan a la organización los distintos grupos de interés y que se hace necesario balancear, porque la respuesta simultánea a un conjunto de presiones tanto fuertes como diversas, puede provocar que se pierdan de vista sus impactos recíprocos no deseados.[10]

Para De Greene, la principal deficiencia que suele presentarse en la conducción de una crisis organizacional consiste en esperar a que esta alcance niveles avanzados antes de dar una respuesta. El autor llama a la actitud contraria

---

9. Pfeffer, J.; Slancik, G.: *The external control of organizations*. Harper and Row, Nueva York y Londres, 1978.
10. Pfeffer, J. y Slancik, G.: ídem.

"anticipación de las potencialidades de la crisis y la conducción preplanificada de la misma". Para esto, la organización debe contar con las siguientes capacidades adaptativas y anticipatorias.

1. Capacidad de interpretar y medir el estado presente y el proceso dinámico interno, es decir, de evaluar la estructura, los subsistemas y su interacción.
2. Capacidad de proveer configuraciones alternativas futuras, basadas en la comprensión de los procesos dinámicos, en el juicio experto y en el pronóstico del futuro.
3. Capacidad de interpretar y medir el estado presente y el proceso dinámico de los aspectos relevantes del medio externo.
4. Capacidad de proveer configuraciones alternativas futuras para el medio externo relevante, basadas en los puntos 1 y 2.
5. Capacidad de ofrecer un modelo dinámico, fácilmente modificable, adaptable e integrado de organizaciones alternativas, capaces de interrelacionarse con el ambiente.
6. Capacidad de evaluar las metas presentes y futuras, así como los conflictos y la disparidad entre las metas deseables y las condiciones actuales de la relación entre la organización y el ambiente.
7. Capacidad de ofrecer un repertorio flexible de planes ajustables a los factores contingentes.
8. Capacidad de ofrecer un repertorio flexible de acciones contingentes, vinculado con los factores mencionados en los ítems 1 al 7, para minimizar la disparidad entre las metas deseables y las condiciones actuales.

La conducción anticipatoria tiene que ver con el mantenimiento preventivo y el cuidado de la salud de la organización. Requiere un equipamiento flexible de la estructura organizativa para que pueda asumir una modalidad participativa, integradora y plástica, que permita afrontar y adaptarse a condiciones cambiantes del contexto. Este estilo de conducción se asocia al mecanismo de retroalimentación (en inglés, *feed-forward*), que se basa en una evaluación prospectiva del ambiente y la ideación de escenarios futuros alternativos. El concepto está asociado con el establecimiento de metas en forma anticipada, el control y el planeamiento previo.

La conducción anticipatoria está directamente asociada con los procesos de establecimiento de metas, control y planeamiento.[11]

Cambiar, conservar, adaptarse

Tenemos así que la lectura de eventos críticos se relaciona con la capacidad de anticipar y prevenir, así como con el aprendizaje social en contextos cambiantes, competencia que compromete desde nuestro punto de vista la capacidad para manejar y controlar la incertidumbre.

La adaptación al mundo externo exige a los individuos imponer una regularidad a los eventos –que, por otra parte, nunca son los mismos– a fin de poder predecir el futuro. Como explica Peter Marris, la predictibilidad descansa en la habilidad para abstraer de los eventos particulares las leyes subyacentes que los gobiernan en una forma relevante para los propósitos de la organización. Un sistema no puede sobrevivir sin realizar una predicción confiable del curso de los hechos externos. Aun cuando no sea exacta, la predicción permite adjudicar significado a los hechos para responder a ellos.[12]

En el caso de Envases de Azul, la crisis económica y la inflación alteran un equilibrio referido a la satisfacción salarial e introducen elementos de incertidumbre que incrementan la frustración y el descontento manifiesto. De esta forma, el factor económico contribuye a una modificación drástica del sistema de relaciones sociales e interpersonales, imponiendo a la empresa una tarea de adaptación que, a su vez, exige superar el impulso conservador a quedar apegado a esquemas del pasado como una expresión de la resistencia al cambio.

Conviene detenerse un momento en este impulso conservador, que obedece a una tendencia universal. Si bien la resistencia al cambio tiende a verse como una forma de ignorancia, como la obstinada protección de ciertos privilegios, o como motivaciones adquiridas no necesariamente funcionales para el sistema, representa en realidad algo más profundo. Se trata de una táctica necesaria para la supervivencia y la adaptación, porque las nuevas

---

11. De Greene, K.: *The adaptive organization. Anticipation and management of crisis.* John Wiley and Sons, Nueva York, 1982.
12. Marris, Peter: *Loss and change.* Institute of Community Studies, Routledge and Kegan Paul, Londres, 1974.

experiencias son asimilables solo después de haber sido incorporadas a una construcción interpretativa propia, familiar y confiable de la realidad, que descanse no solo en la regularidad de los eventos sino también en la continuidad de su significado. El conjunto de interpretaciones que intentan dar significado a la experiencia configura un sistema expresivo, una gramática simbólica, un lenguaje que da también cuenta del significado de las relaciones. Cualquier desafío a estos complejos sistemas adquiridos provoca perturbaciones profundas y, por eso, la tendencia a preservar estos sistemas de significados constituye una condición para la supervivencia. Sin este impulso profundamente establecido para defender la validez de lo aprendido, el ser humano estaría en una situación de indefensión. La posibilidad de asimilar lo nuevo depende de la preexistencia de una estructura organizada suficientemente desarrollada como para incorporar la experiencia.

Apego emocional y crisis

Es de destacar también el papel que juega el apego emocional en la consolidación de las estructuras de significado, así como en el desarrollo paralelo de relaciones y estructuras sociales que las protegen. Este es un aspecto muy importante del proceso de aprendizaje social que se pone de manifiesto en situaciones de crisis. El concepto de apego emocional o apego afectivo (en inglés, *attachement*) fue desarrollado por el psicoanalista británico John Bowlby para referirse a los lazos afectivos que se crean entre un individuo y una figura –por ejemplo, la figura de la madre–, a la que se apega impulsado por la necesidad de seguridad y protección, con el propósito de sobrevivir a una situación amenazante. Desde el punto de vista psicológico y biológico, su finalidad es la supervivencia asociada con la seguridad. Cuando se pierde la figura del apego, se produce la experiencia de la separación, vivida como una pérdida intensa seguida de la emergencia de ansiedad, desesperación e intensos sentimientos depresivos. Bowlby exploró una serie de campos vinculados con su teoría del *attachment* que incluyen la evolución biológica, la teoría de las relaciones objetales, la teoría de los sistemas de control, la etología y la psicología cognitiva.[13]

---

13. Bowlby, J.: *Attachment and loss*. Penguin Education, Londres, 1971.

Las relaciones interpersonales, los vínculos interhumanos, constituyen principios de regularidad en los cuales descansa también la capacidad predictiva. Con el crecimiento, los marcos de referencia y las estructuras de significado se van complejizando y ampliando. Las nuevas experiencias y las relaciones se integran en estructuras cada vez más comprensivas, que modifican los marcos de referencia, las necesidades, las intenciones y los propósitos. Estos modifican, a su vez, la relevancia de la experiencia. La revisión de los marcos de referencia complejos resulta emocionalmente disruptiva.

El apego emocional no solo está referido a relaciones interpersonales específicas sino también a relaciones sociales, a objetos, a roles, a situaciones y a posiciones con los que se han establecido relaciones profundas y significativas. Su pérdida constituye un evento altamente perturbador, que compromete modificaciones profundas y que no pueden asimilarse velozmente. En estas circunstancias, el impulso conservador constituye una forma de control del evento que pretende desviar a la conducta de su orientación habitual, tendiendo a aislar la innovación que implica un cuestionamiento de lo ya establecido.

En resumen, la posibilidad de supervivencia se basa en la capacidad de predecir los alcances de los eventos externos en forma confiable, lo cual solamente es posible a partir de relacionar esos eventos con un contexto de significados que los interprete. La continua viabilidad de esta estructura de significados y de los esquemas aprendidos frente a experiencias nuevas depende de que puedan formularse sus principios en términos suficientemente abstractos como para aplicarlos a cualquier evento.

Pérdida y proceso de duelo

La crisis involucra cambios profundos y abruptos en las relaciones entre grupos. Cuestiona las identidades y las concepciones recíprocas de los involucrados. Cuando la expectativa de estabilidad y continuidad se ve alterada por modificaciones en el contexto (por ejemplo, inflación, recesión, desocupación, deterioro del poder adquisitivo, y otras similares), cambian en forma drástica aspectos relevantes de las relaciones intergrupales y de las actividades individuales. El resultado es una crisis de credibilidad y confianza. Un cambio de esta naturaleza implica siempre la pérdida del marco de referencia conocido, un proceso que puede entenderse mejor si se lo relaciona con el duelo.

Dado el compromiso afectivo involucrado en las relaciones entre personas, la situación de crisis es asimilable a la perturbación radical que la desaparición de un vínculo afectivo importante produce. El duelo, en tanto proceso bien descrito de asimilación de un cambio perturbador, ofrece un modelo de respuesta y ajuste aplicables a otras situaciones sociales, ya que las pérdidas implicadas en los procesos de cambio solo pueden aceptarse luego de un proceso de elaboración adaptativo equivalente al que atraviesa un individuo en duelo, proceso normal frente a los avatares de la vida que no reviste –salvo en ciertas circunstancias– carácter patológico.

La pena y la tristeza acompañan los procesos de duelo, dejando heridas que se curan muy lentamente. El duelo supone un proceso largo de elaboración orientado hacia la aceptación de la pérdida y la adaptación al cambio. Sin embargo, cuando el proceso no se cumple en forma normal, se produce una perturbación anímica, que se expresa como retracción, y un trastorno adaptativo significativo. Sigmund Freud, al referirse al proceso de duelo, denomina "melancolía" a un cuadro patológico en el cual aparecen impulsos contradictorios: deseos de volver a la situación pasada –en la que existía el objeto perdido–, que coexisten en el presente con deseos de reintegrarse al futuro a través de la restitución de otros vínculos afectivos. La melancolía redunda en un considerable estrés para el sujeto, quien ve absorbidos por el conflicto entre esos impulsos gran parte de su vitalidad y energía. Por lo tanto, la reconciliación con la nueva realidad es una etapa crucial para llegar a la aceptación de la pérdida.[14] Tomamos este proceso descrito para el nivel individual solo como una analogía o modelo del proceso de cambio a nivel de grupos humanos más amplios que involucran motivaciones profundas. El sujeto (sea un individuo, sea un grupo, sea una organización) solo puede continuar con su vida cuando logra aceptar el cambio, aunque este haya sido profundamente disruptivo. Es entonces cuando se produce la posibilidad de rescatar los aspectos valiosos del pasado.

---

14. Freud, Sigmund: "Duelo y melancolía", en *Obras completas,* Amorrortu, Buenos Aires, tomo XIV.

La intensidad de los sentimientos de pena y tristeza están vinculados con el apego emocional o lazo afectivo establecido con el objeto externo perdido (un ser querido, un empleo, un proyecto organizacional, etcétera). Cuando lo perdido está ligado a un aspecto central de la vida del sujeto, el evento adquiere carácter de colapso que hace tambalear la estructura de significados en que se basan sus esquemas adaptativos. Esto implica que la intensidad del duelo depende del compromiso afectivo volcado y no del valor intrínseco de los eventos.

En las situaciones sociales de cambio abrupto que afectan a una comunidad u organización, las reacciones son colectivas. El resultado final del impacto depende tanto de lo que invita a cambiar como de la forma en que se maneje la situación de transición. El duelo como reacción puede considerarse como un proceso transicional adaptativo, que permite la integración del grupo social a una nueva realidad mediante la transformación y el reemplazo de antiguos patrones de pensamiento y acción.

George Pollock[15] señala la importancia de las etapas de transición que se atraviesan. De acuerdo con este autor, la crisis en una organización puede considerarse un proceso de transición frente a un cambio abrupto en el contexto que, por su dimensión e impacto, no puede asimilarse a los marcos de referencia vigentes y, por lo tanto, genera una experiencia de discontinuidad. Así, la adaptabilidad del sistema queda afectada en sus habilidades de prever y de sostener el conjunto de propósitos o intenciones que hacían significativa la experiencia organizacional emprendida. La transición está dada por el proceso de elaboración de los conflictos ambivalentes que surgen en la crisis, conflictos emergentes de la necesidad de abandonar principios, conceptos, creencias, lazos afectivos conocidos y cambiarlos por otros nuevos. Cuando este proceso penoso, arduo y profundo se cumple adecuadamente, surge una resolución creativa, una producción renovada que involucra un crecimiento y desarrollo.

En el caso expuesto, puede observarse un proceso de transición detonado por un conflicto de poderes que culmina con un cambio creativo: la instauración de un sistema participativo para el análisis anticipatorio de conflictos de intereses entre grupos significativos de poder. Dado que se trata de

---

15. Pollock, G.: "El duelo y el cambio creativo en las organizaciones". Conferencia pronunciada en la Asociación Psicoanalítica Argentina, 1976. Publicación mecanografiada interna.

una innovación surgida del proceso de transición, la culminación satisfactoria equivale a una experiencia de integración-reconstrucción que coincide
con el hallazgo de soluciones originales y creativas para superar el trance.

Etapas en el desarrollo de una crisis organizacional

De acuerdo con Stephen Fink, Joel Beak y Kenneth Taddeo, pueden distinguirse fases sucesivas en el proceso de resolución de una crisis que, en
conjunto, conforman una secuencia de reacción universalmente esperable
ante la sensación de contratiempo y/o la amenaza de fracaso.[16]

- **Fase I: período inicial de *shock*.** El sistema organizacional o una parte
  de él se sienten amenazados. Los integrantes se inquietan y comienzan a tomarse entre sí como focos de conflicto, lo que resulta en una
  fragmentación en el plano de las relaciones interpersonales o intergrupales. Las comunicaciones no son fáciles de lograr. Se dificulta a los
  líderes la toma de decisiones objetivas y positivas. Los problemas operativos cotidianos se convierten en irrelevantes y los integrantes de la
  organización tienden a concentrar sus preocupaciones en la amenaza
  inmediata, con lo cual las tareas de planeamiento y fijación de objetivos
  entran en letargo. La estructura de la organización se hace caótica.
- **Fase II: período de retraimiento defensivo.** La organización se moviliza para imponer un sistema de control destinado a reducir la
  amenaza y garantizar la supervivencia. Los propósitos de largo plazo
  son temporalmente dejados de lado. Los procesos de planeamiento
  y establecimiento de metas son vistos desde una perspectiva muy
  corta. Las relaciones interpersonales asumen la forma de una cohesión protectora, de lealtad incondicional. Esto conduce a un proceso de alienación: los distintos agrupamientos se encierran en sí
  mismos para resistir a un contexto externo visto como amenazante.
  La organización está muy absorbida por el temor a la pérdida del
  control y a volver a experimentar el estado caótico de la fase de

---

16. Fink, S., Beak, J. y Taddeo, K.: "Organizational crisis and change", en *The Journal of Applied Behavioral Science,* Vol. 17, 1971.

shock. El liderazgo y la toma de decisiones se hacen muy centralizados. Se tiende a establecer controles absolutos sobre el flujo de las
informaciones.

- **Fase III: período de reconocimiento.** Los mecanismos defensivos de
la fase anterior pueden fracasar desde el momento en que no son
congruentes con los objetivos de crecimiento organizacional. Durante la fase de reconocimiento, los integrantes del sistema se ven
comprometidos en un proceso de examen y confrontación interpersonal. Si esta actividad deja de tener una cualidad de apoyo integrador, puede degenerar en acusaciones y luchas que retrotraigan
a los miembros a la fase defensiva. El contenido de las relaciones
interpersonales y de las discusiones deja de enfocarse en fallas del
pasado y el énfasis es puesto en cuestiones presentes. Se buscan nuevas y mejores vías de comunicación, que conduzcan a un genuino
entendimiento y a compartir información. El liderazgo y la toma de
decisiones se abren a un mayor rango de influencias y pueden llegar
a surgir nuevos líderes. Los problemas son explorados y tratados
con mayor minuciosidad y atención. Un sentimiento de incertidumbre rodea el tratamiento de los temas. Aparecen nuevas perspectivas, que incluyen propósitos interrelacionados de varias partes del
sistema. Se anticipan las consecuencias de las acciones presentes.
Durante el reconocimiento, el nivel de tensión psicológica es alto.
Se experimenta miedo a enfrentar la realidad y a perder el sentido
de seguridad provisto por el retraimiento defensivo. La tensión se
refleja en una búsqueda ansiosa de algo nuevo y mejor. Se impone
la certeza creciente de que es imposible volver a las viejas formas
de operar.

- **Fase IV: proceso de adaptación y cambio.** Representa una recuperación del crecimiento. Los miembros trabajan dentro de un clima de
apoyo emocional mutuo. Se asumen responsabilidades conjuntas
y la búsqueda de un esfuerzo colaborativo se afianza como valor.
Las relaciones intergrupales se coordinan dentro de un sistema que
asegura la integración. La comunicación se hace auténtica: refleja
lo que realmente sucede en cada parte del sistema. El liderazgo es
más estable y de largo plazo. La toma de decisiones es dinámica.
La conducción centrada en la tarea permite que los problemas se

asuman en una forma flexible y que los roles estén ocupados por la gente más capacitada. La organización manifiesta estar convencida de la necesidad de una estructura orgánica capaz de sobrevivir y crecer adaptándose flexiblemente a los cambios que dicte el proceso de su desarrollo.[17]

Abordaje de la crisis: nuestro enfoque

Aquí entendemos que el proceso de transición que involucra la resolución de una crisis incluye cuatro etapas. A cada una corresponde un tipo particular de conflicto prevalente y una manifestación igualmente típica de la ansiedad, componentes dinámicos que inciden a su vez en el establecimiento de las relaciones interpersonales, intergrupales y con el contexto, que impactan sobre la organización en su conjunto. Describimos las etapas siguientes.

Etapa confusional desestructurante. Predomina la ansiedad confusional descrita por J. Bleger.[18] Las reacciones internas se producen de una manera masiva, accesional, paroxística, afectando las diversas formas en que se relacionan entre sí los individuos, los grupos, y la organización con otras organizaciones y con el contexto. Las marcadas fluctuaciones producen la sensación y el efecto de una catástrofe virtual, que –a su vez– estimula una ansiedad aguda, frecuentemente aludida con el nombre genérico de "incertidumbre". En el momento inicial de una crisis, se produce un movimiento regresivo de desorganización creciente, abandono del planeamiento e imposibilidad de clarificación de metas. Los roles pierden contornos y claridad. Cunde una sensación caótica, que se expresa en el sistema de autoridad como una tendencia anárquica. La crisis es la expresión de un desorden, que afecta siempre al sistema de autoridad y se traduce como su ausencia. La autoridad jerárquica, cuya función es brindar contención y seguridad, ve su credibilidad y la confianza afectadas.[19]

---

17. Fink, S., Beak, J. y Taddeo, K.: *op. cit.*
18. Bleger, J.: *Psicología de la conducta, op. cit.*
19. Freund, J.: "Observaciones sobre dos categorías de la dinámica polemógena. De la crisis al conflicto", *op. cit.*

La falta de claridad hace que estas actitudes no se expresen como conflicto declarado porque tampoco hay un perfil neto de las contradicciones fundamentales ni una diferenciación de los grupos significativos de poder. Las cuestiones de intereses se hacen confusas. La indiscriminación se traduce también en la dificultad para establecer la causa de los problemas. No existe una conciencia precisa con respecto a los principales determinantes de la situación ni del grado de responsabilidad interna o externa en la definición y el manejo de la crisis.

En el caso presentado, antes de la crisis, el dueño y la empresa eran percibidos como una unidad indiferenciada. El lenguaje cotidiano reflejaba esto en la tendencia a usar la palabra "empresa" para referirse al dueño, y el nombre propio del dueño para referirse a la empresa. La definición borrosa de la estructura interna y el grado excesivo de personalización de la gestión hacen suponer en esta etapa que el dueño y la empresa están simbióticamente mancomunados. Se vuelve difícil percibir la organización como un sistema independiente de los individuos que la integran. No existe un organigrama oficialmente sancionado y se subestima la necesidad de formalizarlo. El dueño, en esta manera de percibir los hechos, está revestido de un poder omnipotente que incrementa la expectativa de protección y dependencia.

Etapa paranoigénica de enfrentamiento polemógeno. Desde la confusión inicial, el sistema evoluciona progresivamente hacia una etapa que –siguiendo a Julien Freund– llamamos "polemógena", porque en ella se van configurando posiciones y oposiciones. La estructuración de las posiciones en torno a los intereses reales y supuestos que identifican a los grupos confrontados representa un progreso con respecto a la etapa anterior.

La etapa del conflicto polemógeno está alimentada por amenazas, sospechas y desconfianza mutua, enraizadas en las ansiedades persecutorias. Estas manifestaciones del conflicto dan cuenta de la apelación que los individuos hacen en la vida social a mecanismos de disociación propios de lo que Melanie Klein denominó "etapa esquizoparanoide".[20] Mediante la disociación, los individuos tienden a escindir, separar lo bueno de lo malo en sus relaciones sociales, así como en el mundo externo. "Lo bueno" es predominantemente

---

20. Klein, Melanie *et al.*: *Desarrollos en psicoanálisis*. Paidós, Buenos Aires, 1962.

el propio grupo, mientras que "lo malo", "el enemigo", es percibido –depositado– en el otro grupo, considerado como ajeno y distinto. Lo bueno es exaltado, idealizado, sobrevalorado. Lo malo es rechazado, atacado, segregado. Esto se ve reforzado por la negación de ciertos aspectos de la realidad que cuestionen las hipótesis fundamentales vigentes, un mecanismo que impregna la percepción de los hechos.

En el caso estudiado, el conflicto se torna más claro en esta etapa. Los grupos van saliendo de la confusión y del *shock* a través de enfrentamientos. Como explica Freund, el eje central de esta etapa "[…] está dado por la aparición premeditada de la intención hostil. Esta tiene el efecto de bipolarizar las relaciones por la oposición amigo-enemigo. El conflicto aparece en estas condiciones como una solución de la crisis [...]", pues al fijar un enemigo, se reintroduce una certidumbre.[21] "La identificación de un enemigo aparece así como una liberación, puesto que la lucha que hay que emprender adquiere desde ese momento un sentido concreto". Encontramos en estas descripciones las dos características centrales del tipo de conflicto instaurado: la bipolarización y la precipitación de la hostilidad.[22]

La desconfianza provocada por la bipolarización se retroalimenta favoreciendo una situación regresiva, un incremento progresivo del enfrentamiento expresado a través de mecanismos de acción directa o a través de rumores, prejuicios, sospechas y rupturas que amenazan con una separación. Estas formas de manifestación del conflicto son acompañadas y retroalimentadas por fantasías acerca del otro elaboradas por cada grupo. En nuestro ejemplo, el personal y los gerentes se enfrentan, los primeros suponiendo un dueño poderoso y los segundos atribuyendo a los delegados ocultas intenciones políticas hostiles y destructivas. La persistencia de estas hipótesis se sustenta en su complementariedad. Las percepciones que un grupo hace respecto del otro encierran estereotipos, que configuran profecías acerca de la conducta esperada que tienden a autorrealizarse. Dado que cada etapa de la crisis representa un incremento de la fragmentación organizacional, en los niveles directivos se apela a mecanismos de control rígidos y centralizados para evitar la disgregación, pero solo logran aportar un tono persecutorio mayor poco eficaz,

---

21. Freund, J.: "Observaciones sobre dos categorías de la dinámica polemógena. De la crisis al conflicto". En Starn, R. *et al.*: *El concepto de crisis*. Megápolis, Buenos Aires, 1979.
22. Freund, J.: Íd.

Un aspecto significativo de esta etapa es la fuerza del mecanismo de negación de la realidad externa. Los grupos se vuelcan hacia adentro, dan la espalda al contexto y se toman los unos a los otros como el objeto privilegiado de sus preocupaciones. Se subestima la gravedad de las circunstancias y se asumen actitudes poco sensatas y flexibles en la negociación y el diálogo. La lucha interna señala la fuga regresiva de una realidad que, por desconocida, resulta difícil de aceptar.

Etapa de pérdida y duelo. En el momento más crítico del proceso regresivo de la crisis, se genera un cambio, una reestructuración brusca de las fuerzas del campo que determina un giro de la situación. En nuestro ejemplo, el punto más agudo de la crisis coincide con las medidas de fuerza que ponen a la empresa en riesgo de cierre. Por primera vez, esta eventualidad se asume como una realidad posible de la cual las partes comienzan a hacerse cargo, con todos los sentimientos de pesar que implica. La toma de conciencia, asociada con un sentimiento de pérdida, desata una penosa etapa de transición y un cambio de actitudes favorecido por dos eventos organizacionales: la realización de una reunión participativa ampliada (recurso de conducción que promueve el realineamiento de todos los miembros de la organización en un cuerpo común para enfrentar la crisis) y la emergencia de un grupo de jefes intermedios, quienes destraban la contienda polemógena que parecía irreversible. Ambos hechos son parte de los cambios propios de esta tercera etapa.

En particular, el hecho de que los supervisores se mantuvieran relativamente al margen durante la primera fase del conflicto facilita que se posicionen como agentes de cambio. Este grupo, que se configura como una tercera fuerza, incide en el desarrollo de los acontecimientos a través de una política de conciliación de intereses y de búsqueda de soluciones concertadas. Así, ellos logran cambiar la orientación y el signo del conflicto. Como señala Freund, la emergencia de un tercero constituye un obstáculo para la bipolarización porque introduce la idea del pluralismo democrático. "El tercero cumple en la sociedad funciones diversas, tanto irenógenas (pacifistas) como polemógenas. Puede ser el árbitro, el mediador, el intermediario, el juez, la condición de objetividad, el investigador de problemas, el divisor, etcétera. En general, las sociedades estables otorgan un lugar esencial al tercero. Es el representante del pluralismo y de la tolerancia de los antagonismos, de los desacuerdos y los contrastes".[23] Esto significa el comienzo de una etapa de reconstrucción, que parte de la aceptación del conflicto como un hecho inevitable en la vida de las organizaciones. Porque no se abandonan los intereses sectoriales sino que se los canaliza a través de un enfoque consensual o interactivo de manejo de los conflictos, que requiere debate, persuasión y negociación a través de mecanismos concertados.[24]

Para que esta nueva etapa pueda darse, deben operarse cambios profundos en las personas y en los grupos. Debe percibirse a la organización como un objeto compartido, cuya estabilidad depende de un esfuerzo mancomunado y participativo. El temor a la pérdida refuerza los lazos afectivos de preocupación y compromiso con la organización. En esta etapa, la amenaza no se entiende dirigida hacia grupos internos sino como un problema emergente del contexto externo y, por lo tanto, un tema de preocupación general. Continúan los sentimientos generalizados de inestabilidad y riesgo, pero se recuperan los deseos de preservación de la fuente de trabajo y se va construyendo una responsabilidad conjunta. Se buscan soluciones consensuadas a través de mecanismos participativos, que comprometen la dinámica del poder en la organización. La introducción del tercero como fuerza indica la limitación de las dos partes que antes estaban en conflicto y que ahora comienzan a percibirse mutuamente con más realismo y menos resentimiento.

Todo esto importa un proceso de duelo, que se evidencia en el apego, aún presente en los miembros de la organización, a viejos esquemas, en especial, a la imagen del poder. De allí que el proceso esté signado por dificultades y resistencias. Ahora aparecen los matices bajo la forma de aceptación de una realidad con múltiples aspectos. Esta forma de percibir las cosas es típica de la ambivalencia, de la coexistencia de afectos contradictorios respecto de un mismo objeto.

Estas transformaciones implican un cambio paradigmático: el abandono de esquemas que ya no resultan útiles para enfrentar y resolver los problemas que el presente plantea.[25] El cambio interno está apoyado por modificaciones actitudinales y de identidad (autoimagen) de las figuras de autoridad. El modelo paternalista comienza a ser transmutado por prácti-

---

23. Freund, J.: "Observaciones...", *op. cit.*

24. Jaques, Elliott: *A general theory of bureaucracy.* Heinemann, Londres, 1976. Capítulo II.

25. Utilizamos los conceptos de "paradigma" y "cambio paradigmático" de Kuhn, Thomas S.: *La estructura de las revoluciones científicas.* Fondo de Cultura Económica, México, 1962.

cas más democráticas que contemplan el pluralismo real existente y la complejidad de la dinámica del poder. Todo este proceso es trabajoso, puesto que el abandono de viejos baluartes siempre es doloroso y lento. El apego afectivo a las posiciones previas retiene a los individuos. Aun cuando los cambios redunden en un mayor bienestar y resulten positivos, los distintos sectores temen perder en la nueva situación su "verdadera identidad" y, con ella, la capacidad o fortaleza para defender sus intereses genuinos. Para que la tendencia a los cambios se vaya afianzando, deberá producirse también un fortalecimiento de la identidad de las partes, asentado en una política de aceptación –y tolerancia– de las diferencias y de los derechos de cada una: todas deben tener plena confianza en que ninguna solución significará la supresión del derecho a preservar su identidad.

Etapa de adaptación al cambio. Luego del proceso de duelo, que constituye el fenómeno central de la etapa anterior, se impone la necesidad de restaurar la continuidad de los propósitos y las expectativas del proyecto organizacional.

Al cambio vivido como pérdida, sucede una respuesta innovadora, consistente en el establecimiento de un orden superior en abstracción y complejidad. Representa un nuevo sentido u orientación, que marca el rumbo de la organización y resuelve los problemas planteados por la situación de crisis. Comprende una visión integradora de los conflictos disociativos que da lugar a nuevas formas organizativas. Los cambios suponen una vuelta de página: aceptar que la realidad es distinta, y que las formas y los estilos anteriores ya no tienen vigencia. Son cristalizaciones creativas de nuevos paradigmas, resoluciones satisfactorias del proceso de duelo y corolarios del proceso de crisis. Implican una adaptación transformadora de las estructuras internas, orientada hacia el crecimiento y el desarrollo, que otorga a la organización mayor permeabilidad a la experiencia y la hace más proclive a la innovación.

Siguiendo a Peter Marris, puede afirmarse que la tendencia universal a la conservación de la estructura de propósitos hace que la vida tenga sentido. Esto es lo que impulsa el desarrollo de nuevas habilidades o la exploración de nuevas experiencias o formas de relación.[26] No obstante, no

---

26. Marris, Peter: *Loss and change.* Institute of Community Studies, Routledge and Kegan Paul, Londres, 1974.

es posible encarar esta etapa constructiva, prospectiva, práctica y realista si no se han resuelto satisfactoriamente las etapas anteriores. El cambio de un paradigma implica el reemplazo de otro previo, lo que exige aceptar su ineficiencia y elaborar una resignación constructiva a través de un proceso de duelo que solo se da luego de haber transitado las etapas previas.

En la crisis de Envases de Azul la nueva institución participativa cumple con dos finalidades, una adaptativa y otra prospectiva, propias de esta etapa: por una parte, resolver constructivamente los conflictos internos entre grupos significativos de poder; por otra, analizar las amenazas y oportunidades provenientes del contexto, elaborando objetivos y políticas acordes con la situación interna o externa para recuperar la contención organizacional. Al respecto, conviene notar que los propósitos de una instancia participativa como la reunión mensual no se agotan en la resolución de conflictos de intereses entre grupos, sino que incluyen también la elaboración de políticas tendientes a fortalecer el sistema, el desarrollo de estrategias y la adopción de mecanismos que enriquezcan las habilidades de la organización para afrontar contextos abruptamente cambiantes. Dado que las fuerzas se hacen centrífugas, el mantenimiento del conflicto interno en niveles compatibles con la integración constituye una estrategia fundamental. De este modo, un proceso de crisis organizacional desencadenado por un contexto turbulento puede evolucionar hacia niveles crecientes de integración, pasando de la inestabilidad y la inhibición del planeamiento a la adopción de una perspectiva más amplia y un mayor sentido de futuro que permiten reducir la entropía. En el apartado correspondiente a "Síntesis y conclusiones", aportamos un cuadro sintético de las etapas de la crisis.

SÍNTESIS Y CONCLUSIONES

La PyME de tres estratos: características de la entidad

En este libro nos hemos ocupado de un tipo particular de modelo organizativo: la empresa unipersonal de tres estratos ejecutivos, llamada PyME. Se destacan en ella algunas condiciones diferenciales básicas.

- Está dirigida por un emprendedor, a la vez dueño (titular del capital) y figura visible, en el ejercicio directo de la conducción. El empresario encarna así un triple rol: accionista mayoritario, presidente del directorio y ejecutivo principal. Este rol le otorga un poder significativo en la empresa, al tiempo que sus distintos aspectos representan demandas múltiples –en ocasiones– contradictorias para la persona que lo ejerce.
- El proyecto de la empresa coincide con el proyecto personal de su dueño, hecho que lleva a una indiscriminación entre, por un lado, necesidades y objetivos organizacionales y, por otro, necesidades y motivaciones personales.
- En la configuración del proyecto, el cliente juega un rol protagónico. El proyecto está orientado externamente, modelado por la demanda de una clientela que lo determina. Prevalece la orientación a dar un buen servicio. Esto supone un tratamiento individualizado y personalizado para cada cliente considerado en virtud de sus necesidades particulares. El trabajo es ofrecido a la manera de un

servicio hecho a medida. Este enfoque es opuesto a la productividad en serie, a la relación anónima, impersonal y masiva propia de los sistemas empresarios de gran tamaño, altamente formalizados, en los cuales predominan la estandarización y los procedimientos preestablecidos.

– El tamaño de la empresa es reducido. Esto se aprecia en el número acotado de empleados –alrededor de 150 personas– y en la restricción del número de estratos ejecutivos jerárquicos. El empresario cuenta con un equipo de colaboradores directos –jefes departamentales– junto con quienes maneja ejecutivamente a la totalidad de los empleados y clientes. El tamaño reducido es compatible con el factor de mutuo reconocimiento, es decir, con la posibilidad de que todos los miembros de la empresa se conozcan entre sí, lo cual alude a un grado de personalización del sistema organizativo.

La empresa unipersonal de tres estratos representa una forma particular de conducción, de liderazgo y de orientación en el mundo social. El ejecutivo principal tiene que articular un proyecto o plan global, intuitiva y creativamente orientado a las demandas que surgen de una clientela, a la que conoce en forma personal y directa. A su vez, debe coordinar esas demandas externas con el proceso de trabajo interno que involucra el manejo de un sistema organizativo complejo y de un equipo diverso de personas.

La totalidad del sistema conformado por la organización, la clientela y el contexto externo es manejada a la manera de una serie de partes concatenadas. Esta modalidad de conducción se ha caracterizado en esta obra bajo la denominación "procesamiento serial de la información", y que coincide con el nivel de complejidad correspondiente a una empresa de tres estratos ejecutivos. El ejecutivo principal retiene mentalmente la totalidad del sistema en forma real y concreta. Controla su negocio en forma directa. Los datos acerca de la producción, clientes, *stocks*, el conocimiento personal del equipo que interviene son retenidos por el ejecutante del rol mentalmente como entidades reales. Este conocimiento se refuerza a través del contacto diario que establece con los sistemas de información que ha logrado diseñar –muchos de ellos informales– y que le permiten un control de lo que acontece en el campo total de su responsabilidad: la empresa. La complejidad que predomina en el manejo de la operación es de tipo operacional concreta. Está orientada a resultados directos a ser obtenidos en períodos relativamente acotados de tiempo (plazos mensuales y anuales). Los resultados están orientados por la demanda, los requerimientos y las exigencias que marca la subsistencia del sistema empresarial.

La dimensión organizativa constituye una unidad de comando directo, dada la presencia visible de su ejecutivo principal que ejerce la conducción general. La posibilidad de retener mentalmente los aspectos clave de la gestión hace que el empresario pueda detectar tendencias y establecer las correcciones o los ajustes correspondientes sin dilaciones. La conducción de una empresa de este tamaño supone la necesidad de orientar constructivamente la problemática vinculada con el conflicto interpersonal y social interno.

El tamaño de la empresa. Constituye un factor estratégico fundamental. Cuando se trasciende el límite fijado por el factor de mutuo reconocimiento, aparecen condiciones y circunstancias nuevas en el sistema, que alteran su esencia última y demandan nuevas formas de gerenciar. El factor de mutuo reconocimiento otorga a cada miembro de la empresa la posibilidad de un contacto particularizado con los demás, la visualización directa del dueño y el manejo individual de los clientes. En síntesis, este tamaño de organización hace posible:

- el establecimiento de relaciones directas entre los ocupantes de los roles;
- comunicaciones fluidas con interlocutores presenciales;
- el reconocimiento particularizado de las expectativas mutuas entre dueño, empleados y clientela, que da un alto grado de personalización al sistema;
- la consolidación del sentido de participación y pertenencia.

En un sentido ideal, este tipo de orientación provee una organización flexible poco formalizada, que hace posible una adaptación más rápida a las circunstancias cambiantes del contexto turbulento.

La personalidad del dueño. Juega un rol fundamental en la configuración del modelo. El proyecto empresario que contiene un elemento de innovación, creatividad y cambio constituye una elección vocacional precisa. El empresario es un trabajador por cuenta propia. Elige asumir riesgos personales, definir su propio contexto de trabajo. Su afán de autorrealización lo lleva a trascender las barreras de la situación de empleo y lo convierte en el artífice de una obra propia, con la cual se identifica y a la que está ligado por un lazo afectivo y motivacional significativo. Prevalece en él una marcada ambición de logros y orientación al poder.

La constelación ejecutiva que se estructura alrededor del rol estelar y dominante que ejerce el empresario suple la organización formal. La dependencia y marcada centralización intensifican el carácter de "hombre orquesta" del empresario y dan lugar a la aseveración "la organización soy yo", metáfora que expresa parte de la dinámica interna. En virtud de esta forma de cohesión e integración, la estructura organizativa y los roles que la componen se encuentran insuficientemente definidos. Las responsabilidades pueden resultar ambiguas, poco claras, superpuestas, confusas. Dada la marcada importancia que en este sistema tiene la personalidad del empresario, las condiciones positivas pueden verse limitadas ante un estilo de conducción egocéntrico que puede constituirse en un factor restrictivo para el desarrollo individual de colaboradores directos.

La empresa de tres estratos constituye una estructura en transición. El mayor volumen determinado por una demanda creciente representa una complejidad impulsora de un cambio: la necesidad de una estructura con más estratos ejecutivos que representen niveles progresivos de autoridad y gerencia. Cuando esto ocurre, se trasciende la orientación dada por el factor de mutuo reconocimiento. En tal caso, las relaciones sociales se vuelven anónimas y se hace necesaria la redefinición de roles dentro de una estructura más adecuada para contener el nuevo nivel alcanzado.

Es menester destacar que las fuerzas propulsoras de un cambio conducen a un verdadero crecimiento por extensión vertical de la empresa, como resultante de una complejidad mayor, y que se traduce en la emergencia de nuevos niveles gerenciales. Pero este desarrollo está limitado por el nivel que le fija la capacidad de su ejecutivo principal. Es decir, si el desarrollo no es acompañado por un crecimiento concomitante de la capacidad del empresario, no se produce. El estancamiento se expresa en tensiones, indefiniciones y fallas en la organización, las que fueron descritas en el desarrollo del caso. Aquí, al principio de Arquímedes de la organización, se opone el principio de Peter: "Todo individuo alcanza su nivel de incompetencia".[1]

Descentralización de unidades operativas de tres estratos en organizaciones grandes. Las condiciones internas positivas de las empresas unipersonales de tres estratos son pasibles de ser rescatadas en organizaciones de gran tamaño. Esto involucra una estrategia de diseño. Para tal fin, se requiere crear unidades operativas autónomas para las tres funciones operacionales principales (Ventas, Producción e Investigación y Desarrollo). Este diseño es aplicable a las funciones o áreas no operacionales de la empresa (Recursos Humanos, Finanzas, Mantenimiento, Compras, Logística, etc.). Estas unidades descentralizadas autónomas deberían estar integradas por un número limitado de empleados y por tres estratos ejecutivos jerárquicos. La experiencia demuestra que un ejecutivo gerencial de estrato III, acompañado por un buen elenco de jefes a cargo de los departamentos o secciones principales, puede manejar una organización de este tamaño en forma efectiva. Cada una de ellas debe depender de un director de estrato IV que opere definitivamente en un nivel estratégico.

El gerente a cargo de la unidad de tres estratos debe poder manejar un objeto operacional concreto a través del comando directo, tener la capacidad de captar un proceso serial de partes interrelacionadas y ser una figura convocante, para responder a los requerimientos de un liderazgo ejecutivo.

El análisis organizacional como estrategia de cambio

El análisis organizacional del caso considerado atravesó tres etapas, cuyas principales características sintetizamos seguidamente.

Período inicial. Un aspecto principal de este período lo constituye la comprensión y la aceptación de la consulta, y del rol del analista considerado como un consultor independiente. Este logro se vio obstaculizado en un principio por la falta de familiaridad con el modelo de consulta y por una desconfianza que caracteriza un proceso de cambio como el propuesto. La

---

1. Peter, Laurence J.; Hull, Raymon: *The Peter Principle: why things always go wrong.* William Morrow and Co., Nueva York, 1969.

resolución de las ansiedades y desconfianzas iniciales permite ir utilizando progresivamente el modelo. Podemos decir que el objetivo de la primera etapa es la consolidación de la relación de consulta para que se instaure un vínculo de confianza y la colaboración recíproca se haga efectiva.

Al comienzo, la demanda de entrevistas y consultas por parte de los miembros de la empresa fue escasa, dadas las reticencias iniciales. La iniciativa del primer período recayó principalmente en el empresario y luego en los miembros del equipo gerencial. Los temas tratados dan cuenta de los problemas frecuentes de las PyME:

- sobrecentralización en una autoridad carismática que orienta la dinámica interna; marcado apego interno a una figura paternalista central;
- informalidad de la estructura de la empresa, que no logra ser entendida como un sistema ejecutivo independiente de las personas;
- afianzamiento del nivel gerencial de conducción con autoridades más claras;
- necesidad de cubrir cargos gerenciales y de redefinir perfiles, etcétera.

Segundo período. Un énfasis mayor es puesto en la necesidad de clarificar el encuadre gerencial, que se canaliza a través del análisis de la estructura ejecutiva jerárquica: delimitación de responsables, aclaración de situaciones organizacionales difusas, trabajo en equipo entre sectores, etcétera. De este modo, comienzan a introducirse importantes conceptos como la responsabilidad por la que se rinde cuentas (*accountability* gerencial) dentro de los principios y valores que hacen a un funcionamiento efectivo de la estructura ejecutiva.

En esta etapa, se va produciendo también una progresiva descentralización de funciones absorbidas en una primera instancia por el empresario, quien comienza a delegarlas en forma efectiva. Esto responde también a un cambio cualitativo en el estilo de conducción y en el vínculo del empresario con la empresa.

Tercer período. La participación se hace extensiva a sectores más amplios de la empresa. Se incorporan al proyecto sectores más representativos, recuperándose así una visión totalizadora de la organización. Se va consolidando la

confianza interna y, junto con ella, el surgimiento espontáneo de la participación de los empleados de los estratos ligados con la producción. Se hace
visible la existencia de grupos significativos de poder y se visualizan con más
claridad los conflictos que los animan. La dinámica anterior es consonante
con una política explícita de participación del personal de planta y de los
jefes y supervisores de primera línea. Esta política le da al proyecto de análisis
organizacional una representatividad mayor y una inclusión más plena en
la problemática global. El desarrollo anterior es reflejo de la consolidación
progresiva de la confianza interna en el rol del analista organizacional, que
hace que se puedan encarar:

- reuniones de equipo de gerencia;
- reuniones con la comisión interna;
- consolidación del rol del supervisor y
- reunión mensual.

Esta última representa una forma de participación y de inclusión del
grueso del personal en decisiones políticas de la empresa.

Por su parte, los supervisores de primera línea asumen un protagonismo más relevante en las comunicaciones internas y se constituyen, como se
puede apreciar a través de los relatos sobre el desarrollo del conflicto interno, en un sector clave a nivel de la planta para la resolución de conflictos
en momentos de crisis. En esta etapa, se hace factible realizar un programa
de reuniones para clarificar la autoridad de dicho rol, generalmente afectado por ambigüedades organizativas que le quitan vigencia como puente
de enlace entre los operarios y la conducción superior. El rol supervisor
contribuye desde entonces a desalentar la alienación y la marginación del
estrato que frecuentemente queda relegado y sin una contención suficiente para expresar sus problemas y necesidades de desarrollo.

Crisis y conflicto en contextos turbulentos

Los contextos turbulentos caracterizados por una extrema fluctuación y
cambio en las variables sociopolíticas y económicas que afectan al país y al
mundo actúan sensiblemente sobre la empresa y favorecen la emergencia

de situaciones de conflicto y crisis. En una primera etapa, durante esos episodios, el sistema interno se hace vulnerable y la empresa comienza a estar determinada desde afuera. Emergen como resultante la incertidumbre y una ansiedad predominante confusional, que cobran la significación de una amenaza desorganizadora.

La crisis constituye una ruptura, más allá de la cual la organización podrá continuar desarrollándose y creciendo o, por el contrario, sufrir pérdidas que redundarán en la disminución progresiva de su capacidad y rendimiento.

Sin embargo las crisis no deberían ser vistas como un acontecimiento negativo. En una segunda etapa, la crisis reflejada internamente asume la característica de conflictos, enfrentamientos y cuestionamientos que ponen de manifiesto la existencia de confrontaciones entre grupos significativos de poder. En esta etapa, el conflicto es más nítido y algo más evolucionado. La crisis va adquiriendo luego los contornos de un conflicto de pares antitéticos.

Durante la tercera etapa, la crisis es reconocida como un acontecimiento que afecta a todos y que compromete la supervivencia de la empresa. Se van revisando las concepciones vigentes pero desactualizadas. Esto involucra un reconocimiento de los problemas, que promueve la necesidad de modificar esquemas, reorientar propósitos, establecer nuevos planes. Entonces, disminuyen los enfrentamientos, y aparece la preocupación por considerar coaliciones que permitan elaborar una franja de responsabilidades conjuntas.

La cuarta etapa es rica en la búsqueda de soluciones negociadas. Se trata de una búsqueda creativa de nuevas iniciativas a partir de una revalorización de los recursos internos y del establecimiento de lazos de colaboración entre grupos.

El proceso de elaboración y cambio permite la resolución satisfactoria de la crisis y de los conflictos junto con una capacidad renovada para aceptar lo nuevo, lo distinto, lo desconocido. La adecuada elaboración de los conflictos implícitos en una crisis permite, por ende, una adaptación creativa al ambiente externo que fortalece el sistema interno con nuevas adquisiciones y logros. Estos, en parte, consisten en la reconstrucción de los límites más realistas para la empresa a través de un esfuerzo colaborativo entre grupos significativos de poder que asumen una franja de responsabilidades conjuntas.

La instauración interna de mecanismos de participación de los distintos estratos organizativos constituye un reconocimiento de la existencia de grupos representativos de poder. Estos alimentan una dinámica interna de intereses que pueden determinar conflictos y confrontaciones. A través del caso, se ilustra un mecanismo participativo: la reunión mensual, que ofrece un ámbito adecuado en una empresa de tres estratos para contener un conflicto universal. Dicho mecanismo participativo facilita el pasaje de una etapa disociativa en el despliegue de un conflicto polemógeno, que amenaza alterar la estabilidad de la empresa, a una etapa constructiva, basada en la concertación, la negociación de intereses y la convivencia democrática, fortalecedoras de un cambio para el desarrollo. En esta modalidad de funcionamiento, cada uno de los principales grupos de poder que actúan en la empresa adquiere un perfil propio. Es reconocido en su identidad e intereses específicos, que se articulan y negocian a partir del reconocimiento explícito de una franja de responsabilidades comunes que orientan el accionar global.

Cuadro 3. Etapas de la crisis organizacional

Etapa	Ansiedad predominante	Manejo del conflicto interpersonal e intergrupal y con el contexto	Efectos organizativos
Confusión desestructurante	Confusional Paroxística Catastrófica	• Principio de contradicción ausente. • Indeterminación de causas. • Indiscriminación persona-rol; adentro-afuera. • Débil sentimiento de pertenencia. • Ruptura de límites. • Falta de contención.	• Desorganización, caos. Anomia. • Interrupción de planes, metas, objetivos. • Atención a la coyuntura. • Desdibujamiento de roles. • Tendencia a la fragmentación interna. • Incremento de insatisfacción laboral. • Desactualización de políticas y valores.
Paranoigénica; enfrentamiento polemógeno	Amenaza, sospecha, desconfianza	• Oposición antitética. • Bipolarización amigo-enemigo. • Disociación bueno-malo. • Enfrentamiento: precipitación de la hostilidad manifiesta e intencional. • Negación de realidad externa amenazante.	• Emergencia de grupos significativos de poder. • Rigidez de los controles. • Tendencia al autoritarismo centralizado. • Riesgos de divisiones cismáticas. • Planes que no registran cambios contextuales. • Comunicación perturbada: rumores. • Chivos emisarios. Segregaciones.
Pérdida y duelo	Reflexión, preocupación, pesar, pérdida	• Aparición del tercero: pluralismo democrático. Todos somos necesarios. • Descongelamiento del conflicto. Cambio de esto o lo otro por esto y lo otro. • Búsqueda de consenso. Negociación ardua y difícil. • Identidad en crisis. • Oscilación entre cambio y resistencia al cambio.	• Búsqueda de nueva legalidad. • Retoma el planeamiento. • Consolidación institucional de mecanismos de negociación. • Análisis del contexto: amenazas y oportunidades. • Asunción de franjas de responsabilidades conjuntas. • Fortalecimiento de la estructura organizativa. • Clarificación de roles.

| Adaptación al cambio | Resignación constructiva | • Instalación del conflicto adentro-afuera en vías de resolución.
• Reversión de la perspectiva.
• Énfasis en "para qué".
• Aceptación del cambio. | • Mecanismos *feed-forward*.
• Planeamiento estratégico.
• Respuestas sintéticas a problemas dilemáticos.
• Democratización del poder y participación.
• Aceptación de la autoridad.
• Nuevos hallazgos creativos.
• Políticas y consolidación de estructura. |

APÉNDICE - CONCLUSIONES ACTUALIZADAS PYMES Y EMPRESAS DE FAMILIA

Luego de la primera publicación de *Análisis organizacional y empresa uniper-sonal*, hemos recogido una experiencia adicional valiosa en casos y obser-vaciones de distintas PyME, que da un mayor alcance a las conclusiones.

Los nuevos casos abordados muestran PyMEs que no necesariamente son empresas unipersonales, sino propiedad de o conducidas por un pe-queño grupo de socios, muchas veces, una familia. En la denominación "PyME" se destaca la referencia al tamaño. En las últimas décadas, se po-pularizó y diversificó mucho más su estudio al considerársela una entidad específica. La PyME como segmento de la economía es estratégicamente importante para el desarrollo global. Como tal reclama y necesita de una atención particular por parte de los poderes públicos y del Estado para incrementar aún más su contribución, que está dada por:

– la cantidad de puestos de trabajo y empleo que genera para un sec-tor significativo de la población;
– su participación creciente en el producto interno bruto (PIB); y
– constituir potencialmente un buen ámbito de trabajo.

Problemáticas de PyMEs y empresas de familia

A los efectos de ampliar las conclusiones vertidas en la primera edición, aportamos el relato sucinto de algunos casos adicionales.

Caso 1. Tres hermanos dirigen desde hace más de 20 años una empresa de productos muy exitosa. Entre ellos, constituyen una sociedad de iguales, iniciada con un local de venta al público. A pesar de la igualdad de derechos y de aportes, dos de los socios ejercen un liderazgo más destacado que el tercero, lo que se aprecia en la toma de decisiones referidas a la conducción general.

En determinado momento, el mayor de los hermanos comienza a vislumbrar su retiro, situación que enfrenta con duda y ambivalencia. Quiere y no quiere seguir perteneciendo a la empresa. Su situación económica personal está ampliamente consolidada, pero disfruta también de su trabajo, al que aplica una considerable cuota de creatividad y dedicación personal. Sus aportes son muy importantes para el desarrollo de los negocios. Sin embargo, no son reconocidos por sus hermanos socios. Este hecho ocasiona insatisfacción entre ellos.

El negocio fue cambiando. Lo que inicialmente constituyó una gestión comercial fue adicionando un proyecto industrial. Al momento de solicitar la consultoría, la empresa poseía una planta donde trabajaban más de cien personas, y oficinas centrales desde las que se organizaba la comercialización, la venta, la atención a proveedores, la administración y la supervisión general. No había organigrama ni funciones diferenciadas, salvo los de jefe de Administración y jefe de Ventas. Por lo general, estos puestos eran ocupados por empleados: tanto el nivel del rol como el nivel de los empleados se encontraban por debajo de lo requerido. El control de las finanzas lo realizaban los dueños, aunque tampoco entre ellos había funciones diferenciadas. Diariamente, desde oficinas contiguas y en forma sistemática, intercambiaban información para la toma de decisiones puntuales relacionadas con las demandas cotidianas.

El clima de enfrentamientos y conflictos entre los socios se intensificó cuando sus hijos –cuatro en total– se incorporaron a la empresa sin roles suficientemente discriminados. La sensación de "indisciplina" se fue acentuando: los jóvenes no tenían horarios establecidos ni asignaciones claras ligadas a objetivos. La evaluación de cada socio respecto del desempeño laboral de los nuevos miembros era tomada por los demás como una crítica ofensiva y cada padre salía en defensa de su hijo. Estas discusiones continuaban en la casa de cada uno, ámbito donde las esposas ejercían una influencia considerable en las decisiones empresariales.

La marcada competencia externa, favorecida por la globalización y las políticas económicas del momento, amenazaba al sector y colocaba a la firma en una situación delicada. La empresa, que había sido muy exitosa durante más de treinta años, factor del bienestar para los socios y fuente de trabajo para más de 150 empleados y sus familias, sufría las zozobras provocadas por las turbulencias externas e internas. En este marco, los tres socios solicitaron la intervención profesional, en principio –según ellos– para dirimir los conflictos y las diferencias.

Desde nuestro punto de vista, el panorama era mucho más complejo. No se trataba meramente de problemas de rivalidad entre hermanos: la totalidad del sistema organizativo se encontraba comprometido ante realidades que habían cambiado significativamente desde los orígenes. Estaban en cuestión principios básicos de organización y gerencia. En particular, la familia, más allá del poder legítimo patrimonial, se convertía en un factor de desorganización y conflicto atentatorio de la continuidad.

Caso 2. Una empresa de servicios, fundada por un emprendedor y visionario, se desarrolla con ímpetu. Su liderazgo creciente en el mercado impulsó la creación de unidades de negocios colaterales, que representan una integración horizontal de servicios, productos y nuevos desarrollos. Llegado el momento, la entrada en escena de los seis hijos del fundador y director ejecutivo abre una nueva etapa. Como política, el grupo familiar decidió incorporarlos simultáneamente a la empresa, a tiempo completo, ocupando roles ejecutivos diversos.

Los hijos manifestaron una marcada vocación por los negocios de la familia. Sin embargo, existían diferencias significativas en dedicación y aportes individuales. A pesar de que la estructura gerencial no se confundía con el directorio, los hijos realizaban constantes incursiones en la línea, actuando ya como gerentes, ya como dueños partícipes del directorio. Dado el esquema prevaleciente de gerentes profesionales, a cargo de distintas unidades de negocios, estos recibían con frecuencia influencias y órdenes provenientes de distintos directores socios, a veces contradictorias. Para el presidente del directorio y padre, se tornaba arduo ordenar el trabajo de los hijos, imponerles límites, asignarles roles y responsabilidades específicas.

Luego de un período de trabajo conjunto, se encaró un proyecto de análisis de la estructura organizativa siguiendo los lineamientos señalados en este libro. Se diferenció la estructura ejecutiva de la estructura del directorio. Se practicaron ajustes y se decidió que todo miembro de la familia asumiera su rol en el directorio. Las funciones ejecutivas pasaron a delegarse en una estructura gerencial que se fue gestando con un perfil ejecutivo. Los miembros de la familia pasaron a formar parte del directorio con funciones de dirección que se fueron definiendo y jerarquizando. Desde entonces, el directorio establece políticas, discute el plan estratégico de negocios con los gerentes de las unidades, y supervisa su concreción evaluando, además, su cumplimiento en cada una de las unidades de negocios de la empresa.

Esta decisión facilitó la consolidación de una gerencia general centralizadora de las unidades de negocios. Para ese cargo, se designó a un ejecutivo profesional externo al grupo familiar. A su vez, con el desarrollo de la empresa y una estructura organizativa independiente, se fue consolidando también un nivel gerencial intermedio para las gerencias especializadas de área. El proceso de transición hacia una estructura ejecutiva experimentó marchas y contramarchas que señalaban las dudas y ambivalencias en las asignaciones de roles ejecutivos y de conducción general. Gracias a las reformas introducidas, la empresa sigue desarrollándose, mientras que el directorio se aboca al tema de la sucesión, en este caso, de particular importancia.

Caso 3. El dueño de una editorial, pionero en la actividad y de amplio reconocimiento público, promediando los 80 años de edad, planeaba su retiro de la empresa de la que era socio mayoritario. Sin herederos dispuestos a involucrarse en el negocio, en los últimos 10 años promovió a tres gerentes de las principales áreas de la empresa (Administración, Investigación y Desarrollo de Negocios, Producción) a la condición de socios minoritarios, cediéndoles parte de sus propias acciones y reconociendo de esta forma su trayectoria. Eran tres gerentes profesionales destacados, que ayudaron a desarrollar el proyecto empresario.

A pesar del nivel alcanzado por ellos, que los ponía en condiciones de ocupar una gerencia general, el fundador ejercía un liderazgo carismático centralista, que tendía a eclipsarlos. Se involucraba personalmente en la gestión y, en su afán por aplicar su propio criterio, soslayaba los niveles intermedios. Esto generaba frustración en los socios minoritarios. Dada esta modalidad de funcionamiento, en momentos clave –por ejemplo, cuando se discutía el desarrollo y la aprobación de un nuevo proyecto–, la empresa parecía estar constituida por solo dos estratos ejecutivos: el del fundador y el del resto del personal.

No obstante, era un hecho que la empresa había sido llevada progresivamente hacia niveles mayores de complejidad por el liderazgo ejecutivo del fundador, quien había sabido rodearse de colaboradores talentosos, a los que dejaba hacer aunque, a la vez, mantenía bajo un control personal muy estricto. El fundador manifestó en una oportunidad que "hacer la empresa fue como pintar un cuadro, con la misma pasión que esto demanda, con el celo de estar constantemente mirando lo que va saliendo, como lo hace un creador, un autor que se apoya en su propio talento y esmero por lograr que el producto que va emergiendo se ajuste a la imagen interna que de él posee". De algún modo, en estadios más avanzados del desarrollo, dirigir la empresa fue como realizar un mural, cada vez más grande y significativo, donde cada pincelada ajena debía aportar a la obra el mismo sentido que el fundador había concebido en su proyecto original.

Aun cuando este estilo constituyó un verdadero estímulo para un equipo de colaboradores inmediatos, no dejó de tener una influencia limitante en ellos durante la etapa de la sucesión que atravesaba la empresa. Ellos aspiraban a ocupar una posición independiente y, como es lógico, de reemplazo del empresario-autor.

La modalidad descrita ya estaba encontrando un límite cuando la complejidad creciente comenzó a requerir un mayor nivel de delegación, y se creó una estructura ejecutiva independiente. Aunque la estructura tenía desde el punto de vista de la organización existente cuatro estratos ejecutivos, no estaba formalmente organizada como tal. El fundador, ocupando informalmente los roles de ejecutivo principal, socio mayoritario y presidente del directorio, ejercía un poder que desdibujaba el nivel decisorio de sus colaboradores directos y socios minoritarios.

Al momento de la consulta, el fundador manifestó su deseo de que la empresa continuara, incluso después de su retiro, desarrollando el proyecto que él había concebido para el largo plazo. Al no tener herederos con interés de incorporarse a la empresa que pudieran ocupar la posición que en algún momento quedaría vacante, comunicó la decisión de vender sus acciones a los socios, con una anticipación suficiente como para negociar con ellos las condiciones y el valor patrimonial involucrado. Naturalmente, el tema se adueñó de las reuniones de directorio, al tiempo que las negociaciones demandaban reorganizaciones profundas que afectaban la estructura misma de la empresa y del paquete accionario. Los problemas vinculados con la sucesión estaban en el sustrato de las negociaciones largas y difíciles. La traslación del poder central y patrimonial se negociaba entre el grupo de socios minoritarios y el fundador. El proceso estaba signado por una confrontación de intereses. Encarar y resolver constructivamente estos temas era crucial para el desarrollo futuro de la empresa.

Caso 4. Los Fontau constituían una familia que poseía las acciones de una empresa enraizada en una "tradición industrial europea", de alta tecnología y sólida inserción en el mercado. El ejecutivo principal y presidente del directorio pertenecía a la tercera generación en la línea sucesoria del fundador. Cuando falleció su antecesor (el padre), ingresaron a la sociedad su primogénito varón –un profesional con formación universitaria afín al rubro de la firma– y dos hijas mujeres casadas, con otros intereses profesionales y laborales ajenos a la empresa. Debido a políticas explícitas formuladas por presidentes anteriores, los parientes políticos no formaban parte de la empresa ni del directorio. Este órgano de gobierno designó al primogénito varón con experiencia como presidente y ejecutivo principal.

Cuando comenzaron a aproximarse a la edad de ingresar a la universidad, los hijos de esta tercera generación empezaron a manifestar intereses académicos relacionados con la actividad de la empresa familiar. Esto hizo que sus padres, miembros del directorio, decidieran convocar a un consultor externo para planificar la incorporación de la cuarta generación y delinear un plan sucesorio. Aspiraban a decidir de manera prospectiva y preventiva el carácter de la participación: su inserción en la empresa, la eventualidad de ocupar roles ejecutivos, un plan de formación para que esto ocurriera, y otros temas que debían formar parte de un protocolo familiar de acuerdos societarios referidos a las generaciones que se irían incorporando en el futuro.

Después de meses de trabajo, arribaron a conclusiones negociadas que establecían como política que la nueva generación (ahora, de primos) se incorporaría a la empresa formando parte del directorio y en representación proporcional a cada paquete accionario familiar. Es decir, lo harían en su carácter de socios patrimoniales sin ocupar posiciones ejecutivas, salvo que esto tuviera como propósito la formación para ejercer con efectividad un rol de dirección en una etapa ulterior. Se decidió que la conducción ejecutiva futura debía estar a cargo de un profesional que rendiría cuentas al directorio. El propósito de esta política era jerarquizar al directorio como instancia de conducción superior, con atribuciones para aprobar la estrategia, auditar y monitorear el ejercicio del sistema ejecutivo, y proteger de este modo el funcionamiento efectivo de la empresa. Esta política contemplaba también la protección de la armonía familiar, preservándola de las diferencias que pudieran surgir a causa del ejercicio de un rol ejecutivo. Fue necesaria una larga serie de reuniones de discusión y formación para arribar a esta conclusión, así como la redacción de un protocolo familiar para establecer entre todas las familias que constituían el paquete accionario las condiciones de funcionamiento, de incorporación de nuevos miembros, de protección de los intereses minoritarios a futuro, así como las condiciones que debían seguirse para la venta de las acciones.

Caso 5. Un estudio de arquitectura, conformado por dos matrimonios de arquitectos, iba a formar una sociedad para la construcción de edificios con el apoyo de dos financistas: el padre de un cónyuge de una de las parejas y el padre de otro cónyuge de la segunda pareja.

En vísperas de recibir el aporte de los padres financistas, los arquitectos solicitan una consulta para organizarse. Estaban interesados en delimitar bien los roles de los financistas y de los profesionales. Aspiraban a clarificar las relaciones de dependencia y autoridad para despejar el vínculo familiar del societario.

Las reuniones entre los financistas y los profesionales suscitaron preocupación e incertidumbre. Consideraban básico poder definir una política organizativa que permitiera clarificar las relaciones de roles y prevenir la emergencia de conflictos interpersonales provenientes de la superposición de dos sistemas actuantes en la situación real de trabajo: el sistema de la familia y el sistema del estudio-empresa.

En el momento de la consulta, carecían de una propuesta de plan coherente y convincente para los financistas que justificara la inversión. En los intentos de prepararse para la reunión, expresaban su dificultad para discriminar las relaciones de trabajo de las familiares. La perspectiva incrementaba el sentimiento de dependencia filial, de la cual podría derivarse una desvalorización del rol profesional.

A estas problemáticas, se agregaba un segundo tema principal: el hecho de que los profesionales constituían un grupo de iguales y, en principio, aspiraban a preservar el esquema participativo para proteger la autonomía de cada socio. Por lo tanto, a pesar de las eventuales diferencias relacionadas con el desarrollo profesional individual alcanzado y de los diferenciales de capacidad existentes, deseaban dirigir en forma mancomunada el estudio y el emprendimiento, evitando establecer entre ellos relaciones de autoridad y dependencia jerárquica. Los miembros manifestaban así un particular celo por resguardar una organización no jerárquica en aras de un ideal igualitario que asegurara la participación y garantizara la paridad de derechos.

Durante el transcurso de las reuniones de iguales, las diferencias en aportes, capacidades, dedicación y compromiso aplicadas al trabajo cotidiano comenzaron a ser percibidas y declaradas por los socios. Las susceptibilidades y las inseguridades de quienes asumían una participación menos plena iban en aumento, creando un verdadero *pattern* diferencial no explicitado. Esto determinaba lo que era sentido como injusticias internas. Alguno acusaba un eventual maltrato, mientras otros señalaban una sobrecarga de responsabilidades no reconocidas. En definitiva, las diferencias no habían sido suficientemente admitidas y tenidas en cuenta en la estructura societaria adoptada y, entonces, se transformaban en una rémora.

En esta situación, los socios –que no contaban con una autoridad superior que los evaluara– no estaban en condiciones de realizar una apreciación objetiva de sus pares. Esto generó trabas internas, que afectaban los resultados y alargaban los tiempos de realización de los proyectos en marcha.

Temas recurrentes

Fundadores. Como surge de los casos reseñados, la empresa PyME es siempre creada por un emprendedor o un grupo pequeño de socios que fundan y desarrollan una empresa. El proyecto es la piedra fundacional que orienta el emprendimiento y se nutre de un componente creativo, de innovación y cambio, dirigido a una audiencia externa a la que pretende llegar. El o los fundadores son intérpretes de necesidades actuales o potenciales de una clientela en la cual hacen foco y hacia ella se dirigen. El acierto empresarial radica en la capacidad anticipatoria de los fundadores para detectar tendencias y necesidades de una clientela que forma parte del mercado.

Asociaciones de iguales. La estructura de un grupo de pares dirigiendo una empresa plantea dificultades, en especial, cuando no se contempla el equilibrio entre la capacidad de los socios –presuntamente igualitarios– y la estructura que necesita generarse para que el emprendimiento pueda cumplir con las metas para las que fue concebido.

Para precisar este punto de confluencia entre el aporte individual del fundador o de los fundadores y el marco organizativo que se crea para desarrollar el proyecto, interesa subrayar la existencia de condiciones de trabajo beneficiosas para todos. Son las que ofrece un marco contractual que resguarde el equilibrio entre tres variables fundamentales: la capacidad individual, el nivel de trabajo que la persona realiza y aporta, y la retribución percibida. Para lograr su verdadera fortaleza, no es suficiente la búsqueda exclusiva del resultado cuantitativo (facturación, ventas, ganancias, participación en el mercado, y demás indicadores que hacen a la salubridad de la empresa). Interesa el desarrollo integral, que abarca a la organización, su estructura, y a todas las personas que trabajan en ella unidas por lazos de interés, colaboración y compromiso recíproco.

La trayectoria de carrera. Un rol social significativo como el de los fundadores puede ser iluminado cuando ponemos la mirada en la trayectoria laboral.

El análisis de la trayectoria pone de manifiesto un sello, un poder individual en un sistema organizativo. La capacidad individual constituye un pilar conceptual relevante para comprender la dinámica creada por un emprendedor que funda una empresa. Cada empresario posee un enfoque propio, una orientación, una visión aplicada a la empresa, que da el marco a un proyecto orientado hacia el futuro. A su vez, el resto de los roles de la organización se subordinan a la visión empresarial. Este hecho permite la coordinación eficaz de esfuerzos aplicada al cumplimiento de metas, tareas y objetivos a los cuales se aboca la entidad.

Los fundadores innovadores y visionarios son capaces de llevar adelante proyectos realistas y de manejar niveles de abstracción complejos extendidos en el tiempo. La visión empresarial puede permitir organizar con eficacia episodios temporales orientados hacia un futuro de uno, dos, cinco, diez, quince, veinticinco años o más. Los proyectos de líderes innovadores involucran, en efecto, períodos muy extendidos en el tiempo. Las distintas escalas temporales responden a diferencias de capacidad entre los individuos, pasibles de ser observadas e identificadas anticipadamente.

La existencia de hitos significativos en el desarrollo de una empresa, vinculados isomórficamente con hitos cualitativos en el desarrollo de la capacidad individual del empresario, puede observarse en todos los casos estudiados. Con el desarrollo de la capacidad, se van ampliando los plazos de los proyectos y las tareas del ejecutivo principal. Esto se correlaciona, a su vez, con una complejidad creciente que este puede manejar. La complejidad en aumento se aprecia –entre otras cosas– en una progresiva formalización de la empresa, que se produce gracias a la creación de nuevos niveles ejecutivos jerárquicos asociados con una profesionalización de la función gerencial. Por otra parte, como ya señalamos, la empresa crece hasta el "techo" que le marca la capacidad de su ejecutivo principal. La aseveración anterior implica que la dinámica del desarrollo empresa-emprendedor tiene un límite dado por el principio de Peter: todo ejecutivo principal –en este caso, también el empresario– llega hasta su nivel de incompetencia. Es decir, no puede manejar una complejidad mayor a la que su propia medida le permite.

Empresa y familia. Como lo muestran los casos, las PyME frecuentemente son empresas familiares. En realidad, toda empresa de propiedad de uno o varios fundadores, a raíz de un hecho inevitable vinculado con la sucesión, deviene en una empresa de familia en la próxima generación. Debido al fuerte lazo emocional y de atracción que ejerce la empresa dentro del núcleo familiar, suelen involucrarse anticipadamente en la empresa cónyuges, hijos o parientes políticos, aun cuando los socios fundadores estén en ejercicio pleno de sus funciones. De esta forma, muchas empresas que comienzan siendo unipersonales o de propiedad de un pequeño grupo de socios, devienen familiares.

Cuando los socios son varios y se van incorporando miembros de las distintas familias de los titulares originales, las relaciones entre las partes se vuelven aún más complejas. Por esto, decimos que la empresa familiar es la forma que reviste en las siguientes generaciones la empresa creada por socios. De la vigencia que tiene este hecho deviene que la sucesión constituya un aspecto crucial para el desarrollo de una empresa, y que se transforme muchas veces en el escollo principal para la continuidad. No obstante, a pesar de su importancia, pocas veces en el desarrollo de una empresa se incluye el tema como un asunto central y susceptible de ser planificado. Más excepcional todavía es que el tratamiento de la traslación del poder se realice en forma desapasionada, ya que las cuestiones que involucran lazos familiares suelen verse cargadas de emociones provenientes de vínculos primarios.

Superposición de los sistemas familia y empresa. En el caso de las empresas familiares, es ya clásica la complejidad que surge de la superposición de dos sistemas: el organizativo empresarial y el proveniente de la institución familiar, Cada uno de estos sistemas procesa tareas y está animado por propósitos, principios, lealtades diferentes y a veces contradictorias entre sí. La superposición de ambos en una misma situación de trabajo produce frecuentemente la emergencia de conflictos. Esto hace que la empresa familiar pueda ser vista con alguna desconfianza por aquellos que la evalúan como ámbito de trabajo y de producción de resultados.

En la familia, predomina la necesidad de dar apoyo y sustento, muchas veces incondicional, a sus miembros en aras de su crecimiento y desarrollo. Los vínculos están guiados por el amor, la lealtad y la protección entre aquellos que la componen. Pero, dada además la ambivalencia afectiva, la rivalidad o la agresividad también pueden desplegarse entre ellos. En la empresa como sistema, en cambio, predomina una lógica de la eficiencia y de la productividad. La empresa es una institución económica animada por la obtención de resultados que requiere, en aras de su efectividad, un grado de racionalidad en sus procesos y procedimientos que se traduce en exigencias.

En una empresa profesionalizada, que se vale de una estructura ejecutiva jerárquica, los roles no son ocupados en forma fija ni permanente. Cada miembro está sujeto a una reconfirmación en su puesto que resulta de una evaluación personalizada y recurrente. Pero la racionalidad y la objetividad en los procedimientos de selección y evaluación, por ejemplo, se ven dificultados en una empresa donde los miembros de la familia ocupan posiciones ejecutivas. Para un padre/una madre, es difícil –si no imposible– evaluar el rendimiento de un hijo. Incluso cuando esa apreciación pueda realizarse, resulta conflictivo desafectar a un miembro de la familia de un puesto organizacional determinado. En síntesis, dada la superposición, aunque los sistemas sean distintos, los ocupantes de los roles son los mismos. Las discrepancias generan demandas contradictorias en los miembros, que llevan a tensiones y conflictos. También los límites de la empresa se debilitan y su efectividad puede verse afectada. Se hace necesario entonces establecer criterios y lineamientos para considerar la inserción de la familia en la empresa. Retomamos este tema más adelante.

Desafíos y riesgos de la sucesión. Hay varios aspectos relacionados con la sucesión.

– Frecuentemente la empresa ejerce una atracción muy fuerte para los miembros de la familia. Por eso, aun cuando estos puedan tener otros intereses, vocaciones y valoraciones, no les resulta fácil renunciar a ocupar una posición ejecutiva en la empresa.

– Existe el riesgo de la dispersión del paquete accionario, ya que alguno de los miembros puede renunciar y vender su parte a personas fuera del grupo.

– La familia suele resistir la entrada de otros socios y aspira a retener el control de la empresa por diversos motivos (poder, valores, ideales, prestigio, lealtad, continuación del proyecto que el líder fundador contribuyó a forjar, etcétera).

– Las minorías –por ejemplo, hermanos no demasiado involucrados en la empresa– pueden sentirse desprotegidas frente a las alianzas de los más implicados en la gestión o frente al ingreso de capitales externos.

– La entrada de parientes políticos trae aparejados resquemores y desconfianzas entre los miembros del directorio o entre los socios; aun cuando en oportunidades un pariente político puede representar un aporte significativo para la empresa.

– La evaluación de la capacidad y las competencias es, por cierto, un factor a tener en cuenta en un proceso de selección para ocupar posiciones de reemplazo en la empresa. Pero, en la línea sucesoria de uno o varios fundadores, no siempre se encuentran los niveles de capacidad y perfiles requeridos. La capacidad no necesariamente se hereda y los hijos no poseen siempre un perfil adecuado a las exigencias de los roles que se necesitan cubrir.

– Cuando el ejercicio de un liderazgo previo ha sido exitoso, la emulación no resulta fácil y puede ocasionar un costo emocional o representar un desafío que no se desea asumir.

- Aun cuando las condiciones para desempeñar una posición puedan estar dadas en algún miembro de la nueva generación, esta situación puede ocasionar suspicacias o rivalidades en los demás.
- Puede haber menos puestos disponibles en posiciones de conducción que miembros de la familia. Si todos ingresaran a la empresa ocupando posiciones ejecutivas, el presupuesto salarial se encarecería, en particular, en los casos en que los aportes individuales no constituyan un valor agregado significativo claro y evidente.
- Con la incorporación de los miembros de la nueva generación, los integrantes de la familia pasan a ser socios entre sí. Como socios no se eligen sino que su condición les es dada por la relación familiar que los une. La obligación de continuar juntos puede contraponerse a los deseos de mayor distancia o a la necesidad de graduar el compromiso con la familia.
- Ocurre muchas veces que, aunque en la nueva generación no haya figuras de reemplazo, los socios o el fundador resisten la entrada de ejecutivos profesionales no pertenecientes a la familia.
- Un fundador que no es profesional puede tener resistencias para dirigir a un gerente profesional, aun cuando la complejidad de la empresa o de la situación lo requiera.

En conclusión, cuando las condiciones no están dadas para realizar una selección ecuánime entre los miembros como parte de un proceso sucesorio, las decisiones racionales basadas en la capacidad y el mérito se dificultan. Lo mismo sucede cuando hay más postulantes que puestos gerenciales disponibles. ¿Cómo elegir entre un miembro u otro de la familia? ¿Cómo deben actuar el ejecutivo principal o el presidente del directorio cuando es un padre o una madre decidiendo un sucesor entre sus hijos?

Los roles del ejecutivo principal, el accionista mayoritario y el presidente del directorio ocupados por la misma persona. Cada una de estas tres condiciones descritas requiere de un rol específico.

- Representa exigencias e intereses distintos.
- Cada rol constituye una instancia y una función dentro de un emprendimiento organizado. El desempeño separado, discriminado de cada uno es un factor dinámico, potencialmente enriquecedor cuando se produce una confrontación constructiva de los intereses que

representa. En cambio, cuando las tres funciones son desempeñadas por la misma figura –el empresario unipersonal–, la situación superpuesta ejerce demandas contradictorias sobre la misma persona que la remiten a encrucijadas conflictivas. Esto suele ser un escollo para el manejo más profesional y gerencial de la gestión.

– Funciones distintas requieren competencias diversas, que no son cubiertas necesariamente por un mismo emprendedor, ni siquiera por el más brillante en algunos de los aspectos involucrados. Un emprendedor, por ejemplo, no es necesariamente un buen gerente ni tampoco el mejor ejecutivo principal posible. No tiene por qué serlo ya que la función gerencial hoy se ha profesionalizado mucho y puede perfectamente ser cubierta por alguien que, viniendo de afuera, puede aportar un enfoque renovador.

– Cuando al frente de la empresa hay un grupo de socios iguales, la conducción plural puede verse aún más dificultada. Las decisiones se traban y las responsabilidades se desdibujan. Es bueno discriminar entre funciones de dirección y funciones de gestión, porque ambas entrañan visiones, modalidades y competencias muy distintas.

En suma, cuando una empresa que comenzó siendo reducida en tamaño y complejidad opta por el crecimiento y el desarrollo, hay un momento en la trayectoria en el que se produce un clivaje[1] en el rol principal por el cual este se divide en tres instancias organizativas netas: ejecutivo principal, presidente del directorio y accionista mayoritario. Dado ese clivaje, cada instancia es ocupada por personas diferentes, con perfiles y *accountabilities* específicos. Recién cuando las empresas aceptan este desafío, el verdadero desarrollo empresario puede darse y verse acompañado por un volumen y una complejidad mayores.

"La organización soy yo": personalidad y organización. La presencia de un liderazgo carismático ocupando la posición central suele constituir un hecho conocido en las empresas familiares. Muchos de ellos/ellas son figuras ejemplares, que demuestran excelencia, capacidad de innovación y creatividad en su campo. Han inventado algo. El influjo de la personalidad del dueño, en

---

1. Incorporamos la palabra "clivaje" para expresar una separación, una división neta de las cualidades contradictorias del rol ejercido por un emprendedor.

estos casos, es muy fuerte. Ayuda a la cohesión de la empresa, pero suele también ser un factor de tirantez. Son personalidades exigentes, que demandan con intensidad a sus colaboradores. Es necesario que la autoridad superior del sistema empresario haga valer los derechos que posee para exigir la rendición de cuentas en el sistema ejecutivo jerárquico. Pero esto no debería generar tensiones. Por eso, las siguientes condiciones derivadas del rol y de la personalidad del dueño deberían cuidarse tanto en la PyME como en la empresa familiar.

– El doble rol de dueño y ejecutivo principal en una misma persona acentúa el influjo de la personalidad. El sistema se hace excesivamente personalizado. Esto dificulta una aproximación racional a los hechos y que cada uno asuma la responsabilidad que le corresponde.

– El líder carismático puede tender a generar una organización de dos niveles, en la que se desdibujen los intermedios. Puede ocurrir que, al dirigirse a todos por igual, tienda a "puentear" a los gerentes intermedios.

– Si el líder, gerente y dueño no resigna fácilmente sus posiciones y espacios de poder, los miembros de la nueva generación en condiciones de ocupar roles ejecutivos de conducción pueden hallar limitadas sus posibilidades de desarrollo.

– Suele verse como un privilegio haber nacido en la familia. Sin embargo, pertenecer a una empresa familiar no siempre constituye una ventaja para la nueva generación. Esta condición representa una gran sobreexigencia e impone trabas para el desarrollo individual. Puede hacer que se perpetúe una situación de dependencia. El trabajo fuera de la familia puede constituir un factor que define y consolida la identidad individual. Probarse afuera otorga la oportunidad de verificar los límites de la propia capacidad. Así, se presenta un conflicto dilemático entre la necesidad de salir y las garantías de seguridad y protección que ofrece un ámbito familiar. El dilema puede dificultar el desarrollo individual de los miembros.

Estrategias de consolidación y cambio

¿Cuáles son las principales acciones recomendadas para el fortalecimiento de una PyME que atraviesa una situación de cambio? Para fortalecer una empresa de esta clase, debe iniciarse un proceso de cambio orientado a trabajar sobre cuatro dimensiones: el proyecto, la estructura, las personas y su ubicación en la estructura, y las prácticas gerenciales.

1. El proyecto: la estrategia y el plan de negocios. Para quien conduce una empresa, igual que para el timonel que prepara un viaje, comenzar por el principio es comenzar por un plan para determinar el derrotero, la orientación, el rumbo.

Se trata de evaluar el contexto, el ambiente o el mercado en que la empresa se desenvuelve. Allí residen los grupos más significativos que tienen el poder de crear un ambiente facilitador u obstructor para el desarrollo de la firma. Nos referimos a los clientes, los consumidores, los usuarios, los competidores, los proveedores, los poderes públicos y demás. La empresa debe desarrollar una particular destreza para percibir las tendencias y las renovadas demandas que se van presentando. Debe encarar, a su vez, la elaboración de nuevas propuestas, claras y apetecibles, para adaptarse al ritmo veloz de los cambios. La globalización requiere una visión cada vez más amplia. El mercado, hoy más que nunca, exige excelencia y calidad para competir en un medio muy difícil. La relación con el cliente siempre está primero. La empresa existe porque existe un público al cual se dirige. Por eso, la actitud básica debe ser responder, conservando como rasgos diferenciales la claridad de las propuestas en servicios o productos y la identidad. Podemos acuñar el concepto "organización respondente", que es aquella que da respuesta a los requerimientos, es sensible a las demandas, se amolda flexiblemente sin perder su identidad, cumple con las exigencias y cuidados del medio ambiente, posee valores orientados a la responsabilidad social. En suma, en esto consiste la sustentabilidad, es decir la continuidad de la empresa en el largo plazo.

Para comenzar, debe definirse la misión, inserta en la visión particular del grupo directivo. Se necesita explicitar los valores en que la identidad de la empresa se sustenta y con los que se compromete. Los valores forman parte de una suerte de credo que dará solvencia, integridad y transparencia a la empresa, y que contribuirá a establecer una relación firme con sus clientes basada en la confianza.

Una buena estrategia se cristaliza luego en un portfolio coherente de negocios, a partir de los cuales se definen productos o servicios. La misión, la estrategia, el *portfolio* de negocios y el conjunto de productos se integran en un plan, que tiene un horizonte temporal en la mira. Este debe articular el corto, el mediano y el largo plazo. A partir de las crisis y de la presión de la coyuntura, una visión larga otorga siempre más nivel al proyecto. Una empresa se desarrolla a través de un plan estratégico coherente, creativo, que requiere innovación y encierra una propuesta de cambio. El plan representa un vector que se dirige hacia fuera y hacia el futuro y, por eso, fija una dirección. El plan se basa también en una experiencia acumulada, proveniente del pasado. Porque un buen proyecto implica haber aprendido de la experiencia para evitar los errores cometidos.

Los contextos turbulentos, con las características de los actuales, requieren constantes adaptaciones y modificaciones a circunstancias coyunturales. Esto obliga a ocuparse excesivamente del corto plazo y a desplegar una estrategia defensiva. Pero abandonar el largo plazo equivale siempre a bajar la puntería y quitarle dimensión al proyecto. Los proyectos más innovadores son, por lo general, de mediano o largo plazo.

2. La estructura. Para un abordaje eficaz, corresponde considerar en segunda instancia la estructura. Una vez definida la estrategia, deben establecerse los roles que conforman la organización para poder realizar el negocio. La estructura debe subordinarse a la estrategia. Ser funcional y flexible. Cada miembro de la empresa debe tener perfectamente claro cuál es su contribución, cuál su responsabilidad y por qué cosas rinde cuenta. La estructura sirve para diferenciar a la persona del rol, porque los individuos pasan pero las estructuras permanecen.

Para poder funcionar en forma efectiva y procesar adecuadamente un volumen de producción significativo, la empresa necesita valerse de distintos niveles de delegación que, a su vez, constituyen estratos ejecutivos gerenciales. Una empresa mediana puede requerir cuatro estratos o más, bien perfilados y diferenciados para funcionar en forma adecuada. Una gran corporación internacional puede llegar a tener siete u ocho.

En muchas de las situaciones descritas, ocurrió que los estratos ejecutivos jerárquicos no estaban claramente establecidos. Esto ha dado en llamarse una "compresión" de los estratos ejecutivos necesarios. El conjunto de estratos necesarios puede estar funcionando informalmente pero, al no ser reconocidos y jerarquizados, resultan deficitarios. En estos casos, debe dedicarse tiempo y esfuerzo a la implementación de un proyecto de estructura que, partiendo del análisis de roles, revele la organización existente para, deducir la que el emprendimiento necesita, a la que llamamos: la organización requerida.

Además, para que una empresa crezca, se necesita incorporar gerentes ejecutivos, con capacidad superior a los niveles de jefatura, y con formación, perfil y experiencia en empresas. Aun cuando en la PyME existan cuadros gerenciales intermedios, las asignaciones pueden no estar claramente formuladas. Pueden no haberse fijado objetivos de cantidad, calidad y tiempo de cumplimiento del objetivo. La situación demuestra que no funciona el principio de la responsabilidad delegada por la cual se rinde cuenta, que fue denominada *accountability*. Esto se agudiza en las empresas familiares, donde es común que un hermano no pueda rendir cuentas a otro hermano, o un hijo a su padre. Por lo demás, es muy difícil despedir a un hijo.

Para que el principio de *accountability* pueda ejercerse, la autoridad mínima del gerente debe estar establecida. Solo así podrá evaluar, seleccionar y, eventualmente, desafectar a un subordinado de la función por motivos de incumplimiento o de rendimiento por debajo de lo esperado. Pero en la medida en que los niveles gerenciales no estén claramente perfilados, la incorporación de gerentes de buen nivel será difícil.

La determinación de la estructura y de los estratos ejecutivos correctamente definidos, con gerentes profesionales a cargo, constituye un objetivo de desarrollo organizacional. En las empresas familiares, cuando la estructura se consolida con la existencia de figuras ejecutivas a cargo de las posiciones principales, el grupo familiar u otros socios que no son familia entre sí pueden ubicarse en el directorio. La formación de un directorio fuerte consolida en los casos concretos el aporte estratégico del grupo, que se concentra en el análisis y el desarrollo de la estrategia y de los nuevos negocios de la empresa. El directorio constituye finalmente la instancia máxima de la conducción política y mantiene una supervisión y un control del cumplimiento del plan de negocios para cada uno de los emprendimientos de la empresa.

3. Las personas y su correcta ubicación en la estructura. Una vez que la estructura está diseñada correctamente, corresponde ocuparse de la gente. Esto significa tener bien identificados y evaluados a los miembros de la empresa para que la capacidad de cada uno esté balanceada con el rol que ocupa y su retribución sea acorde con la responsabilidad diferencial que desarrolla. El equilibrio entre la capacidad individual, el nivel del cargo y la retribución percibida constituye una condición para que la estructura funcione en forma correcta y la gente se sienta motivada.

Es muy útil contar con un balance de los talentos disponibles. Para esto, debe implementarse un sistema de evaluación del potencial de empleados, jefes y gerentes a fin de determinar las fortalezas y las carencias de capacidad del grupo humano en su conjunto. Esta evaluación es clave para conocer con quién se cuenta y para encarar los cambios que se deseen implementar. El talento disponible es, por lejos, el capital más importante para encarar planes de desarrollo y consolidación. Planificar el futuro implica involucrar a los talentos disponibles. A partir de este conocimiento, puede saberse si hay que incorporar gente proveniente del mercado y cuáles son las competencias específicas requeridas.

Toda empresa necesita introducir un sistema de evaluación periódica de la efectividad para que los que allí trabajan conozcan cómo son considerados por sus jefes. A su vez, un sistema de esta naturaleza permite establecer un plan de reconocimiento por los logros individuales.

En una PyME en desarrollo, el ejecutivo principal o el dueño lleva a cabo estas funciones, en algunos casos, asesorado por profesionales del campo de los recursos humanos. Cuando se trata de ir incorporando nuevos niveles o cargos a la empresa, la función de selección se torna clave, porque de una buena incorporación depende muchas veces la concreción de los planes. Los errores en la selección de empleados, jefes o gerentes pueden resultar muy costosos. Para realizar una buena selección, debe tenerse mucha claridad previa acerca de la función y el rol que se desea cubrir.

En el desarrollo organizacional de los casos expuestos, se introdujo un procedimiento para la evaluación del potencial de los empleados que fue considerado un proyecto de suma relevancia para producir un conocimiento interno más profundo de la gente de la empresa en todos los niveles.[2] A su vez, la incorporación de un sistema para la evaluación del desempeño resultó sumamente constructiva para consolidar la estructura gerencial.

---

2. Para una consideración más amplia de la estrategia y métodos vinculados con la evaluación del potencial y de la efectividad de las personas, puede consultarse Schlemenson, Aldo: *La estrategia del talento.* Paidós, Buenos Aires, 2002.

4. El ejercicio del liderazgo gerencial. Una vez definida la estructura ejecutiva y la ubicación correcta de la gente en ella, corresponde implementar un plan de desarrollo gerencial destinado a la formación de los gerentes. Introducir en forma sistemática el liderazgo gerencial con *accountability* contribuye a reforzar el compromiso con el logro de los resultados.

La comprensión clara del rol del gerente se basa en la instrumentación de un conjunto de prácticas de liderazgo que permiten instrumentar una modalidad de trabajo tendiente al desarrollo efectivo de los procesos básicos de la empresa. Estas prácticas son:

- trabajo en equipo;
- aclaración y fijación del contexto del trabajo;
- planificación y programación en todos los niveles;
- asignación clara de objetivos y tareas en términos de qué, cuánto, cómo y para cuándo deben realizarse;
- evaluación de la eficacia, junto con la implementación de un plan de desarrollo individual;
- entrenamiento;
- selección; y
- prácticas para el mejoramiento continuo.[3]

Esta forma de trabajar modela una estrategia de gerenciamiento que promueve la mejora y la efectividad del sistema ejecutivo global, haciendo responsables a los gerentes. Los seminarios de desarrollo gerencial forman parte de un proceso de cambio cultural y permiten la incorporación de nuevas habilidades y competencias requeridas para la conducción eficaz.

Estrategias de consolidación de la empresa familiar para la prevención de conflictos

La familia al directorio. Supone diferenciar entre ser propietario y conducir profesionalmente. Desde el punto de vista de la empresa, la familia constituye una sociedad, que comparte un capital. Los socios eligen un

---

3. Para una consideración detallada de cada una de estas prácticas, sugerimos consultar Jaques, Elliott: *La organización requerida.* Ediciones Granica, Buenos Aires, 2002.

directorio con un presidente al frente. En consecuencia, el directorio, es un cuerpo representativo de la sociedad, De esta forma, cumpliendo su función de directores, los socios no interfieren en el sistema ejecutivo, preservando para este el principio de la *accountability*. En el directorio no se presentan las relaciones de dependencia jerárquica. Los miembros de la familia y el socio fundador constituyen un grupo que como tal tiene funciones colegiadas y su responsabilidad es corporativa. Para formar un directorio fuerte, los miembros deben comprender y valorizar su función de conducción general:

– representar y proteger a los accionistas;
– establecer políticas del negocio;
– fijar la misión y el plan estratégico de negocios;
– custodiar la filosofía y los valores de la empresa;
– seleccionar al ejecutivo principal y controlarlo;
– asumir responsabilidades de dirección fijadas por ley;
– representar y promover la empresa en el mercado y frente a los distintos grupos externos de interés; y
– participar en proyectos especiales de desarrollo o crisis.

Como se anticipó, tener un directorio sólido consolida el crecimiento.

Directores externos no familiares. Introducir directores externos de reconocida trayectoria y confianza para la familia puede ayudar a lograr la cuota de racionalidad y excelencia que se necesita para tener un directorio fuerte y cumplir con funciones tales como:

– colaborar en la definición del plan estratégico de negocios;
– realizar evaluaciones técnicas de proyectos, ayudando a examinar opciones y a tomar decisiones;
– aportar juicio experto de alto nivel;
– colaborar en la conducción del ejecutivo principal y en el monitoreo del proceso;
– ayudar a definir un plan de sucesión y de formación de los sucesores;
– contribuir a la evaluación de los sucesores; y
– asumir responsabilidad de fideicomiso, por ejemplo, para la protección de accionistas minoritarios.

Acuerdos entre familiares socios. Para asegurar la continuidad de la empresa y evitar la emergencia de problemas, puede ser necesario establecer un protocolo privado que todos los socios se comprometan a aceptar. Entre otros asuntos de interés, el protocolo familiar puede contemplar:

- la preservación del paquete accionario dentro del grupo familiar, por ejemplo, estableciendo el compromiso de vender dentro del grupo;
- la sindicación de acciones;
- una política de remuneraciones para el directorio y de distribución de dividendos;
- regulaciones para la entrada de la familia política; y
- condiciones para la entrada de las nuevas generaciones.

Estas cláusulas tienden a afianzar la continuidad de la empresa. En ocasiones, la creación de la figura de un fideicomiso actuando desde el directorio asegura que ninguna de las partes pueda verse afectada en sus intereses frente a la mayoría por estar en minoría. La selección de esa persona, por supuesto, requiere particular cuidado a fin de que todos puedan confiar en su ecuanimidad.

Reuniones de socios. Las reuniones periódicas de los socios o del directorio en su conjunto constituyen un recurso preventivo para evitar la emergencia de conflictos y lograr la cohesión que un grupo societario requiere. Por lo general, esto demanda la presencia de un experto o consultor que oficie como coordinador de las reuniones y actúe como facilitador de los procesos. Entre las ventajas de las reuniones periódicas, cabe destacar que:

- constituyen un ámbito para el planteo y la resolución de diferencias y conflictos de intereses;
- permiten la consideración de diferencias interpersonales;
- son un ámbito para compartir información y para la participación societaria; y
- facilitan el desarrollo como equipo del directorio y el grupo societario.

Comentario final

Este libro se propone colaborar a afianzar las entidades individuales específicas aquí denominadas PyME; a crear unidades empresariales basadas en principios sólidos de organización y gerenciamiento, que puedan proveer condiciones de trabajo satisfactorias para quienes en ellas se desarrollan. Aspiramos, además, a que estas conclusiones puedan enriquecer el entrenamiento de empresarios, socios gerentes y empleados, ayudándolos a conocer los requerimientos de sus roles y de los sistemas organizacionales en los que trabajan.

BIBLIOGRAFÍA

Ackoff, Russell: *Un concepto de planeación de empresas.* Limusa, México, 1978.

Bateson, Gregory: *Espíritu y naturaleza.* Amorrortu Editores, Buenos Aires, 1997.

——: *Pasos hacia una ecología de la mente.* Carlos Lohle, Buenos Aires-México, 1972.

Bennis, Warren: *Desarrollo organizacional: su naturaleza, sus orígenes y perspectivas.* Fondo Educativo Interamericano, Panamá, 1973.

Bettelheim, Bruno: *Sobrevivir.* Grijalbo, Barcelona, 1981.

Bion, Wilfred R.: *Experiencias en grupos.* Paidós, Buenos Aires, 1966.

Blake, Robert R.; Mouton, Jane S.: *El modelo de cuadro organizacional.* Grid. Fondo Educativo Interamericano, Panamá, 1973.

Bleger, José: *Psicohigiene y psicología institucional.* Paidós, Buenos Aires, 1965.

——: *Psicología de la conducta.* Centro Editor de América Latina, Buenos Aires, 1969.

——: *Temas de psicología (entrevistas y grupos).* Nueva Visión, Buenos Aires, 1971 y 1972.

Blumberg, Paul: *Industrial democracy: the sociology of participation.* Constable, Londres, 1968.

Bowlby, J.: *Attachment and loss.* Penguin Education, Londres, 1971.

Brown, Wilfred: *Exploration in Management.* Heinemann Educational Books, Londres, 1960.

——: *Dirección empresarial.* Uteha, México, 1965.

Cochran, Thad: "Entrepreneurship", en *International Encyclopedia of Social Sciences.* Gale Cengage Learning, Farmington Hills, 2007.

Dahrendorf, R.: *Class and class conflict in industrial society.* Routledge and Kegan Paul, Londres, 1959.

De Greene, K.: *The adaptive organization. Anticipation and management of crisis.* John Wiley and Sons, Nueva York, 1982.

Drucker, Peter: *Tareas, responsabilidades y prácticas.* El Ateneo, Buenos Aires, 1973.

Emery, F.E. (comp.): *Systems thinking.* Penguin, Harmondsworth, 1959.

Fink, S., Beak, J. y Taddeo, K.: "Organizational crisis and change", en *The Journal of Applied Behavioral Science*, Vol. 17, 1971.

Freud, Sigmund: "Duelo y melancolía", en *Obras completas*, Amorrortu Editores, Buenos Aires, 1961.

——: *El malestar en la cultura.* Traducción J. Etcheverry. Buenos Aires, Amorrortu Editores, 1961.

——: *Psicología de las masas y análisis del yo.* Traducción J. Etcheverry. Amorrortu Editores, Buenos Aires, 1961.

Freund, Julien: "Observaciones sobre dos categorías de la dinámica polemógena. De la crisis al conflicto". En Starn, R. *et al.*: *El concepto de crisis.* Megápolis, Buenos Aires, 1979.

Herbst, Philip G.: *Autonomous group functioning. An exploration in behaviour theory and measurement.* Tavistock, Londres, 1962.

Jaques, Elliott: *The Changing culture of a factory.* Tavistock, Londres, 1951.

——; Brown, Wilfred: *Glacier project papers.* Heinemann, Londres, 1951.

——: *Los sistemas sociales como defensa contra la ansiedad.* Horme, Buenos Aires, 1960.

——: *Equitable Payment: a general theory of work, diferential payment, and individual progress.* Heinemann, Londres, 1963.

——: "Death and midlife crisis", en *Creativity and work.* International Universities Press, Madison, 1990.

——: *Work, Creativity and Social justice.* Heinemann, Londres, 1970.

——: *A general Theory of Bureaucracy.* Heinemann, Londres, 1976.

——: *Free enterprise, fair employment.* Crane Russak, Nueva York, 1982.

——: *Time span handbook.* Heinemann, Londres, 1984.

——: *La forma del tiempo.* Paidós, Buenos Aires, 1985.

——: *Creativity and work.* International Universities Press, Madison, 1990.

——; Cason, Kathrin: *Human capability.* Cason Hall & Co., Falls Church, 1994.

——: "On leaving the Tavistock Institute", en *Human Relations*, Vol. 51, Ítem 3, pp. 251-257, Londres, 1998.

——: *La organización requerida.* Ediciones Granica, Buenos Aires, 2002.

——: *Social power and the CEO.* Quorum Books, Connecticut-Londres, 2002.

——: *The life and behavior of living organisms.* Praeger, Connecticut- London, 2002.

Katz, Daniel; Kahn, Robert: *The social psychology of organizations.* John Wiley, Nueva York, 1978.

Kirzner, Israel M. *et al.*: *Prime mover of progress*. Institute of Economic Affairs, Londres, 1980.

Klein, Melanie *et al.*: *Desarrollos en psicoanálisis*. Paidós, Buenos Aires, 1962.

Kuhn, Thomas S.: *La estructura de las revoluciones científicas*. Fondo de Cultura Económica, México, 1962.

Lacan, Jaques: "La Psiquiatría inglesa y la guerra", en *Mayéutica - Institución Psicoanalítica*, Cuadernillo N° 10, Buenos Aires, 1985.

Lewin, Kurt: "Defining the Field 'at a Given Time'", en *Psychological Review*, Vol. 50(3), mayo de 1943, pp. 292-310.

——: *La teoría del campo en la ciencia social*. Paidós, Barcelona, 1988.

Lippitt, Ronald: "Dimension of the consultant job", en *The Journal of Social Issues*, XV, 2, Nueva York, 1952.

——; Watson, Jeanne; Westley, Bruce: *La dinámica del cambio planificado*. Amorrortu Editores, Buenos Aires, 1970.

Mann, Floyd: "Studying and creating change: A jeans to understanding social organizations", en *Research in Industrial Human Relations* N° 17, Nueva York, 1957.

Marris, Peter: *Loss and change*. Institute of Community Studies, Routledge and Kegan Paul, Londres, 1974.

Maturana, Humberto; Varela, Francisco: *El árbol del conocimiento*. Editorial Universitaria, Chile, 1986.

Miller, Daniel; Swanson, Guy: *The changing American patterns*. John Wiley, Nueva York, 1958.

Miller, Eric J.: *Desarrollo integral del medio rural*. Fondo de Cultura Económica, México, 1976.

Mintzberg, Henry: *The rise and fall of strategic planning*. Free Press, Nueva York, 1994.

Morse, Nancy; Raimer, Everett: "The experimental change of a major organization variable", en *Journal of abnormal and Social Psychology*, 52, 1956.

Peter, Laurence J.; Hull, Raymond: *The Peter Principle: why things always go wrong*. William Morrow and Co., Nueva York, 1969.

Peterson, Richard A.: "Entrepreneurship and organization", en Nystrom, Paul C.; Starbuck, William H. (compiladores): *Handbook of organizational design*. Oxford University Press, Oxford, 1981.

Pfeffer, J.; Salancik, G.: *The external control of organizations*. Harper and Row, Nueva York y Londres, 1978.

Pollock, G.: "El duelo y el cambio creativo en las organizaciones". Conferencia pronunciada en la Asociación Psicoanalítica Argentina. Publicación mecanografiada interna, 1976.

Postman, T.; Stewart, I.: *Catastrophe Theory and its applications.* Pitman, Londres, 1978.

Rice, Albert K.: *The enterprise and its environment.* Tavistock, Londres, 1963.

Rowbottom, Ralph W.: *Social analysis. A collaborative method of gaining usable scientific knowledge of social institutions.* Heinemann, Londres, 1977.

Schein, Edgar H.: *Psicología de la organización.* Prentice Hall International, Madrid, 1972.

Schlemenson, Aldo: *Professional Work in Organization with Special Reference to Partnership as an Organizational Model.* Brunel University. School of Social Sciences, Londres, 1971.

——: "La crisis como generadora de cambios permanentes". Disertación, Centro Argentino de Dirigentes de Producción, octubre de 1976.

——: "Profesionales asociados", en Muchnik, E.; *et al.*: *Ensayos sobre psicología institucional.* Editorial de Belgrano, Buenos Aires, 1979.

——: *La perspectiva ética en análisis organizacional.* Paidós, Buenos Aires, 1990.

——: *Partnership at Work and People in Partnership.* Cason Hall & Co., Arlington, 1992.

——; Penna, Atilio: "Dimensiones del rol del empresario. Habilidades requeridas para el desarrollo empresarial de las PyME". Congreso Nacional de Profesionales de Ciencias Económicas, Mendoza, Argentina, octubre de 1992.

——; Penna, Atilio: "Habilidades requeridas para el desarrollo empresarial de PyMEs. Dimensiones del rol del empresario", en Simposio de Análisis Organizacional, Facultad de Ciencias Económicas, Universidad de Buenos Aires, octubre de 1992.

——: *Análisis organizacional y empresa unipersonal: crisis y conflicto en contextos turbulentos.* Paidós, Buenos Aires, 1993.

——: *Organizar y dirigir la escuela.* Paidós - Grupos e Instituciones, Buenos Aires, 1999.

——: *La estrategia del talento.* Paidós, Buenos Aires, 2002.

——: *Remontar las crisis.* Ediciones Granica, Buenos Aires, 2007.

Schumacher, Ernst F.: *Lo pequeño es hermoso.* Blume, Madrid, 1982.

Schumpeter, Joseph A.: *Teoría del desenvolvimiento económico.* Fondo de Cultura Económica, México, 1978.

Schutz, Alfred: *Fenomenología del mundo social.* Paidós, Buenos Aires, 1972.

Seeman, M.: "On the meaning of alienation", en *American Sociological Review,* 24, 1959.

Simmel, George: *Conflict and the web of group affiliation.* Free Press, Nueva York, 1955.

Sofer, Cyril: *The organization from within: a comparative study of social institutions, based on a sociotherapeutic approach.* Tavistock, Londres, 1961.

Taylor, Frederick W.; Fayol, Henri: *Principios de administración científica. Administración industrial y general.* El Ateneo, Buenos Aires, 1980.

The Tavistock Institute of Human Relations: *Report for the year October 1968, to September 1969.*

Ulloa, Fernando: "10 años de psicología institucional", en *Cuadernos de psicología concreta,* II, 4, Buenos Aires, 1972.

——: *Novela clínica psicoanalítica. Historial de una práctica.* Paidós, Buenos Aires - Barcelona, 1995.

Watzlawick, Paul; Beavin, Janet H.; Jackson, Don D.: *Teoría de la comunicación humana.* Tiempo Contemporáneo, Buenos Aires, 1971.

Weber, Max: *Economía y sociedad.* Fondo de Cultura Económica, México, 1972.

Zeeman, E.Ch.: "Catastrophe theory", en *Scientific American,* 234 (4), 32.92

ACERCA DEL AUTOR

Aldo Schlemenson es licenciado en Psicología por la Universidad de Buenos Aires. Realizó sus estudios de posgrado en la Brunel University de Londres, como becario del Consejo Británico. Obtuvo primero el título de Master of Arts in Social Institutions (1973) y luego el PhD in Sociology of Organizations (1984). Las respectivas investigaciones y tesis fueron dirigidas por el Dr. Elliott Jaques, con quien permaneció asociado a lo largo de su trayectoria. En distintos períodos de su estadía en Londres completó su formación en el Instituto Tavistock de Relaciones Humanas y en BIOSS (Brunel Institute of Organizations and Social Studies) de Londres.

Es director de Aldo Schlemenson y Asociados, donde desarrolla actividades de consultoría. Son áreas de su incumbencia: análisis y desarrollo organizacional, planificación estratégica, diseño de estructuras organizativas, desarrollo gerencial, evaluación del potencial, desarrollo de carrera. Trabaja para corporaciones nacionales e internacionales, Pymes, empresas de familia, administración pública, escuelas privadas y universidades nacionales y del exterior.

Llevó a cabo proyectos en el sector público, con el patrocinio de Naciones Unidas, OEA, FMI, Banco Mundial y el Centro Interamericano de Administración Tributaria (CIAT), en Argentina y otros países de América Latina.

Es profesor de posgrado y doctorado en la Universidad de Buenos Aires –facultades de Ciencias Económicas y Psicología, y Maestría de Recursos Humanos– y en la Universidad de San Andrés. Ha sido miembro y consejero del CONICET y del Consejo para la Ciencia y la Investigación de la UBA, y consultor de la CONEAU.

Condujo numerosos seminarios sobre: organización, dirección, y evaluación del potencial, en diversos centros nacionales e internacionales, empresas, y a través de su propia consultora. Es miembro del board de Requisite Organization International Institute.

Algunos de sus trabajos publicados son:

- *Análisis organizacional y empresa unipersonal.* Paidós, 1987, 1993 y 1998.
- *La perspectiva ética en el análisis organizacional.* Paidós, 1990.
- *Organizar y dirigir la escuela* (varios autores). Paidós, 1996.
- *La estrategia del talento.* Paidós, 2002.
- *Para remontar la crisis.* Ediciones Granica, 2007.
- En colaboración: "Estructura organizativa y recursos humanos en la administración tributaria". En: Richard Bird y Milka Casanegra de Jantscher (editores), *La administración tributaria en los países del CIAT.* Instituto de Estudios Fiscales, Ministerio de Economía y Hacienda, Madrid, 1992.
- Y más de 40 artículos y ponencias en temas de su especialidad en publicaciones nacionales, internacionales, congresos y otros eventos científicos, a través de toda su trayectoria.